［加］罗伯·比米什 ［加］伊恩·里奇 著
蒋林 黄静 译

追求极限
高水平竞技体育批评

Fastest, Highest, Strongest
A Critique of High-Performance Sport

Rob Beamish and Ian Ritchie

南京大学出版社

Fastest, Highest, Strongest: A Critique of High-Performance Sport
by Rob Beamish and Ian Ritchie / 9780415770439

Copyright © 2006 Rob Beamish and Ian Ritchie
Authorized translation from English language edition published by Routledge, part of Taylor & Francis Group LLC

All rights reserved.

本书原版由 Taylor & Francis 出版集团旗下，Routledge 出版公司出版，并经其授权翻译出版。版权所有，侵权必究。

Nanjing University Press is authorized to publish and distribute exclusively the Chinese (Simplified Characters) language edition. This edition is authorized for sale throughout Mainland of China. No part of the publication may be reproduced or distributed by any means, or stored in a database or retrieval system, without the prior written permission of the publisher.

本书中文简体翻译版授权由南京大学出版社独家出版并限在中国大陆地区销售。未经出版者书面许可，不得以任何方式复制或发行本书的任何部分。

Copies of this book sold without a Taylor & Francis sticker on the cover are unauthorized and illegal.

本书封面贴有 Taylor & Francis 公司防伪标签，无标签者不得销售。

江苏省版权局著作权合同登记图字：10-2018-458 号

图书在版编目(CIP)数据

追求极限：高水平竞技体育批评 /（加）罗伯·比米什，（加）伊恩·里奇著；蒋林，黄静译．—南京：南京大学出版社，2023.6
书名原文：Fastest, Highest, Strongest: A Critique of High-Performance Sport
ISBN 978-7-305-25008-8

Ⅰ.①追… Ⅱ.①罗…②伊…③蒋…④黄… Ⅲ.①竞技体育—研究 Ⅳ.①G8

中国版本图书馆 CIP 数据核字(2021)第 193720 号

出版发行	南京大学出版社		
社　　址	南京市汉口路 22 号	邮　编	210093
出 版 人	金鑫荣		

书　　名　追求极限——高水平竞技体育批评
著　　者　（加）罗伯·比米什　（加）伊恩·里奇
译　　者　蒋　林　黄　静
责任编辑　张倩倩

照　　排　南京紫藤制版印务中心
印　　刷　江苏凤凰通达印刷有限公司
开　　本　718 mm×960 mm　1/16 开　印张 19.25　字数 250 千
版　　次　2023 年 6 月第 1 版　2023 年 6 月第 1 次印刷
ISBN 978-7-305-25008-8
定　　价　80.00 元

网　　址：http://www.njupco.com
官方微博：http://weibo.com/njupco
官方微信：njupress
销售咨询热线：(025)83594756

* 版权所有，侵权必究
* 凡购买南大版图书，如有印装质量问题，请与所购图书销售部门联系调换

译者序

《追求极限——高水平竞技体育批评》一书由史及今阐述了重大政治和社会事件之下高水平竞技体育的演变，全面分析了竞技体育中使用药物提高成绩这一做法的社会政治背景，指出决策者应结合当代高水平竞技发展的社会历史现实重新审视违禁药物使用问题，倡导社会关注和反思运动员健康及人权问题。

从顾拜旦之梦这一完美愿景到体育"训练"的发展，从业余主义到彻底职业化，理想主义、意识形态、战争、征服、地缘政治权力、财富、个人利益、技术理性……这些因素共同促成了高水平体育竞技世界的现代化演变。冷战意识形态之下，打破纪录成为体育界的至高追求。一方面，在纳粹战争机器的长期阴影和冷战时期的社会政治恐惧下，人们对现代高水平竞技的本质及类固醇等提高成绩类药物深恶痛绝。而另一方面，在当今科学、技术和工具理性的支配下，"训练"这一概念发生了巨大转变。世界级运动员全身心地投入复杂的训练体制中，利用先进的科学技术提高成绩，并努力适应因此带来的长期生理和性格变化。

本书阐述了自顾拜旦时代以来，世界级高水平竞技体育在性质与程度上发生的巨大变化。20世纪以来，通过科学辅助与工具理性追求打破纪录成为国际竞技体育的主流。为攫取奥运金牌带来的政治和意识形态上的利益，苏联、美国、民主德国与联邦德国等国家投入大量资源发展体育，强大的商业与媒体利益团体也开始大力投资竞技体育，从中获利。各国开始运用多种方式来提升比赛成绩。作者从原始的档案研究入手，揭露了反兴奋剂政策的前后不一，及其背后所反映的体育意识形态、现代资本主义和高水平竞技文化间的矛盾。本书指出，当下针对特定药物的禁令政策毫无作用，体育界亟待建立新标准，从社会历史背景和体育发展的现实出发，公开探讨竞技体育中提升成绩的做法。

奥林匹克运动始于对体育精神的追求，却深陷政治斡旋的泥沼。而如今，我们更应关注的是如何让高水平竞技体育复归人性。本书通过对奥运会历史演变、违禁药物使用的社会政治背景进行透彻的分析，将重大政治历史事件与高水平竞技体育转变联系起来，基于体育发展现实对违禁药物政策展开深入思考。相信本书能让体育学、社会学、政治学等领域的学者，体育管理者、决策者和运动员们更清晰地了解体育发展的现实情况，展开更多有关"违禁药物"的有益探讨。

本书涉及大量体育领域术语、历史事件专有名词的翻译，翻译过程中我们做了大量查证工作，力求准确传达两位学者的观点和想法。在本书的出版过程中，我们也得到了很多人的支持。在此，感谢张可人、庹楚菡、李依婷、高原等人参与部分章节的初译。黄静逐句对初译文稿进行了两次审校，修订初译稿中的错误，反复打磨译文，最后由我定稿。本书内容广博、语言精微、立意深奥，翻译中难免有疏漏之处，恳请各位读者批评指正。

蒋　林

2023 年 3 月 30 日于川外博文楼

序

卡尔·马克思在《黑格尔法哲学批判》一书中指出："所谓彻底，就是抓住事物的根本。"毫无疑问，《追求极限——高水平竞技体育批评》是一本论证彻底的书。这本书立足实证研究，深刻批判了高水平竞技体育的结构和文化，揭示了一个战后困扰体育界的最具争议、最为棘手的问题，即表现增强药物（PEDs）的使用。决策者、媒体和学术界广泛探讨体育运动中兴奋剂的使用问题。"争论"焦点是应赞成还是反对在体育竞技中使用药物，意见往往两极分化。然而，正如罗伯·比米什和伊恩·里奇所述，使用兴奋剂是高水平竞技体育中追求极限的必然结果。这就如一揽子交易，二者不可分割。若你认同高水平竞技体育文化，那么提出"赞成"或"反对"的问题就毫无意义了。解决问题的关键是要把违禁药物使用问题放在体育、文化与社会的整体网络中来考量。

《追求极限——高水平竞技体育批评》一书将使用药物提高成绩的行为置于其社会历史背景之中分析，批判了奥林匹克国际主义的浪漫化和高度意识形态化的观念，并在此基础上提出对运动员的人权问题的关切。比米什和里奇从原始的档案研究入手，对前后矛盾的反兴奋剂政策进行了批判，认为它反映出体育意识形态、资本主义的现代性及高水平竞技文化之间的矛盾。尽管分析有着种种复杂性，本书作者也不愿将问题与体育政策的现实世界剥离开来。比米什和里奇提出了影响违禁药物之辩的三个普遍标准：首先，政策的制定应当基于提高成绩这一行为的社会历史现实，而非"体育精神"这一令人费解的思想观念。其次，考虑到高水平竞技体育的现实情况，体育界需要开诚布公地探讨运动员的健康保护工作。最后，任何有关运动员训练和工作环境的政策讨论，都必须要有运动员本身的密切参与。本书旨在将药物使用之辩提升到一个更有意义的新高度。

罗伯·比米什和伊恩·里奇的《追求极限——高水平竞技体育批评》一书无疑体现了探寻真相、干预主义和创新主义三大指导思想。我们希望这本书能引发社会各界的广泛讨论，从学生、教师和研究人员，到决策者、运动员和记者，都能各抒己见。最后，本书的最终目的是促进体育界的学术圈和非学术圈之间的对话，以期实现一个更人性化、更激励人心的体育愿景。

詹妮弗·哈格里夫斯　伊恩·麦克唐纳

布莱顿大学

前　言

这项研究的萌芽可追溯到很早以前，那时我们还未讨论合作，也还未开始动笔。尽管"本·约翰逊事件"和1988年汉城夏季奥运会事件远不是写这本书的主要原因，但这些事件起到了关键性的作用，原因如下。

首先，在约翰逊之前，也有运动员因服用违禁药物检测呈阳性；高水平竞技体育中，关于药物使用的争论此起彼伏，而且这种争论还会继续下去。但是，约翰逊在奥运会前和奥运会上的表现，让现代高水平竞技体育的核心问题变得明晰起来。约翰逊以9.79秒获得百米金牌，展现了高水平竞技运动员能够取得的非凡成绩。但此后他的阳性检测结果让人们不禁疑惑：为何运动员会如此执着于追求运动成绩的极限？

1988年10月5日，加拿大枢密院PC1988-2361号文件对约翰逊检测结果呈阳性事件进行了官方回应，成立了专门委员会，旨在"调查加拿大运动员使用违禁药物或采取违禁手段提高运动成绩的情况和背景，并撰写报告"。尽管该委员会知名度高、影响力大，它也无法左右公众对高水平体育竞技药物使用问题的讨论。体育学者重点关注中心议题，记者整理呈现各方观点，而加拿大民众也对约翰逊、本国高水平竞技体育制度和现代奥运会形成了自己的看法。当时，约翰逊药检结果呈阳性，而联邦政府未及时妥善处理，于是政府成立了专门委员会，首次将高水平竞技和使用药物提高成绩的做法置于公众监督之下。

1987年，罗伯·比米什恰好完成了一项为期三年的研究项目，该项目从运动员的视角出发，深入考察了加拿大的高水平竞技体育制度。此后，罗伯·比米什又根据该项研究成果，与人合著了一本专题著作，并为十场全国性运动员工作坊提供指导，工作坊以两种官方语言进行，参与者囊括所有接受国家资助的加拿大运动员。他对"本·约翰逊事件"的看法也受到了这一背景的影响，不过他的立场与主流观点大不相同。1989年11月，罗伯·比米什受邀与当时的国际奥林匹克委员会副主席理查德·庞德在皇后大学法学院的司特曼及艾略特系列讲座上展开辩论，辩论的主题为国际奥委会的违禁药物清单问题。

在柏林自由大学体育历史研究所任职6个月后，罗伯·比米什在加拿大社会学和人类学协会的年度会议以及皇后大学体育与健康教育学院的系列研讨会上，就违禁清单和杜宾调查委员会的不足之处提出了更为成熟的观点。1991年，罗伯回到柏林待了6个月，将研究重点转移到柏林墙的倒塌和民主德国的转型上，因而辩论笔记和那两篇论文也被暂时搁置了。1995年至2001年，罗伯·比米什担任皇后大学文理学院（教务）副院长，虽然在全职学术研究中断期间他继续从事运动员视角的体育制度研究并发表文章，但不得不将还未完成的一项高水平竞技研究束之高阁。

在此期间，伊恩·里奇则完成了他的博士学业，研究主要涉及奥林匹克政策的社会和历史叙事，以及违禁药物使用的伦理问题等。此后，伊恩在皇后大学开始了他的教学生涯，教授本科生和硕士生体育社会学、历史和政策等课程，其中很多课程也对违禁药物的使用问题做了重要阐述。伊恩持续关注违禁药物的使用与奥林匹克政策等问题，除了在加拿大《环球邮报》就相关主题发表评论性文章，伊恩也在皇后大学体育与健康教育学院系列研讨会和北美体育社会学协会的年度会议上发表演讲，在美国、加拿大、荷兰等地与相关人士展开激烈辩论。其间，罗伯和伊恩开始分享关于违禁药物使用的观点，讨论合作撰写专著等事宜。

一直以来，不论是课程教学、公开辩论，还是在进入布鲁克大学后的后继研究中，令伊恩倍感诧异的是，来自历史学、社会学、政策研究、法律研究和哲学等专业领域苦心钻研、深稽博考的学者的观点与国际奥委会、世界反兴奋剂机构等公共机构的违禁药物政策制定者、管理者大相径庭。

本研究的目标之一便是弥合这个由来已久的分歧。我们力图将药物使用置于20世纪后半叶以来形成的高水平竞技领域的社会历史现实中去考量。这一核心目标始终指导着我们的合作。希望本书所阐发的观点，能让大家看到把高水平竞技（特别是违禁药物的使用）置于整个社会历史环境下进行考量的重要性，让各界人士对现实情况有更清晰的认识，以此开启一场以"违禁药物"为主题、以现实为依据、开放民主的辩论，展开对高水平竞技现实的广泛探讨。

此类项目所有著作都是创作者倾注多年心血而成，本书的撰写也不例外。我们历经多年，几易其稿，耐心打磨，最终才得以定稿。本书的出版也离不开众多人士的默默付出，他们或对书稿提出批评意见，或通过讨论贡献智慧，或给予鼓励与支持。我们感激劳特利奇出版社的萨曼塔·莎格兰特和凯特·曼森为本书的出版所付出的心血。他们参与了书稿从审阅、编辑到最终完稿的全过程。萨曼塔和凯特一路勤勤勉勉，自始至终为我们提供建设性意见，不断鼓励我们。伊恩·麦克唐纳和詹妮弗·哈格里夫斯也为本研究提供了特别支持，给予我们一以贯之的信任，并提供了许多对定稿产生重要影响的宝贵批评意见。最后，我们感谢那些匿名审阅书稿的人，他们给予了我们鼓励、批评以及引人深思的重要意见。他们的批评意见让书稿在许多重要方面得到了完善。

阿黛尔·穆格福德和赖安·比米什为本项目提供了重要研究支持。阿黛尔·穆格福德在该书准备工作的早期阶段获得了皇后大学体育与健康教育学院的慷慨资助，赖安·比米什在项目最后阶段同样获得了皇后大学的资助。感谢阿黛尔和赖安长时间以来在图书馆勤奋、耐心和细致的工作。

还有几位朋友帮助我们对书稿中部分内容进行了仔细审阅和编辑，让我们参与不同主题的批判性讨论，挑战我们的观点，而另一些朋友则在背后默默地支持与帮助我们，这些支持对我们而言至关重要。我们要感谢格雷格·杰克逊、唐·麦克奎里、桑德拉·彼得斯、凯利·洛克伍德、凯茜·范·英根、玛丽·路易斯·亚当斯和大卫·麦克唐纳等朋友的支持。布鲁克大学体育与运动机能学系主任丹尼·罗森伯格和皇后大学社会学系的琼·韦斯特哈尔弗和林恩·奥·马利也给予了我们帮助与照顾，让书稿得以完成。

伊恩也在此特别感谢家人和好友对他一直以来的支持与陪伴。这种长期项目往往需要最亲密的人做出最伟大的牺牲，与此同时家人、朋友的爱也让工作变得更轻松愉快。也衷心感谢克莱尔·宾尼、艾伦·里奇、吉尔、博普雷、肯·里奇、迈克·墨菲、安德鲁·莱格尔和丽贝卡·曼库索。

罗伯在此特别感谢系办公室的同事们，感谢他们在这令人难忘的六年里，对罗伯重返学术生涯的决定给予了信任、支持和鼓励。学术工作耗费时间，需要耐得住寂寞、孤独；纳达·比米什、特拉维斯·比米什和赖安·比米什常常给予他所需要的自由、爱和快乐，让他能熬过那些孤独的时光，此外，他们也支持他的非主流观点，即便他们并不赞同，也会因为"牵连效应"不得不捍卫这些观点。罗伯对由此带来的负担深表歉意，他会将那段与他们共同度过的艰难时光永远珍藏于内心的某个角落。

目　录

引言 …………………………………………………………… 001
第1章　从顾拜旦之梦到高水平竞技体育：奥林匹克运动的历史演变
　　　　……………………………………………………… 015
第2章　类固醇：纳粹宣传、冷战恐惧和"男性化"的女运动员 …… 043
第3章　"体育"、德国传统和"训练"的演变 ………………… 063
第4章　从斯大林格勒到赫尔辛基：德国体育体系的发展 …… 091
第5章　民主德国和联邦德国体育体系的融合 ……………… 113
第6章　伦理反思：体育精神、公平竞争和运动员的健康问题 …… 141
结语 …………………………………………………………… 183
注释 …………………………………………………………… 196
索引 …………………………………………………………… 285

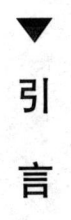

引言

1998年3月9日，法国兰斯市海关官员在荷兰 TVM 车队的货车上发现了104剂促红细胞生成素。①四个月后，就在环法自行车赛开赛前夕，即7月8日，费斯蒂纳车队的按摩师威利·沃特在法国和比利时边境被拦下，车内装有400多安瓿的促红细胞生成素和其他违禁药物。②随后警方开始调查费斯蒂纳车队。7月23日，TVM 再次成为公众关注的焦点，当时警方逮捕并起诉了队长赛斯·普里姆和一名队医安德烈·米哈洛夫，罪名是"运送有毒物品及持有危险物品"。③这一事件最后以刑事诉讼告终。④

费斯蒂纳事件中，法国官员空前严厉的行动令人惊愕；然而，国际奥委会主席胡安·安东尼奥·萨马兰奇的一番评论更是震惊了整个高水平竞技体育界。萨马兰奇在马德里日报《世界报》发表评论指出，应大幅缩减禁药清单。这一言论被世界各大媒体转载。据媒体报道，当前的禁药清单既包含对运动员健康有害的药物，也包含用来人为提高成绩的药物。《纽约时报》援引萨马兰奇的言论，写道："违禁药物有两个特征，首先它对运动员的健康有害，其次它能人为地提高运动员成绩。在我看来，仅仅提高成绩的药物不应列为禁药；反之，若有损运动员的身体健康，则应列入禁药清单。"⑤

萨马兰奇的这番话确实不同寻常，因为国际奥委会在20世纪最后25年里对禁药使用立场坚定，毫不妥协。萨马兰奇的言论是否暗示了国际奥委会的新立场？是国际奥委会放弃了"反兴奋剂战争"，还是单纯为西班牙自行车手开脱，使其免受法律制裁？或许，对于当代世界级高水平竞技体育的这一现象，萨马兰奇已然接受。总之，无论出于何种原因，这些事件为重新审视世界级体育竞技中违禁行为和违禁药物使用等基本问题提供了良机。[6]

随之而来的是两场重要会议和一起审判。1999年2月初国际奥委会在洛桑举行了世界反兴奋剂大会，1999年5月杜克大学法学院举行了杜克兴奋剂大会[7]，2000年费斯蒂纳事件涉事官员接受审判。

虽然两场会议均就高水平竞技体育中违禁药物的使用问题做了坦率评估，也审查了药物检测中的重要问题，但会上的发言有诸多局限性。尽管约翰·马卡农和约翰·霍伯曼对当前做法持批评态度，但他们未涉及药物列入禁药清单的原因，亦未对此做详尽的分析。而禁令的支持者则从未质疑过禁令的依据，也从未有人研究过20世纪初世界级高水平竞技体育的社会历史条件，以及过去一个世纪中发生的变化。[8]不论是大会，还是费斯蒂纳事件的审判，都未曾调查过当前形式下高水平竞技体育的现实环境。[9]

萨马兰奇发表上述声明后，舆论一片哗然，加之当时国际奥委会也丑闻缠身，因此，国际奥委会最终采用了批评人士曾提出的建议。国际奥委会成立了世界反兴奋剂机构，令其作为独立机构对奥运会违禁药物使用情况进行监督。世界反兴奋剂机构职权宽泛：它制定全球标准，支持运动员药物使用检测技术的实验开发，并建立了对所有国际单项体育联合会具有约束力的通用准则。世界反兴奋剂机构的战略计划还包括媒体宣传、教育项目、研究开发以及加强与同类组织的联系。[10]

迄今，世界反兴奋剂机构的主要成就是起草并通过了《世界反兴奋剂条例》。[11]2003年3月，在为期三天的哥本哈根峰会上，65个体育联合会和73个政府的代表举行了会晤，讨论并签署了《世界反兴奋剂条例》。该条例要求对包括美国职业棒球大联盟和美国国家冰球联盟等职业联盟在内的所有参加奥运会项目的运动员进行随机的赛外兴奋剂检测。

该条例还规定，任何有意派代表团参加 2006 年都灵冬奥会的国家政府，都必须在冬奥会之前通过立法，将《世界反兴奋剂条例》中的政策载入其中。[12]截至 2005 年 8 月，175 个国家、29 个国际奥委会认可的国际单项体育联合会、65 个国家反兴奋剂组织和 202 个国家奥委会，都通过了该条例。[13]

2003 年 9 月，经过两年的深入研究和讨论，世界反兴奋剂机构宣布出台一份新的违禁药物清单。与此前国际奥委会的清单虽大致相同，但也有一些变化。[14]最广为人知的是新清单去除了许多普通感冒药物都含有的咖啡因和伪麻黄碱，也有一些更明显的变化，如清单新添了外用及吸入皮质类固醇，即便是通过"治疗用药简化程序表"获得豁免的运动员，也要在 2004 年 1 月以后才能使用该类药物，但这一变化引发的社会讨论较少。大麻则仍在清单上，尽管它在提高运动成绩方面的效果值得怀疑。[15]

谈及世界反兴奋剂机构实施药物禁令的新方法，阿恩·永奎斯特说道："我们必须适时调整清单内容，以适应现代思维以及公众态度与认知上的变化。"[16]永奎斯特认为，没有必要为针对运动员提高成绩类做法的管制措施辩护，运动员和公众也不需要世界反兴奋剂机构发表任何原则声明来作为药物禁令或禁药清单等决定的依据。因为对世界反兴奋剂机构而言，除了行事更加警觉，一切照旧。

世界反兴奋剂机构刚修订完清单，就发现药物研发技术已更上一层楼。《水星报》的一名记者告知美国反兴奋剂局，一位手握高度敏感信息的知情人士愿意站出来揭露黑幕。据田径教练特雷弗·格雷厄姆透露，多个项目的高水平运动员都使用了维克多·孔蒂的湾区实验合作社所研制的一种检测不到的类固醇。他交给美国反兴奋剂机构一支装有透明液体的注射器，加州大学洛杉矶分校兴奋剂检测中心主任唐·凯特林认定该液体为一种人工合成的类固醇，并将其命名为四氢孕三烯酮。[17]格雷厄姆声称,许多美国运动员和其他国家的国际知名运动员都是孔蒂的客户。[18]

美国反兴奋剂局首席执行官特里·马登发表公开声明称:

> 这与运动员因误服含有违禁药物的营养补充剂而检测呈阳性的情况全然不同。更确切地说,这是一场化学家、教练和某些运动员精心制造的阴谋,他们利用自己研制的"检测不到"的化合类固醇来欺骗竞争对手,也愚弄了付费入场观看体育赛事的美国与世界其他地方的观众。[19]

正当公众目光聚集于湾区实验合作社之时,发生了两起不大为人所知的事件。2004年1月,加拿大体育伦理中心宣布,将对一份魁北克省AAA级少儿冰球运动员的取样进行兴奋剂检测。[20]发起这项检测的主要原因是,冰球联盟主席声称多达25%的球员都在服用兴奋剂。[21]随着这一消息的宣布,加拿大其他少儿及青年冰球联盟也表示未来有可能进行类似的检测。[22]

四个月后,美国职业棒球大联盟宣布:

> 针对多米尼加共和国棒球运动员滥用类固醇的报道,美国职业棒球大联盟……将对多米尼加夏季联赛实行药物检测计划,所有参赛球员将在6月份联赛开始时接受检测。[23]

此前,有人指控,为应对拉丁裔选手数量与日俱增的压力,提高本国选手在美国职业棒球大联盟中的竞争力,多米尼加年轻运动员使用廉价兽药,包括用于动物的类固醇。

2004年夏季,事情又回到了原点。就在2004年环法自行车赛之前,法国警方搜查了英国计时赛专项运动员大卫·米勒在比亚里茨的居所，查获了两支空注射器，内含微量埃普莱克斯，一种常见的促红细胞生成素。[24]随后，警方又对法国著名自行车队科菲迪斯进行了为期6个月的调查。米勒被控非法持有毒性药物，最终于2004年7月1日向法官理查德·帕兰认罪，承认在2001年使用过一次促红细胞生成素，2003年使用过两次。[25]

由这段短暂的历史可以得出两大结论。首先，尽管国际奥委会于1967年决定正式禁用某些提高成绩类药物，同年开始对这些药物进行检测，并在过去十年里加强了对运动员的监管，但运动员们仍然在使用违禁药物。更重要的是，这印证了马登的观点，阳性检测通常并不是误用违禁物质的结果；世界级高水平竞技体育运动员使用兴奋剂的背后，都有一个资深团队，囊括具备特定知识和专长的专家。违禁药物的使用是精心策划的。尽管一再受到道义上的广泛谴责，当今高水平竞技现实世界中重要参与者的行为，仍然取决于以实现世界级体育目标为导向的主导力量、行动和决议。

其次，由于世界反兴奋剂机构的职权不断扩大，各国政府需努力达到其要求，世界级运动员的生活与工作也被置于日益严密的监督和管理之下。一种监督文化渗透到体育世界的各个层面，从奥林匹克高水平运动员到成绩平平的普通运动员，每一位运动员都值得怀疑。即便对运动员生活的控制日趋严格，监督运动员行为的方式也日益多样；即便在国际奥委会、国际单项体育联合会、世界反兴奋剂机构以及警察和司法机构的共同努力下，高水平竞技体育中的用药行为也并未减少。

1998年让人们彻底反思体育界的违禁药物使用问题。这一年没有发生什么重大变化，但随着监督与压迫愈演愈烈，"湾区实验室丑闻"和"科菲迪斯车队事件"也随之上演。本研究的主要目标是将违禁药物的使用置于当代世界级高水平竞技体育的社会历史现实中进行全面讨论。

在此背景下，本研究旨在鼓励人们采用不同的视角来探讨现代体育中提高运动成绩、使用违禁药物和采取违禁行为等问题。

提高运动成绩与奥林匹克运动

在特定的历史社会背景下，庞大且复杂的行为关系网络形成了。使用药物来提高运动成绩便是人们在此种行为关系中做出的决定之一。在过去的一百年里，人类一直在构建关系，今后仍将继续。因此，要理解兴奋剂的使用，则必须考虑历史构建的行为关系。本研究以批判的视角，细致审查了20世纪（特别是二战后）发展起来的高水平竞技体育的现实世界。研究确定了构成现实世界的社会力量和关系。事实上，20世纪下半叶至今，违禁药物的广泛使用是特定社会政治环境和决策的直接结果。在该环境中，赢得比赛和利用科学技术不断打破纪录，成了资金雄厚且极为复杂的高水平竞技体育体制所追求的首要目标。此外，一直以来，使用提高成绩类药物（包括后来官方明令禁止的药物）都与体育体系参与者的个人目标与使命密不可分。在过去半个世纪里形成的高水平竞技体育体制中，药物使用是驱动这一全面体制发展的内在逻辑之一。只要体育的社会政治关系维持不变，只要获胜仍是重中之重，那么兴奋剂的使用将有增无减。

本研究最重要的发现之一，即重大政治和社会事件是如何影响当今世界高水平竞技体育奠基者的决定和行动的。理想主义、意识形态、战争、征服、对地缘政治权力的追求、财富、个人利益，以及技术理性的决定性影响，这些因素共同构成了当代运动员做出决定的大背景。本研究既不提倡使用违禁药物，也不为任何高水平竞技体育从事者的决定开脱，不论他们的决定是在何种环境下做出的。然而，本研究的确清楚地表明，颁布药物禁令这一做法不仅毫无效果，而且还有适得其反的风险。

只有改变高水平竞技体育世界的主导关系与内在逻辑,情况才会有所改观。

尽管本书主要内容侧重于分析导致违禁药物使用和一味追求打破纪录等行为出现的特定社会政治环境,但本研究也表明,在出台提高成绩类药物禁令并为其辩护之时,决策者所提出的理据和观点,与塑造当今世界级高水平竞技体育现实的历史力量大相径庭。当今世界,系统性地追求提高成绩乃特殊社会政治力量所致。而出台禁令的决策者却以"超越历史"的"普适"概念来理解"体育"。一个是人类实践和斗争的真实世界,另一个则是从未存在过的虚构世界,故当前的方法永远无法解决"体育竞技中使用兴奋剂"引发的"道德危机"。

本研究所包含的政策意义深刻,影响深远,这将在本书最后一章中予以讨论。然而,应先予以讨论的是更迫切的两个问题。首先,任何试图将"兴奋剂"与"体育"分离开来的禁药政策都是缘木求鱼。通常人们假定违禁药物和手段有悖"体育运动的本质",这也加深了一种错误的观念,即提高成绩的"伦理"问题是不证自明的。因此无须加以讨论。这种天真的(或蓄意提出的)观点,将人们的注意力从现代体育的真实历史条件转移开来,引导决策者去援引"体育基本本质"下的"原则"。最终的解决方案是出台极为保守的应对政策,这进一步限制了真正意义上的讨论。对于真正关注当代体育界提高成绩之类的做法及其问题的人而言,1998年后(甚至是自1988年起)的赛事都表明,研究不应局限于上半个世纪的虚假理想主义,必须扩大研究范围。不论是过去还是将来,塑造当代高水平竞技体育的都是现实环境;而且也需要从社会历史的角度对这些现实环境展开详细分析了。

这就直接引出了第二点。若仅谈及运动员为何使用药物提高成绩,则问题过于狭隘。决策者应探讨的是在整个社会历史背景下运动员使用药物提高成绩的问题。当今体育界的做法源于工具理性、求胜之心、对打破纪录的追求，以及对人类运动水平突破极限的渴望与要求。若这是我们想要的体育世界，那么，发达国家早已踏上康庄大道，力图将体育的发展推向极致。若人们渴望看到一个不同的体育世界，那就必须正视当前的社会现实，寻求变革之道。仅仅是振臂高呼"体育"概念解决不了问题。

提高成绩：一项社会学分析

本研究的焦点是奥林匹克运动，因为它是现代体育中最重要、最具影响力、最显著的力量。国际奥委会在现代体育发展中的关键性作用体现在四个方面。首先，国际奥委会赋予体育一种独特的形象，使其区别于职业竞技的娱乐世界，至少曾经如此。在国际奥委会塑造的体育形象中，体育是一项崇高、振奋人心的教育事业。这就是国际奥委会打造的品牌。

其次，出于品牌的纯洁性考虑，国际奥委会希望力避奥林匹克运动这类竞争性项目中的固有偏好。为保证奥运项目的纯洁性，国际奥委会限制了参赛运动员类型，并规范其行为。如今，凭借世界反兴奋剂机构，国际奥委会成了违禁手段的主要监管机构。以往国际奥委会的限制涉及参赛者的性别、职业、培训的天数以及工时损失费，而现在，它关注的则是获得参赛资格的最低成绩标准，以及对某些药物制剂的监管。世界反兴奋剂机构已然成为一家大型跨国企业，在国际奥委会批准的体育赛事中，负责特定违禁药物的管制。

再次，国际奥委会通过国际单项体育联合会和各国国家奥委会发挥其重要作用。国际奥委会的政策通过各个国家奥委会对各国高水平竞技体育体制施加影响，影响进一步渗透到省、州、地区和地方的学校或俱乐部项目及其他组织。国际奥委会位于大多数国家体育架构的顶端。

简而言之，国际奥委会和奥运会是当今体育界最具影响力的力量之一，因而也应当密切关注，深入分析。

最后，作为全球最成功的体育盛会（奥运会）的守护者，国际奥委会与全球重大的政治事件密不可分。当然，1936年、1972年、1976年、1980年和1984年奥运会在地缘政治上的重要性举世公认。本书内容能让读者清晰地认识到，全球政治在多大程度上影响了奥运会，更重要的是，在多大程度上影响了现代世界级高水平竞技体育的本质。抛开华丽的说辞不论，一直以来，奥林匹克运动既是运动员之间的竞争，又是各国间的政治角力。

由于提高成绩类行为产生于现代高水平竞技体育的现实世界，以下章节将围绕提高成绩类药物与行为相关主题与问题展开。本书将首先探讨皮埃尔·顾拜旦奥林匹克项目的核心原则和目标。顾拜旦复兴了奥林匹克运动会，把全世界的年轻运动员团结在一起，使其结下兄弟般的情谊，并在体育竞赛的大环境中锻造良好的性格品质，成为引导欧洲走出精神危机和道德衰退的领导者。这些基本原则也证明了国际奥委会对奥运会上的行为进行严格监管的合理性。第一章回顾了这些原则所受到的挑战，从20世纪上半叶起，到第二次世界大战后的政治和商业利益冲击，直至1974年这些原则被取缔。20世纪40年代中期到1974年的冷战时期也是关注的焦点，因为这一时期人们日益重视成绩，追求胜利，这个冲击并最终破坏了奥运会的基本原则。第一章的分析也表明，自1952年起，冷战意识形态的助力以及"铁幕"双方使用提高成绩类药物，让成绩提升日益受到重视，最终导致打破纪录成为体育界的至高追求。

从一开始，奥运会就在神话、象征主义和意象方面做了大量文章。顾拜旦认为奥运会是场精心制作的盛会，它能鼓舞人心，提振精神。顾拜旦梦想中的体育比赛"沐浴在灿烂的阳光下，沉浸在飞扬的音乐里，其掠影被完好地保存在具有古希腊门廊的建筑中"。而与之形成鲜明对比的是依赖权力的欧洲法西斯主义，它象征着权力符号、统治、黑暗决心，以及为取得绝对胜利不计代价的行为。[65]第二章探讨了纳粹战争机器带来的长期阴影和冷战时期的社会政治恐惧如何让人们对奥运会、现代高水平竞技的本质以及类固醇和其他提高成绩类药物疑虑深重。在1952年冷战对峙之初，关于使用类固醇的谣言就开始流传。极权主义的象征意义催生了恐惧心理，人们不仅担心"怪物运动员"的出现，也惧怕那些被迫服用类固醇而出现雄性特征的女运动员。第二章证明，同时引入"性别检测"和禁药清单并非巧合。该时期对西方人心理产生的影响也解释了某些深层次的焦虑，这些焦虑一直困扰着对当今高水平竞技中使用药物深感恐惧的人。

大多数主张限制药物使用的观点都将"体育"视作一种抽象、普遍的实体。第三章通过聚焦一个国家各个时期的体育发展，推翻了这一基本假设。事实证明，人们对体育的理解必须根植于特定的社会历史背景，德国特纳运动、德国工人运动、资产阶级体育运动、纳粹德国的"协调"体育、"现实存在社会主义"体育，以及德意志联邦共和国的资产阶级运动都证明了这一点。第三章从世纪之交德国的生理学和医学思想入手，叙述了20世纪20至30年代在哈佛疲劳实验室和弗雷德里克·温斯洛·泰勒科学管理原理的影响下，在当今科学、技术和工具理性的支配下，"训练"这一概念发生了何种转变。21世纪的世界级高水平竞技体育职业强度高、工作量大，运动员们为了达到世界级体育的顶峰，在高风险、胜者为王的道路上不断前行，全身心地投入复杂的训练体制中，利用先进的科学技术提高成绩，并努力克服和适应因此带来的长期生理和性格变化。

第四章和第五章以德意志民主共和国（简称民主德国）和德意志联邦共和国（简称联邦德国）的高水平竞技体育体制为例，探究二战后至今东西方高水平竞技体育的发展。第四章以东线战争为必要背景，分析瓦尔特·乌布利希如何在追求自身利益的同时培养民主德国人民特有的自豪感。体育是帮助乌布利希实现目标的主要工具。第四章也表明，为在联邦德国建立一个非集权、完全民主的联邦体育体制，西方盟国实施了第23号指令，即"德国体育的限制和非军事化"。由此，联邦德国踏上了一条截然不同的体育发展道路。

第五章首先详细介绍了世界级高水平竞技体育与顾拜旦最初的设想相去几何。即便不同，民主德国和联邦德国体制都要求运动员日益投入，因为不论身处哪一体制，要想登上奥运会的领奖台，都必须依赖职业化的运动员、日益复杂的科学知识和前沿的专业知识。1972年，国际奥委会决定在慕尼黑举行奥运会，这一决定成了民主德国和联邦德国乃至国际体育变革的重要催化剂。其次，第五章探讨了民主德国在资源、人员和研究活动上的巨大投入。许多人将民主德国的成功归因于兴奋剂的使用，然而本章却展现了一个不同的视角。最后，本章也表明，尽管在20世纪70至80年代，电视转播和各种商业利益对世界级体育运动产生了重要影响，但在塑造当代高水平竞技体育方面起到决定性作用的，仍是民主德国和其他民族国家的短期和长期政治目标。第二次世界大战的影响之深，远超人们的想象。

大多对违禁药物的批判都聚焦于伦理道德问题。国际奥委会、国际单项体育联合会和世界反兴奋剂机构为证明其禁令政策的合理性，对此一概而论，明令禁止。然而各大高水平竞技体系的历史发展现实，以及各体系内提高成绩类做法，都涉及复杂的社会力量，这些力量并不受道德谴责的影响。第六章考察了国际奥委会药物禁令的主要道德论据，即使用某些药物提高成绩违背了"体育精神"，破坏了"公平公正"的竞争环境，威胁着运动员的健康和福祉，因而有悖道德。若结合高水平竞技体育现实背景进行考量，上述任一论据都无法佐证禁令的合理性。不论是获胜，还是借助科学技术打破纪录，都已成为奥运会的核心理念。世界级运动员从事的是一项对胜利过度热衷的事业，打破纪录是全职专业运动员的追求，训练和比赛则是他们整个职业生涯的常态。任何针对违禁药物的政策，若要取得效果，则必须将这一事实纳入考量。

　　第七章在列举研究的政策意义之外，也从现象学的角度对高水平运动员的工作环境进行了考察。这一章还表明，世界级高水平竞技体育是一项需要全身心投入的事业。顾拜旦希望通过复兴奥林匹克运动在国际上弘扬骑士精神，建立跨国的兄弟情谊。然而，仅仅一个多世纪后，奥运会就变成了一场金牌之争。为获得奥运金牌，运动员们全身心投入，为此搏上大半个人生。世界级高水平竞技在二战和东西方冷战的阴影之下发展起来，深受现代科学理性以及商业消费文化的影响；进入世界级竞技赛场的运动员们肌肉发达，身经百战，体格健壮，坚毅刚强，面对激烈的竞争，他们时刻准备着投入战斗。只有看清这一社会历史现实，才能理解和改变竞技中药物使用的现状。

▼

第1章

从顾拜旦之梦到高水平竞技体育：奥林匹克运动的历史演变

通常，一项社会学分析必须结合事件的发展历程与社会结构的演变历史加以考察，才能完成其"学术之旅"。①若要认真研究当代世界级竞技体育中高水平运动员及提高成绩类药物的使用情况，此理则尤为适用。遗憾的是，以往针对该主题的研究都未能完成这一"学术之旅"。相反，针对运动与药物使用的研究大多被根深蒂固的偏见、个人价值观和既得利益所左右。然而，这也属意料之中，因为禁止使用药物来提高运动员成绩这一决定，首先是复杂的政治协商的结果。禁令由国际奥委会、国际单项体育联合会和世界反兴奋剂机构三个机构共同执行，但这三个机构并非从头到尾目标一致。②

法定领导人有权规划和制定政策，并对违反者施以处罚。尽管监管工作遭到了大众的漠视，这些领导人仍认为他们的决定是合乎道德伦理的。然而，一项政策是否合理，是否可持续，最终都取决于它与组织的基本原则以及由此产生的社会实践是否具有内在一致性。若政策偏离原则与实践，不日必将遭遇阻力和一致反对，难以为继。

本章探讨了皮埃尔·顾拜旦男爵主张复兴古代奥运会时提出的基本原则和愿景，阐明了在世纪之交顾拜旦思想如何受到业余主义理想束缚，并指出了顾拜旦原则面临的一些初期挑战。本章也叙述了在1974年修改《奥林匹克宪章》(或简称《宪章》)第26条、取缔创办奥运会的基本原则之前，以及从20世纪上半叶直至二战后，国际奥委会面临挑战做何应对。本章表明，修改宪章这一做法解除了奥运会基本原则对提高成绩类药物及手段的正当限制。

本章关注的第二个重点，是冷战初期至20世纪70年代高水平竞技体育的社会建构。这一时期，对运动成绩和比赛结果的日益重视冲击着奥运会的基本原则，最终原则遭到破坏，这也为东西方集团国家广泛使用药物提高成绩创造了条件。

接着，本章重点论述顾拜旦最初提出的原则如何为禁止使用提高成绩类药物提供了理论依据。然而，1974年《宪章》第26条的修改及修订原因，则动摇了违禁药物清单所依据的核心原则基础。1974年后，这份清单的合理性受到了质疑。本章追溯了奥运会基本原则的历史，并将这段复杂且重要的历史与提高成绩类药物的使用直接联系起来，进而阐明为何国际奥委会针对某些提高成绩类行为的禁令已无据可依，提出支撑该观点的第一个论点。

顾拜旦男爵与古代运动会原则

皮埃尔·顾拜旦男爵发起现代奥林匹克运动会的初衷，是创办一个以教育为导向的项目，以期扭转大众精神和道德水平下滑的局面。顾拜旦和许多人一样，将这一局面归咎于19世纪工业资本主义发展下物质主义的日益膨胀。顾拜旦在1929年写道："19世纪是一个经历了深刻变革但又充满虚幻的世纪。19世纪末，欧洲大陆（尤其是法国）迫切需要教育改革。"年轻男性缺乏"动力和激情"，他们"生活在灰暗中"，需要"通过有组织的体育活动来磨炼其意志"[③]。

顾拜旦在担任国际奥委会主席时期的最后一次讲话中指出，欧洲的教育理念让"当代人陷入了过度专业化的僵局，这只会导致人与人之间的冷漠和冲突"。他继续说道：

> 欧洲的教育好高骛远，自诩强大；他们手握大量科学数据，自诩

聪明。事实上,面对眼前的困难他们束手无策。智慧为知识所蒙蔽,大量冗杂的知识让批判性思维无处施展,青少年被训练成了蚁丘心态,过于强调人为创造和世所公认的事物,依据类别和数据做判断,迷恋数字,过于关注细节和例外。④

要改变欧洲的命运与未来,顾拜旦认为教育改革是必要的,而且改革应当遵循英国教士查尔斯·金斯利和牧师托马斯·阿诺德的强身派基督教精神,采用古代奥运会的仪式,遵循宗教唯心主义精神。⑤与19世纪欧洲教育哲学盛行的身心二元论形成鲜明对比的是,顾拜旦提出了古希腊的思想,即人是由精神、身体和性格组成的。希腊人认为性格"首先是由身体形成的,而不是由思想形成的",顾拜旦由此提出,体育运动在重振欧洲青年的精神、动力和激情方面发挥了重要作用。⑥

顾拜旦相信奥林匹克运动会的复兴能"让人体特性得到奇迹般的巩固";奥运会还能"促进身心微妙的平衡,让人拥抱更富活力、更为热烈的生活,协调身体机能,感知平静而快乐的力量",前提是奥运会具备坚实的哲学基础,追求崇高的目标,并遵循古代奥运会类似宗教仪式般的形式。⑦若没有坚实的哲学基础,奥运会将"陷入商业化和世俗的泥潭",与其他世界锦标赛如出一辙。⑧奥林匹克运动会虽包含了"简单的体育运动",却远不止如此,它能给人崇高向上的体验,能塑造性格,振奋精神,拓宽视野。顾拜旦为复兴后的奥林匹克运动会描绘的图景深入人心:

运动员享受努力的过程。他喜欢身体和精神上的约束,即使最终没有取得胜利,这种约束亦能给人一种胜利感。这种享受是一种内在的享受,在某种程度上是以自我为中心的享受。想象一下,如果这种享受由内而外散发出来,与大自然的欢乐和艺术的享受交织在一起。想象奥运会沐浴在灿烂的阳光下,沉浸在飞扬的音乐里,其掠影被完好地保存在古希腊门廊建筑中。由此,古代奥林匹克主义的光辉梦想诞生于亚勒腓河畔,在古代的好几个世纪里,社会都由这个梦想主宰着。⑨

对顾拜旦来说,奥运会将超越世纪之交欧洲日常生活的喧嚣,成为欧洲未来领袖的崇高使命。"我们想建造一座神庙,"顾拜旦写道,"而另一边一场集会将在平原上举行。集会终将过去,而神庙永存"⑩。

顾拜旦认为,运动员必须在神圣和世俗之间做出选择。复兴后的奥运会是纯粹的体育比赛,鼓舞着参赛者的灵魂;奥运会就如宗教信仰一般,有自己的教堂、教条和仪式。"但最重要的是",它们包含"一种宗教情感",运动员们信奉"骑士精神——你们(英国人)欣然称之为'公平竞争'"⑪。

奥林匹克神庙和奥林匹克精神不容许体育运动被商业化或过度的竞争热情所玷污。丝带、奖杯和奖金是为全球性的公平竞争准备的;奥运会是为想要培养奥林匹克精神的人举办的。顾拜旦说:"运动员必须在集会与神庙之间做出自己的选择,他们不能指望两者兼顾……让他们做出选择吧!"在盛会和仪式中获得神圣的运动体验,这是顾拜旦愿景的核心。

除了信仰,顾拜旦还希望奥运会的运动员们能成为"贵族、精英",或者说是"骑士"——"勇敢而充满活力的人们通过一种强大的纽带而结成'手足兄弟',它比纯粹的友情更为牢固,这种感情本身就足够强大。"在互帮互助的观念之上,若再引入"竞争、热爱努力而拼搏、激烈对峙却不失谦恭等理念",那么奥运会将充满骑士精神。⑫

"运动员要学会知己知彼,百战不殆——认识自己、引导自己、征服自己是运动员的责任与本质。"这句格言与著名格言"更快,更高,更强"一样,都是顾拜旦写下的,它概括了"男子体育教育的全部内容"。这句拉丁箴言精练地体现了"教育从身体到道德领域的延伸以及体育教育的基础"[13]。

唯一能体现顾拜旦奥林匹克运动原则并将其发扬光大的是19世纪末到20世纪初的业余运动员。业余贵族运动员是唯一能纯粹为自我完善来进行体育运动的群体,他们也具备成为未来欧洲领袖的必要背景。因此,业余运动员也成了顾拜旦的奥运会中的基本要素。

"业余运动员"成为奥运会的核心支柱,这很大程度偏离了顾拜旦的设想。他设想的图景和计划更为细致深刻,只有参照古希腊和19世纪的英国社会才能理解到位——巴林顿·摩尔指出,在当时的社会中,特权和绅士观念极其重要。[14]不论是在古希腊还是19世纪的英国社会,人们都认为"只有少数人能够获得正统的贵族地位"。摩尔提出,"在这两个社会中,'真正'居于统治地位的绅士通常展现常人无可企及的品质"。这正是顾拜旦试图在奥运会的熔炉中培养和塑造的领袖形象。

顾拜旦写道:"任何研究古代奥运会的人都会发现,它们的深远意义源于两个主要因素:美与崇敬。"

> 现代奥运会若要发挥出我想要的影响力,则必须展现美感,激发崇敬之情——这种美与崇敬是当代重大体育赛事中感受不到的,是无可比拟的。庄严肃穆的队伍和姿态、引人瞩目的盛大仪式、争妍斗艳的各种艺术、慷慨激昂的大众情感都必然以某种方式共同发挥作用。[15]

鉴于顾拜旦对"居于统治地位的绅士"这一古典概念的重视,以及在他的愿景中美、盛会和崇敬的重要性,19世纪末20世纪初的业余运动员并不符合他的要求。顾拜旦在他的回忆录中坦率地指出,"我对体育的看法一直与很多运动员(甚至是大多数运动员)的看法大不相同"。他继续说道：

> 于我而言，体育是一种信仰，它拥有自己的教堂、教条和仪式……但最重要的是一种信仰般的感情。在我看来，若以运动员是否拿了五法郎的薪水来判断他是否将运动视作信仰，这就和不假思索地认定教堂管理人不信教一样幼稚。[16]

顾拜旦认为，评判运动员是否具有奥运会参加资格，其标准应该是运动员的品格而非其业余身份。他写道："我们必须确立这样一种传统，即每位参赛者都通过自己的言谈举止和绅士风范来证明自己具备参加奥运会的资格，表达作为参赛者的荣誉感。"奥运会将是一场盛会。盛会中包罗万象的艺术争妍斗艳，为奥运会塑造了"一个与之相称的情景，此情此景中，运动员们为参加这一盛大节日做好了万全准备，他们明白奥运会意味着非同一般的荣耀"。为了保证奥运会的公平性，确保运动员信奉真正的体育精神，顾拜旦决定"恢复（古代奥运会的）宣誓仪式"[17]。

顾拜旦未能说服国际奥委会将古典体育荣誉作为决定奥运会参赛资格的标准，他最终只能退而求其次，接受参赛运动员为业余运动员这一要求。对顾拜旦来说，业余身份的限制远未达到他的要求，毕竟"业余运动员"只是一种身份类别。而荣誉是个人对特定价值、目的和目标的一种承诺，也是骑士精神准则的一个要素；骑士精神正是顾拜旦意图重建的传统欧洲价值观的核心。

顾拜旦原则面临的直接挑战

要让新奥运会的理念赢得大众认可，顾拜旦必须首先应对来自既有体育传统的挑战，因为这些传统与他的提议相矛盾，甚至完全对立。在

1896年雅典奥运会的筹备工作中，英国、德国、美国和法国的官员都反对国际奥委会对运动员业余身份的规定。上述国家代表希望通过奥运会展示本国实力与活力。他们一致认为，要实现这一目标，最好的方式就是把世上最顶尖的运动员聚集起来，是否业余并不重要。国际奥委会的限制将太多世界顶级运动员拒之门外，奥运会极有可能因此沦为各国体育领导人眼中的二流赛事。

顾拜旦还面临着其他挑战，有人质疑奥运会比赛项目的性质。这些质疑声来自德国特纳运动及法国体操运动的领导人，他们提倡非竞争性的大规模体操表演，包括翻转动作、叠罗汉和同步动作等，认为这样的运动形式比顾拜旦提倡的英式竞技运动更能体现顾拜旦的理想。[18]

在推行奥运项目时，顾拜旦面临商业利益的影响最甚。20世纪的前几十年里，一个成熟的"普遍市场"业已建立，人们生活的方方面面，包括体育和休闲活动，都变成了可以买卖的商品。从一开始，市场逻辑与顾拜旦的奥运理想之间的矛盾就显而易见。理查德·格朗尼尔和哈特·坎特隆指出："受整个经济体系性质及与之相关的社会制度网络的限制，无论现代奥运会创始人有何计划，他们实际面临的选择都非常有限。"[19]在市场经济中，任何大型机构都或多或少依赖商业利益。举办奥运会需要场地，需要兴建设施，需要筹集资金；奥运会无法与商业和金融所在的物质世界脱离。例如，若没有富商乔治·阿韦罗夫的慷慨赞助，就无法及时修缮举办第一次现代奥运会的古老体育馆。[20]

在顾拜旦的愿景中，奥运会是用来对抗市场极端物质主义的力量。然而，此后奥运会主办方却与商业政治掮客达成了协议，奥运会随之被"卷入现代民族国家的经济斗争之中"。[21]巴黎奥运会、圣路易斯奥运会和伦敦奥运会（分别于1900年、1904年和1908年举行）都与庆祝技术、科学、工业资本主义和现代文化进步的国际展览同时举行。而在顾拜旦看来，后者正是导致欧洲伟大传统消亡的罪魁祸首。

顾拜旦的非商业体育目标不仅没有达成，而且还以一种极其庸俗的方式失败了。1928 年，阿姆斯特丹奥运会的主办方不顾国际奥委会的强烈抗议，仍向可口可乐等多家公司出售了赞助商权益，允许其在体育场内及奥运场馆周边建筑物上进行广告宣传。[22]这一决定将顾拜旦心中神圣的奥运会变成了一个巨大的广告牌，用以庆祝世俗的现代商业。奥运会与顾拜旦的崇高梦想渐行渐远，以至美国面包制造商保罗·赫尔姆斯甚至在产品广告中使用奥运名称和五环标志。保罗·赫尔姆斯也因此陷入与国际奥委会和美国奥林匹克协会的纠纷之中，纠纷从 20 世纪 30 年代一直持续到 50 年代初。[23]与许多人的认知相反的是，奥运会与商业主义的斗争在奥林匹克运动早期就已成为一个主要关注点。

就"业余身份问题"而言，参赛运动员必须是业余身份这一限制也同样存在问题，这也是奥林匹克运动早期的争论焦点之一。作为一项真正的国际性运动，足球拥有狂热的追随者，却被第一届奥运会拒之门外。因为在 20 世纪初，足球运动已经完全职业化。按照国际奥委会业余主义的标准，国际足球联合会不能在奥运会场举办世界级的足球比赛，但这项运动在国际上太受欢迎，不可能永远被排除在奥运赛场之外。当 1928 年奥运会上只有 17 支足球队参赛时，国际足联提出了一项"误工补偿"计划来赔偿球员因比赛损失的工资。该计划旨在让更优秀的球员和更多球队能参与 1932 年的奥运赛事。然而，在恪守业余主义准则的国际业余田径联合会的大力支持下，国际奥委会拒绝了国际足联的提议，足球仍被拒于 1932 年奥运会门外。面对国际奥委会的怠慢，国际足联于 1930 年发起了足球界的世界锦标赛——世界杯。直到 1936 年，双方才得以和解。一方面国际奥委会想引入足球，而另一方面，由于参赛队伍为业余水平，国际足联对此也没有异议，因为奥运会赛事并不会让国际足联的世界杯黯然失色。奥运会为最优秀的业余运动员提供了参赛机会，而世界杯则仍以世界顶级足球赛事闻名。[24]国际奥委会坚守原则，成功解决了基本原则面临的第一个重大挑战,即运动员的业余身份问题。

尽管国际足联的退出是个特殊事件,尽管大多数国际单项体育联合会遵守并支持业余主义规则,奥运会内部的持续冲突仍然一次次将业余主义问题提上国际奥委会的议程。在资本主义帝国建立时期,各个国家奥委会已将奥运会作为体现国家实力与活力的标志。在此背景下,针对其他国家奥委会委派非业余运动员参赛的指控开始涌现。例如,一战前,英国曾指责美国委派非业余运动员参赛,而20世纪30年代,又有针对德国专业化训练流程的控诉。[26]1936年,英国体育官员杰克·克伦普仍在柏林表达了对德国训练方式的不满。

> 我们像是在与一台精密的机器竞争。例如,每次赛后,德国运动员都会被带进一个房间进行血压等测试。这一切都非常严肃,而且计划周密,在我看来,这恰恰是业余主义的对立面。[26]

即便业余主义概念仍存在争议,国际奥委会与极端保守的国际田联仍一致坚持顾拜旦奥运会的核心原则。[27]

奥林匹克原则与冷战时期的体育现实

现代奥运会一直面临着崇高原则与体育征服思维之间的矛盾关系。1908年,顾拜旦将他的奥林匹克原则与"关于组织赛事的另一不同观点,即为了获胜而竞技"进行对比。顾拜旦认识到,对胜利的痴迷"是危险的毒瘤,值得高度重视"。[28]正如他所担心的那样,随着奥运会地位的提高,获胜成为高于一切的追求,各国愈渐倾向于将奥运会视为强大的宣传工具,奥运会所牵涉的商业利益也越来越多。与此同时,在20世纪的各个领域中都占据主导地位的科学理性也逐渐开始影响体育运动领域。二战后,除非国际奥委会力挽狂澜,否则上述三个因素将彻底改变奥运会。

1946年,在战后国际奥委会的第一次会议上,瑞典代表博·埃克隆德强烈主张,应取缔业余运动员和职业运动员之间的区别。[29]而艾弗里·布伦戴奇则带头捍卫顾拜旦原则,强烈抨击体育中的越轨行为和愚蠢的物质主义,认为体育运动深受其害。在他看来,体育中的越轨行为"纯粹是余兴表演"[30]。一年后,在国际奥委会举办的斯德哥尔摩会议上,时任业余委员会主席的布伦戴奇曾主张将奥运会的核心理念正式编入《奥林匹克宪章》。布伦戴奇希望借《奥林匹克宪章》明确界定参加奥运会的运动员类别,由此阻止那些为胜利欲望所驱使的运动员参赛,取缔从二战前就开始"腐化"奥运会的行为。布伦戴奇提出:"业余运动员参与体育活动从来都只是为了乐趣,为了获得身心愉悦或社会效益;对他们而言,体育只不过是一种消遣,不掺杂任何直接或间接的物质利益。"[31]布伦戴奇认同顾拜旦的基本原则,他宣称,业余主义规则"从古代流传至今,历代怀揣崇高理想的先贤为之激励,令其完善;时至今日,业余主义规则体现的是最高道德准则"。对此,布伦戴奇深信不疑,他继续说道:"不论哲学或信仰,无一能承载比它更高尚的情感。"[32]这就是奥林匹克精神,业余主义理念准确地反映了顾拜旦的理想。然而,二战后,该规则与体育的社会历史现实之间的冲突也愈演愈烈。

美国曾多次被指派遣"职业"运动员参加奥运会,因其秉承不惜一切代价赢得比赛的理念,美国参与国际体育运动的方式也饱受谴责。然而,尽管如此,对顾拜旦原则威胁最大的事件是1952年苏联重返奥运会事件。美国运动员的确实力超群,但苏联人对奥运会金牌更是志在必得。

二战后,苏联立志要在社会生活的各个领域超越"(世界上)最先进的工业强国",体育领域也不例外。[33]1945年10月,苏联人民委员会推出了一项基于运动成绩的财政奖励制度。苏联还开发了体育专用设施,集住宿与训练于一体,以便顶级运动员全身心地投入训练,通过系统性的训练方案提升成绩。㉝虽然,国际奥委会内部切实希望苏联融入奥林匹克大家庭,但当时,苏联并无立即加入的意向。相反,苏联的一系列行为让国际奥委会和一些国际体育联合会不知所措,甚至开始猜测苏联的意图。

运动奖励制度违反了国际奥委会和大多数国际单项体育联合会的规定。虽然国际奥委会的布伦戴奇和国际田联主席西格弗里德·埃德斯特伦都曾与苏联交涉,但苏联并未采取任何调整措施来达成业余主义的要求。尽管苏联在国际田联毫无地位可言,尽管苏联已违反参赛资格条例,然而,1946年8月的欧洲锦标赛仍有苏联运动代表团参赛。当时,允许苏联参赛的决定由时任国际田联代理主席的大卫·伯利做出。1946年的世界举重锦标赛上,同类事件再次上演。即便苏联实行财政奖励制度,推行中央集权的国家计划,一次次的破例让苏联的做法显得越来越合理。

1947年1月,苏联正式申请加入国际摔跤联合会和国际田联,而且附加了几个条件,例如将俄语作为国际单项体育联合会的官方语言。1947年1月21日,布伦戴奇给国际田联主席埃德斯特伦写信,提醒苏联体育体制的政治组织形式以及运动员的薪水制度违背了奥运会原则。布伦戴奇建议,任何国际单项体育联合会在考虑接受会员之时,苏联"都不应例外;在国际比赛和奥运会中,只有确定了运动员的业余身份,才能允许苏联运动员参赛"。他特别强调,"任何其他做法都将招致祸端"。㉟经过近一年的谈判,苏联官员终于同意取缔财政奖励制度,并保证运动员在体育运动之外拥有一份真正意义上的工作;1947年12月,代理主席伯利代表国际田联接受苏联入会。㊱

1948年,伦敦奥运会召开之际,苏联还未达成国际奥委会的所有要求,未达到参赛标准。但在1952年奥运会之时,苏联已然准备就绪。[3]赫尔辛基奥运会成为奥林匹克运动历史上的一个重要转折点,其原因有二,这二者互不相同却又互相关联。首先,艾弗里·布伦戴奇当选为国际奥委会主席,任期长达二十年。在所有国际奥委会领导人中,布伦戴奇是顾拜旦最忠实的捍卫者,坚定支持顾拜旦提出的基本原则及愿景。

其次,赫尔辛基奥运会上,随着苏联的加入,一场毫不保留的体育对抗在两个二战后崛起的超级大国之间上演。顾拜旦崇高理想的直接对立面,以及东西方的对抗,既推动了奥运会的发展,也彻底改变了奥运会。对此,布伦戴奇所持立场想必顾拜旦也会赞同。布伦戴奇称,奥运会是指引超级大国成功解决分歧的灯塔。布伦戴奇曾几度在演讲结束时指出:

> 体育仍然高举着理想主义的旗帜,这也许是当今世上最令人欣慰之事了,因为体育的规则精神得以遵守,尊重对手,不论对手是敌是友。当体育精神(即公平竞争的精神)主导国际事务时,统治丛林的猫军就会溜走,届时,人类文明的生机将首次得以孕育。[38]

赫尔辛基奥运会首次将超级大国对抗的大戏呈现于世界观众眼前。在奥运会开幕之初,苏联人夺得了几乎不可超越的领先优势,然而,美国人却在比赛的最后一天反超苏联。东西方对抗让奥运会的关注度飙升,与此同时,却也对顾拜旦的创始原则提出了最为严峻的挑战。从1952年奥运会开始,精心谋划、一心求胜就成了奥运会的主导原则。

除了美苏对抗,赛场上另外两个现象也影响重大。其一,比赛中苏联女运动员完胜美国女运动员。虽然美国媒体大可为男子项目的胜利欢呼,贬低女子项目对本届奥运会的重要性,但在政治体制之争中,评判的是奖牌总数和总分。而且,不论是苏联还是本国的女性,都不容美国忽视。自这几场奥运会以后，女子运动的性质、重要性和方式都发生了根本性的变化。

其二，在举重比赛中，苏联斩获三枚金牌、三枚银牌和一枚铜牌。这七枚奖牌加速了合成类固醇在世界级高水平竞技体育中的广泛使用。美国举重教练鲍勃·霍夫曼在仔细观察苏联运动员后告知美联社，他断定苏联运动员"为增强力量服用了激素类药物"。在 1954 年的世界举重锦标赛上，霍夫曼和队医约翰·齐格勒确信苏联运动员使用了睾酮素。[40]当时，在高涨的爱国气氛中，齐格勒回到美国，在汽巴制药公司的协助下，研发了合成去氢甲睾酮，品牌名为大力补（Dianabol）。[41]随后齐格勒将大力补卖给了宾夕法尼亚州约克杠铃俱乐部的举重运动员。[42]"合成代谢类固醇产品的消息像野火般在体育界蔓延开来，"鲍勃·戈德曼指出，"很快，兴奋剂和与兴奋剂有关的故事成了训练营和体育杂志的主要话题。"[43]美国举重运动员很快就在比赛中迎头赶上，正如查尔斯·耶萨利斯和迈克尔·巴尔克所述，至 20 世纪 60 年代中期，"大多数投掷类项目的顶级运动员都开始使用合成代谢类固醇"。耶萨利斯和巴尔克在其著作中列出的名单包括 1968 年奥运会铅球冠军和铅球世界纪录保持者兰迪·马特森、1964 年奥运会铅球冠军达拉斯·朗、1956 年奥运会链球冠军哈罗德·康诺利和十项全能运动员拉斯·霍奇。[44]

类固醇终究是危害最大的违禁药物，因为它在提高成绩的同时会改变人体的生理机能。然而，直到 1960 年夏季奥运会上，报道称丹麦自行车手克努特·詹森死于烟醇和安非他明用药过量，国际奥委会才开始大力重申奥运会的基本原则。[45]以詹森为首的自行车手对胜利极端且盲目的热衷让承载顾拜旦崇高理想的古希腊神庙支柱顷刻崩塌，奥运会自此陷入赤裸裸的物质主义和商业利益的"泥沼"。人们对胜利的痴迷也给奥林匹克运动蒙上了不祥的阴影。

《奥林匹克宪章》第 28 条——顾拜旦原则的丧钟

国际奥委会迅速采取行动,在 1961 年雅典会议上重申了奥运会的核心原则,并试图通过官方监管来控制参赛运动员的情况。布伦戴奇希望通过官僚式的管理来维护顾拜旦原则。1962 年,在莫斯科会议上,布伦戴奇成功取缔了非业余运动员的参赛资格,巩固了顾拜旦原则在《奥林匹克宪章》中的地位。[46]与此同时,随着男女运动员使用兴奋剂的现象蔓延,国际奥委会意识到,仍需打消奥运赛场上日益高涨的胜负欲,为此不惜代价;奥运会必须杜绝兴奋剂使用。为此,布伦戴奇成立了国际奥委会首个医学委员会,负责调查体育运动中兴奋剂的使用情况,并对国际奥委会如何确保奥运会的公正性和纯洁性提出建议。

在 1964 年的东京会议上,医学委员会建议国际奥委会宣告兴奋剂使用的危害,引入兴奋剂检测机制,要求运动员签署未使用兴奋剂的承诺书,并对涉及兴奋剂使用的个人和国家体育组织进行惩罚。[47]三年后,国际奥委会对"兴奋剂使用"进行了定义。新增的《奥林匹克宪章》第 28 条禁止"运动员以人为地或不正当地提高比赛成绩为唯一目的,以任何形式,使用任何数量与身体相异或引发身体非自然反应的药物或其他手段"。[48]尽管行动坚决,但该措施仅达成了国际奥委会医学委员会主席亚瑟·波利特爵士所提建议中的部分要求。波利特爵士认为:"只有制定长期的教育政策,强调兴奋剂对身体和道德方面产生的负面影响,才能阻止运动员继续使用违禁药物。"[49]

继丹麦自行车手克努特·詹森和 1967 年环法自行车赛上赛车手汤米·辛普森之死后,似乎根本无须再次教育运动员们兴奋剂对身体有何危害。然而,对于倡导行为监管有利于保障运动员健康的人而言,一份违禁药物清单的出台已令其称心如意。倘若提高成绩类药物被禁,那么只要运动员遵守规定,他们的健康就不会受到威胁。

医疗委员会主席亚瑟·波利特所关注的道德问题直接源于顾拜旦的基本原则和奥运会的形象——道德高尚的运动员们本着骑士精神和公平竞争的精神参赛,如此,运动员们如战友般团结起来,其情谊比友情更为牢靠。而使用药物提高成绩这一行为折射出的是对竞争的过于热衷,与奥运会的道德准则不符。这才是波利特爵士想向奥运会的运动员们传达的教育信息。

最后,《奥林匹克宪章》的修订旨在应对科学理性的极端表现和对胜利的狂热,因为这两种心理对奥林匹克运动构成的威胁与日俱增,动摇其地位,败坏其声誉。一直以来,奥林匹克运动强调秉承顾拜旦的理念,坚持顾拜旦的奥林匹克主义哲学及其基本原则。不论国际奥委会是否阐明了这一缘由,这都是新增第 28 条以及国际奥委会反对社会力量介入世界级高水平竞技体育的正当依据。

尽管国际奥委会尽可能规定明确,执行严格,但官僚式的应对措施无法阻止高水平竞技体育中业已存在且日渐甚嚣尘上的社会行为,即便这些社会行为与业余主义准则及药物禁令背道而驰。赛场上一心求胜的国家又何止美国和苏联。

1948 年 10 月 1 日,德国统一社会党中央委员会第一书记瓦尔特·乌布利希决定将体育作为提升德意志民主共和国国际形象、树立国内民族自豪感的主要手段之一。[50]最初,乌布利希利用了德国自由工会联合会、德国民主复兴文化协会、自由德国青年和德国妇女民主协会等四个国家层面的共产党组织协会来引导本国体育的发展。但很快,该任务就移交给了自由德国青年的主席埃里希·昂纳克。[51]彼时昂纳克刚从莫斯科回国,一心拥护苏联体系。

为了让民主德国体育体系在战败的德国废墟中崛起,昂纳克首先利用了正在重整旗鼓的二战前体育协会和大量工业体育协会等资源。

1949年，德国统一社会党成立了国家体育运动委员会，其职责是迅速提高民主德国运动员的运动成绩。[②]其中，田径、游泳、体操、拳击、自行车、摔跤、划船、足球、排球、篮球和手球被划为重点项目。

1951年，民主德国在莱比锡建立了德国体育文化学院，用于培养教练及运动员，并系统地开展提高运动成绩相关的研究。1952年，《学习苏联科学的体育教育体系》一文发表于德国统一社会党官方期刊《统一》上，这也表明，民主德国国家体育项目将采用苏联模式来系统地提高成绩。1957年，昂纳克得以加大在世界级高水平竞技体育项目中的资源投入，他将整个民主德国体系交给了曼弗雷德·埃瓦尔德和新成立的民主德国体操和体育联合会。[③]自那时起，民主德国人立志在世界级体育运动中不仅超越西方，也超越苏联。[④]

苏联人从不骄傲自满。20世纪60年代，即便美国人在世界级体育竞技中日渐失势，苏联仍继续发展本国的体育体系。1962年，苏联增建了体育寄宿学校，扩大了运动人才库，并从地方到地区再到国家层层选拔了1700万名运动员，数量之大，令人难以置信。到1965年，苏联的顶级运动员队伍的人数扩大到40万名左右。[⑤]

在苏联与民主德国科学理性、成绩导向的体育体制下，西方面临竞争压力最大的是联邦德国的政治家和体育领导人。起初，联邦德国依靠自身的工业及财政实力、人口优势和以俱乐部为单位，基于个人意愿的体育制度所带来的历史优势选拔运动员参赛，与民主德国势均力敌。随着国际上竞技成绩的普遍提高，运动员不得不加大训练强度，包括每日训练时长与训练年限，才能在国际赛事中获胜。此时，联邦德国的德国体育联合会认识到，若要提高联邦德国在世界级高水平竞技中的竞争实力，改革势在必行。第一步是在企业和高水平运动员之间建立伙伴关系，这样运动员在接受世界级体育赛事训练的同时，无须做出任何事业上的牺牲。例如，1963年，德国田径协会成立了"田径运动之友"协会，以便前田径运动员帮助现役运动员获得赞助及其他经济支持。德国体操协会也启动了类似的项目。⑯

1964年，在民主德国、联邦德国联合奥运代表团的队员选拔中，联邦德国运动员连连失利，这也表明，联邦德国体育日渐不敌民主德国。那是柏林墙建立后的第三年，考虑到此时民主德国崛起的政治象征意义，担任十项全能国家队教练、社会民主党全国执行委员会体育咨询委主席的弗里德尔·斯戈默就联邦德国的体育发展提出了几点建议。斯戈默发表的《关于提升体育教育和运动水平的论述》一文很快得到了社会民主党的认同。联邦德国的另一个主要政党，即基督教民主党，也在其总纲领内增加了一项体育援助计划。

1972年，国际奥委会决定在慕尼黑举办奥运会。面对这一决定，联邦德国不得不加大对运动员的投入，因为此时摘得金牌具有特殊的政治意义。1967年，联邦德国成立了德国体育援助基金会，负责管理运动员排名和奖励体系。1969年，联邦德国开办了第一所体育寄宿学校。⑰这些举措代表着西方首次尝试建立一个统一管理的高水平竞技体育体系，向东方集团的对手发起挑战。此外，联邦德国体育系统将成为加拿大、澳大利亚甚至美国等西方国家学习的典范。⑱

电视、商业利益和奥林匹克理想

尽管政府规划与协调对高水平竞技体育的影响日益凸显，但在整个20世纪60年代，强劲的西方市场经济仍然能吸引成功的体育用品制造商与运动员投资，并为其带来经济回报。早在耐克成为奥运会的主要赞助商之前，鞋业制造商阿迪达斯和彪马的负责人阿道夫·达勒斯和鲁道夫·达勒斯两兄弟就已开始互相竞争。⑲同样，许多来自德国和法国的滑雪用品制造商也利用冬奥会向全球观众宣传自己的产品，以获取竞争优势。[50]

体育用品制造商需要借助奥运会扩大市场,而西方顶级运动员则需要资金来与经费相对充裕的东方集团对手竞争。西方运动精英、电视转播商和暴利的滑雪用品及鞋类制造行业通过奥运会结成了伙伴关系。布伦戴奇为维护奥运会的纯洁性所做出的努力因此受到重挫。赢得奖牌或打破纪录都能让运动员"私下"获得成绩奖金和额外报酬,这吸引了顶级运动员参与国际赛事;而顶级运动员的加入扩大了电视观众的规模,收视率的上涨增加了广告收入。所有这些因素交织在一起,促进了冷战时期高水平竞技体育的职业化。

二战前夕,人们发现了电视对奥运会的重要性。1936年奥运会之际,作为德国宣传运动的一部分,纳粹德国曾在柏林部分地区的公共观影大厅播放国内电视媒体的现场报道。但直到20世纪50年代中期,国际奥委会仍未出台官方的电视转播政策,也未以任何方式直接从电视媒体中获利。1956年的墨尔本奥运会彻底改变了奥运会与电视媒体的关系。为寻求新的收入来源,墨尔本奥运会组委会委托私营媒体企业弗里曼特尔海外电视公司向各国广播电视网络转让电视转播权。随之,美国、加拿大、英国和几个欧洲国家的广播公司结成了同业联盟,向墨尔本奥组委的行为提出抗议,并主张国际媒体应免费获得转播权。此举并未撼动弗里曼特尔公司的立场,因此,同业联盟决定联合抵制奥运会,导致该届奥运赛事只有联盟以外的广播电视网络转播,曝光度大大降低。墨尔本奥组委则向未转播奥运赛事的媒体网络售卖比赛集锦,所获利润归为己用。[51]

从1956年开始,电视转播权就成了颇具争议的问题。当时国际奥委会成员既看准了奥运会的潜在利润,又担心商业媒体给奥林匹克理想带来冲击。布伦戴奇期望寻得一个两全其美的方案,力图通过修改《奥林匹克宪章》,在维护顾拜旦原则的同时让电视转播权的转让合法化。

1958年，国际奥委会修订了《奥林匹克宪章》第49条，允许奥组委转让每届奥运会的电视转播权，但转让的最终批准权和收入分配的决定权仍然在国际奥委会手中。条例的修订让国际奥委会从电视转播中获利，而奥组委却因转让争议屡屡面临形象问题。[62]

通过修订《奥林匹克宪章》，布伦戴奇既避免了国际奥委会与电视行业就新的商业利益直接进行协商，又让国际奥委会能够在奥林匹克运动受市场力量影响与日俱增之时，从市场力量中获得经济利润。布伦戴奇在1966年写道："（电视转播权）的商业价值不断增加，倘若分配得当，将给奥运会带来很多益处……（但是）如果奥林匹克理想受到冲击，那它带来的只有超乎想象的风险。"[63]然而，瓶子里的恶魔远比布伦戴奇预想的更为强大；在20世纪的最后几十年里，电视转播权和赞助收入等商业力量，以及冷战时期的政治力量，将从根本上重塑奥运会。[64]

战后奥运的业余主义准则与提高成绩类药物

提及业余主义，虽然1964年的东京会议并未对业余主义准则做重大修改，但在高水平竞技体育的现实压力下，国际奥委会不得不将运动员参加训练营的时间限制从每年三周延长至每年四周。在1967年的会议上，苏联代表康斯坦丁·安德里亚诺夫指出，国际奥委会就业余主义的定义已争论五十余年。关于参赛运动员资格的辩论再次拉开序幕。安德里亚诺夫提出：

> 国际奥委会力求向世界证明自己的观点，却不考虑现实生活的要求和现代体育发展的情况。这是最棘手的问题之一，我们必须找到解决问题的新方法，宣布废止19世纪末形成的关于运动员业余身份的陈旧规定。[65]

安德里亚诺夫继续说道:"我们应当鼓起勇气,根据当代要求,制定参赛资格的新规则,而非执着于过去的旧规则……况且还是大家惯常违反的旧规则。"[56]之后,他建议"国际奥委会出台新的奥运会参赛资格规定"[57]。

布伦戴奇的立场坚定如昔,他深知,顾拜旦最初确定的奥运会参赛资格规则体现的是奥林匹克运动的基本原则。即使在1969年和1970年,面对国际奥委会与国家奥委会联合委员会对"参赛资格问题"的审议,面对将《奥林匹克宪章》第26条重新命名为"参赛资格条例"的提议,布伦戴奇都从未动摇过。虽然布伦戴奇同意对《奥林匹克宪章》第26条重新命名,但与此同时他明确要求《参赛资格条例》的标准必须与国际奥委会此前采用的任何标准一样严格。因此,新条例中有一条明确否定了东西方日益流行的财政支持战略。新条例规定:

> 因运动能力获得政府、教育机构或商业机构赞助的个人,不能算作业余运动员。有时,工商企业会因为其广告价值而雇佣运动员。运动员们几乎不用工作,却照拿薪水,而且随时可以接受训练,参加比赛。为了展现国家实力,政府偶尔也会采用同样的方式让运动员在军队、警察部队或政府部门任职。有些国家还让运动员长时间在训练营接受训练。甚至也有高校为优秀运动员提供奖学金和各种奖励。仅因体育能力而获得这些特殊待遇的人,没有资格参加奥运会。[58]

国际奥委会试图利用官方监管权力,杜绝世界级运动员中与日俱增的提高成绩类药物的使用问题。在1967年的德黑兰会议上,国际奥委会引入了药物和性别测试,并出台了首个违禁药物清单,其中包括酒精、兴奋药丸、可卡因、血管扩张剂、鸦片剂和大麻。[59]国际奥委会以正式公开的方式,努力确保奥运会运动员不被职业化和唯胜论的体育理念所腐蚀;反之,运动员将被取消参赛资格,甚至被逐出奥运会赛场。虽然药物禁令与某些项目中世界级高水平运动员的训练体制毫不相关,但该禁令符合奥林匹克运动的基本原则,尽管这些原则已经脆弱得不堪一击。

直至1973年,国际奥委会才有能力对合成类固醇激素进行有效检测。到1976年奥运会,检测才开始实施。在中间这段时间里,世界级体育竞技转而向打破纪录发起全面攻势,药物禁令仅剩下道德上的约束力。[70]尽管西方对类固醇的使用记载不如东方完整,但仍有大量证据表明,在20世纪60年代晚期,违禁药物的使用非常广泛。帕特·康诺利、查理·弗朗西斯、查尔斯·杜宾、沃纳·弗兰克·布里奇特、博仁东克、特里·托德和简·托德均表示,类固醇的使用在西方运动员中普遍存在,甚至无处不在。[71]据十项全能运动员汤姆·瓦德尔估算,1968年在太浩湖参加奥运会赛前训练营的男性运动员中,使用类固醇者占三分之一以上,这在当时是普遍现象。[72]

据民主德国国家安全部在民主德国解体后公布的资料记载,一个控制严格、管理科学的运动成绩提高计划于20世纪60年代诞生。到20世纪70年代初,该计划已完全融入民主德国的高水平竞技体育体系;1974年,该计划被正式纳入国家政策。[73]

1974年:奥林匹克分水岭

国际奥委会和国家奥委会联合委员会1969年和1970年的报告记载了二战后高水平竞技体育的彻底转变。研究表明,从1950年到1970年,田径运动员的训练时长增加了一倍,有些体育项目甚至增加了两倍。20世纪60年代末到70年代初,运动员的训练强度大大增加。随着五个不同变量中的一个甚至多个变量的改变,训练负荷大幅增加。教练员或增加每次训练的强度,将更多任务压缩到更短的时间范围内,或增加每段训练的时长,缩短训练之间的休息时长,由此改变训练总量。[74]从1960年到1968年的八年间,苏联男游泳运动员的平均训练量从每月594.7千米增加到每月1064.0千米,快节奏训练的时长从每次训练的18.0%增加到57.4%。而苏联女游泳运动员的平均训练量从每月482.4千米增加到每月1045.0千米,快节奏训练的比例从18.5%增加到59.0%。[75]此外,研究表明,成绩的提高与训练要求和年度训练计划的制订直接相关;年度训练计划中,训练的强度比较灵活,因此可以在某些时间段进行高强度训练,而在其他时间段进行一些技术性工作。[76]

除了训练的强度与日俱增,另一趋势是运动员开始接受严格系统性训练的年龄越来越小。专业化训练开展得也越来越早。基于这一趋势,托马什·莱姆帕提出,若从小学阶段就开始接受系统训练,运动员更容易获得成功。[77]上述运动员培养过程中出现的趋势与顾拜旦所设想的运动员在崇高神圣、鼓舞人心、磨炼意志、充满骑士精神的比赛中"热爱努力而拼搏、激烈对峙却不失谦恭"的愿景截然不同。

1972年至1974年是奥林匹克运动的分水岭。到1970年,奥林匹克运动会与顾拜旦的创始愿景已有天壤之别,差别日益凸显。布伦戴奇表示,最"无所顾忌地违反奥运会规则"的要数冬奥会上的速降滑雪运动员了,他们对《参赛资格条例》构成的威胁最大。[78]1972年札幌冬奥会举办之际,质疑奥委会虚伪的言论日盛,加之新参赛资格条例中相关规定比任何时候都要明晰,国际奥委会下设的参赛资格委员会不得不取消奥地利滑雪运动员卡尔·施兰兹的参赛资格。[79]施兰兹不仅拿了代言费(代言费在当时的滑雪及其他项目运动员中很常见),在奥运村接受媒体采访时,他还表示自己每年的出场费和代言费达到4至5万美元。[80]

关于代言费的"沉默守则"被打破;20世纪最后30年里,世界级高水平竞技的业余主义神话就此破灭。国际奥委会面临重大抉择。将违反

《参赛资格条例》的运动员拒之门外意味着巨额经济损失；倘若不严格执行该条例，睁一只眼闭一只眼，则会让奥林匹克运动名誉扫地。仅仅是一次在奥运村的采访，就推翻了顾拜旦奥林匹克运动的核心支柱。

国际奥委会决定努力适应世界级体育的现实，不再一味维护奥运会的创始原则。1974年会议上，一份新的《参赛资格条例》出台。《奥林匹克宪章》第26条规定：

> 参赛选手必须遵守国际奥委会《奥林匹克宪章》的规定以及由所属国际单项体育联合会制定并经国际奥委会批准的规章条例，才能获得奥运会参赛资格；即使联合会的规定比国际奥委会更为严格，即使运动员并未通过参与体育活动而获得任何金钱或物质利益，上述要求仍然成立，除非《奥林匹克宪章》第26条的细则另有规定。[80]

从表面上看，《奥林匹克宪章》第26条的新规定一如既往的严格。然而，新规定却有三处超越了奥运基本原则的界限。其一，《奥林匹克宪章》细则允许运动员因为突出的体育能力获得经济奖励和物质利益。不仅参赛运动员的身份不再是问题，而且参赛运动员类型也与顾拜旦的奥林匹克愿景完全相反。国际奥委会已将复兴古代奥运会的根本依据抛诸脑后。

其二，国际奥委会将参赛资格的控制权下放给了国际单项体育联合会。由于国际单项体育联合会每年都会修订《参赛资格条例》（并非四年一次），而且许多国际单项体育联合会都有充分理由接纳更为职业化的运动员参加锦标赛，世界级高水平竞技体育中运动员的彻底职业化已经没有任何障碍了。

其三，《参赛资格条例》不再陈述、体现或强调顾拜旦的基本原则。

奥运会不再是"让自然之乐和艺术享受交织在一起"的"充满骑士精神的体育经历"。"古代奥林匹克主义的光辉梦想诞生于亚勒腓河畔，在古代的好几个世纪里，社会都由这个梦想主宰着"已渐渐褪去，取而代之的是认可商业利益的制度、对竞争的过于热情和全职的职业运动员。国际奥委会修订《奥林匹克宪章》，使得奥运会得以囊括将体育作为全职工作的国际顶尖运动员。对获胜和打破纪录的追求成了奥林匹克运动的新基础。利用科学理性和技术工具追求人类体能极限成了奥运会的核心精神：为实现这一追求，投入国家财政资金，甚或利用其他相关手段，都不可避免地成了合法行为。

奥林匹克原则和提高成绩类药物

从某些方面来看，1974年对《奥林匹克宪章》第26条的修订和20世纪70年代世界级高水平竞技体育的实践都与提高成绩类药物禁令有着直接关联。第一，正如本章所述，皮埃尔·顾拜旦将现代奥运会打造成了影响深远且具有创新精神和教育意义的项目，它能够逆转工业资本主义下物质主义日益膨胀的局面，让欧洲的传统价值观回归。顾拜旦心中的奥运会是实现宏伟目标的途径，它将永存于世。顾拜旦的奥林匹克项目成功的前提是，年轻人参加体育比赛能获得独一无二的体验；体育赛场处处能体现美感，激发崇敬之情，"这种美与崇敬是迄今为止当代任何重要体育赛事都无可比拟的"。奥运会场上的激烈体验，通过适当的控制和管理，将造就出"贵族、精英"，或者说"骑士"——"勇敢而充满活力的人们通过一种强大的纽带结成'手足兄弟'，它比纯粹的友情更为牢固。"骑士准则将主宰世界，而"竞争、热爱努力而拼搏、激烈对峙却不失谦恭"等理念将成为"互帮互助"原则的重要补充。⑫

奥运会和西欧的发展道路与顾拜旦的愿景完全不同。事实上，欧洲发展的方向恰恰是顾拜旦最不希望看到的。商业利益日益膨胀,狭隘的民族主义盛行,体育成为不断壮大的世界市场的一部分。顾拜旦的奥运会原则不仅与20世纪中后期欧洲生活的现实不符,也无法有效地重塑欧洲。

国际奥委会明白自己无法控制或改变高水平竞技体育的现实世界。为了吸引世上最优秀的运动员参与,国际奥委会舍弃了顾拜旦提出的奥林匹克运动基本原则,帮助奥运会适应当代世界级竞技的社会现实。1974年对《奥林匹克宪章》第26条的修订也证明了,任何原则或规定,无论它对奥运会有多么重要或神圣,都并非无法撼动。

第二,即便药物使用监管条例是坚持顾拜旦崇高的创始原则的必然结果,这些条例本身从来都不是奥运会的核心。在顾拜旦的愿景中,使用提高成绩类药物就是作弊。同样,在奥运会中使用全职专业运动员、接受资助或国家支持,或抱有为求胜利不惜一切代价的态度,都算是作弊。

一旦将奥运会的基本原则抛诸脑后,国际奥委会就失去了为药物禁令辩护的哲学依据。1974年以后,奥运会正式向将体育作为职业的世界级高水平运动员开放。尽管职业运动员参赛已有多年,但在1974年以前,他们属于作弊者。而此后,他们成了正当选手。1974年对《奥林匹克宪章》第26条的修订表明,国际奥委会已接纳二战后发展起来的高水平竞技体育的现实世界。这个世界里,运动员接受国家资助,进行全面系统的全年训练,他们无须掩饰对胜利的热情,全身心投入,竭力追求奖牌,下定决心提高成绩,打破人类潜能极限。提高成绩类药物的使用也顺理成章地成了体育世界的一部分,尽管从过去到现在,国际奥委会一直拒绝接受这一事实。

前国际奥委会执行委员、现世界反兴奋剂组织主席理查德·庞德在谈及国际奥委会与兴奋剂的长期斗争时,引用了温斯顿·丘吉尔爵士的一句话:"决不屈服,决不妥协,决不,决不,决不——任何情况下,无论事情大小——除非事关荣誉与理智,否则决不妥协。"⑧庞德的评论反映了处于权力地位的领导者拥有的共同理念,他们认为自己无论是从道义还是伦理角度而言,都有义务制定和加强赋予本组织权力的政策。但是,一个组织只有遵循历史、原则和实践的规律,才能拥有真正的权威。历史表明,国际奥委会拥护的原则与目前载入《奥林匹克宪章》的原则,以及二战结束以来的现实之间,存在着巨大分歧。当前,国际奥委会内部仍存在矛盾,而针对提高成绩类药物的立场问题只是其中之一。虽然限制使用提高成绩类药物和手段的决定有其依据,但在1974年抉择之际,国际奥委会已然放弃了任何原则上的依据。

▼

第 2 章

类固醇：纳粹宣传、冷战恐惧和"男性化"的女运动员

柏林墙倒塌、苏联解体后，在国际高水平体育竞技中，让国际奥委会、世界反兴奋剂机构及国际单项体育联合会的领导层最为惧怕的，莫过于合成代谢类固醇所带来的超男性化力量。

传言称德国国家社会主义党（纳粹）向党卫军士兵注射类固醇，意图打造过于男性化且极具侵略性的士兵时，西欧和北美第一次被合成代谢类固醇所困扰。二战后，类固醇的幽灵仍旧困扰着西欧和北美。据称，当时奥运会的体能类项目被睾丸激素含量激增的男运动员和注射过雄性激素的女运动员主导。但是，合成代谢类固醇究竟是一个值得大家如此恐惧的幽灵，还是一个早该被埋葬的可怕妖怪呢？

从一开始，奥运会就是一种被人为操纵的强有力的媒介，它承载的文化形象、神话色彩和符号意义无一不深入人心。也正因如此，"违禁药品""禁药清单"和"类固醇"等词汇的象征意义远远超出了这些名词所指的物品本身。[1]这些词汇暗含着一种强烈的恐惧，尽管人们也因药物使用与体育运动的自然纯粹相违背而隐约感到不安，但恐惧远比某些轻微的、"直觉上的"不安来得深刻。从1936年的"纳粹奥运会"到20世纪50年代至60年代的冷战时期奥运会，奥运会的象征力量一直与重大历史事件联系在一起，它在高水平竞技中塑造了令人恐惧的"药物使用"形象，这些形象至今仍困扰着人们。

本章回顾了从1933年希特勒上台到美苏冷战对抗的关键时期。在此期间，奥林匹克运动中的党派政治空前发展，奥运会也深受影响。正是在这个时期，奥运会运动员使用类固醇的谣言开始流传。

不论是1936年在纳粹德国举办的奥运会，还是挥之不去的二战阴影；不论是纳粹战争机器，还是对冷战的恐慌，这些都是人们对奥运会、现代高水平竞技的本质以及使用类固醇等药物来提高运动成绩等做法疑虑深重的根源。这个时期对西方现代心理的影响值得仔细研究，因为人们对运动员使用类固醇这一现象抱有的非理性恐惧与此密切相关。只有认真审视这一时期被压抑的社会焦虑，才能全面且准确地评价当前药物禁令的情况。

奥林匹克政治、纳粹象征主义与宣传

象征主义是现代奥运会的重要组成部分，甚至顾拜旦也曾有意识地利用象征主义来启动自己的项目。在谈及1894年首届奥林匹克代表大会的筹备工作时，顾拜旦提道："与惯常做法不同的是，我要求第一天举行主要仪式，以吸引公众的注意力。"② 为了证明这不是一场"普通的体育会议"，顾拜旦坚持会议在巴黎索邦大学的大厅里举行，因为"在索邦大学庄严的屋顶下，'奥运会'一词给人印象更深，更有说服力"③。

尽管在复兴后的几十年里，奥运会的象征意义一直被用于文化和政治目的，但影响人们对奥运会竞争和现代高水平竞技本质所持看法的是1936年纳粹德国奥运会和长期二战阴影中最为黑暗的象征符号。④ 在1936年奥运会上，冷酷精明的纳粹公共启蒙和宣传部门精心利用奥运会的象征符号来传达其精雕细琢的权力、血统、胜利和统治形象；一战后这些主题在德国民众中反响甚好，同时，这些主题也预示了欧洲其他国家未来的不祥。⑤ 然而，奥运会并不是约瑟夫·戈培尔的宣传部门手中的独立项目，而是持续的全方位政治宣传计划中的一部分。

在对德国电影以及电影所反映的心理倾向（"那些或多或少地存在于潜意识中、藏于内心深处的集体主义心理"）的经典研究中，齐格弗里德·克拉考尔辩称,战前的德国电影向人们灌输着"虚无主义的信条",宣称历史是"为盲目凶残的本能而预留的竞技场,是邪恶阴谋的产物,让我们永远都得不到自由和幸福"⑥。电影编剧汉斯·杰诺维兹和卡尔·迈尔回顾一战时期在德国军队服役的经历,决定推翻占主导地位的虚无主义世界观,"批判国家权力机关的无所不能",并"揭示德国体制中固有的致命倾向"。在他们的剧本《卡里加利》中,主人公卡里加利博士"代表着一个崇拜权力且不受限制的权威,为满足其控制欲,无情地践踏人类一切权利和价值观"。凯撒,一个接受卡里加利博士诊治并受其控制的梦游者,代表着"在义务兵役中被训练成为不顾性命的杀人工具"的普通人。在原剧本中,卡里加利对凯撒的利用被一个名叫弗朗西斯的学生揭露,"理性最终战胜了非理性的权力,疯狂的权威被象征性地废除"⑦。

在拍摄这部电影的过程中,导演罗伯特·维内不顾杰诺维兹和迈尔的反对,将卡里加利的情节置于一个更大的故事框架中,把弗朗西斯变成一名精神病院的病人,完全颠覆了剧本的原意。在讲述完原剧本的故事之后,框架故事的最后一幕是极度激动的弗朗西斯指控精神病院院长是"危险的疯子卡里加利"。弗朗西斯被制服后,这位精神病院的医生戴上了一副角质框眼镜给弗朗西斯做检查,模样像极了卡里加利。医生摘下眼镜,用温和舒缓的语气告诉助手们,弗朗西斯认为他就是卡里加利。"他既然了解了病人的病情,就能医治他,"克拉考尔写道。"观众带着这个令人振奋的好消息离场了。"⑧电影版《卡里加利》并不会让德国民众(及他国民众)产生恐慌,他们不会担心一战后的虚无主义会掌控欧洲的大多数国家,亦无须惧怕一个拥有无限权力、无所不能的中央集权国家。

克拉考尔认为,电影版本"比原故事更符合(受教育程度较低的人群)的审美"⑨。而且,把故事放到电影架构里既"忠实地反映了(大多数德国人在一战后)撤回到自己的领地这一事实",又"以一个疯子的幻觉来呈现并强调了这个革命性的故事"。这部电影也暗指:

德国人在撤回的同时也受到激发,开始重新思考他们对权威的传统信仰。至于大部分社会民主工作者,他们没有采取革命行动;而另一方面,一场心理革命似乎随时会席卷而来,直击民众的心灵深处。这部电影反映了德国人生活中的双重性,将卡里加利的权威获胜这一现实与相同权威被推翻的幻觉结合起来。[10]

从早年在维也纳的任性生活,到一战期间在前线和医院的经历,再到在巴伐利亚啤酒厅里的政治演说,阿道夫·希特勒始终非常了解德国和奥地利民众的情绪、恐惧和愿望。[11]由于亲身经历,希特勒对此后克拉考尔在《从卡里加利到希特勒》一书中研究的心理倾向有充分的了解。希特勒了解对权威的传统信念的力量,也认识到一战中德国的战败让该信念受到质疑。因此,在追逐权力的过程中,希特勒这位战争的"击鼓手"始终围绕以下三个论点来煽动民众。首先,德国军队并未在一战战场上战败,而是组成魏玛共和国第一届政府的"幕后操纵者"签署了一份屈辱至极的停战协定,让德国军队从背后挨了一刀。其次,德国的力量源自国家历史和德国人民的种族优越感。最后,德国需要一位伟大的元首,带领帝国恢复昔日的天赋荣耀。[12]权力、自豪、种族纯粹、斗争构成了纳粹意识形态的核心。[13]

希特勒的生活经历让他深刻地认识到,他可以利用精心策划与编排的宣传项目来俘获并重塑大众的信仰、心灵和灵魂。在希特勒看来,宣传"不仅是必要之恶,也是一种合理的谎言,正当的夸张"。对希特勒而言,宣传是一门艺术。[14]因而,大规模政治集会、大型体育赛事、故事片、广播节目、广告、政治海报,以及精心组织的艺术展览,都无一不传递着精心构建的形象,将德国与北欧的光辉历史以及雅利安民族的力量及其种族纯粹性联系起来。这些宣传颂扬了对希特勒发自内心近乎肉欲的崇拜之情,展示了第三德意志帝国的日益强大。[15]这些形象通过影像在德国全国上下甚至整个欧洲传播。

1936年奥运会为希特勒提供了一个难得的机会，让他能利用奥运会象征的普罗米修斯力量，制造出笼罩欧洲的幽灵。[16]为实现这一目标，主导公众舆论，纳粹进一步完善了业已成熟的宣传策略。纳粹惯常利用大众传媒新技术在国内进行宣传。希特勒的大规模集会使用的是最先进的公共广播系统，并在全国各地的电台和电影院播放。此外，纳粹还创造出一种壮观的纪念碑式风格，将好莱坞音乐剧中的某些元素进行改编，在德国各地的大型体育场馆里上演了一出出充满力量和情感的"整体艺术"作品。音乐、舞艺、戏剧和新古典主义建筑等艺术形式都被融入令人陶醉激动、心潮澎湃的体验中。[17]对希特勒和纳粹而言，1934年的纽伦堡党代会成为1936年将举办和拍摄的奥运会的一场大型预演。这些赛事本身与莱尼·里芬施塔尔的电影《意志的胜利》和《奥林匹亚》的相似之处也证明，纳粹党公然利用奥运会实现自己的政治目的，这一点毋庸置疑。[18]

在纽伦堡和柏林的仪式中，"舞台"由一系列图案组成，队伍行进通过舞台最后形成巨大的几何图案，象征着无组织的群众转变为有纪律的团结力量。希特勒穿过群众中间的宽阔通道，登上高台，象征着他从一名普通士兵升级为国家元首，将神圣的智慧赐予人民。通过与群众的交流，希特勒被塑造成人民意志的化身。莱尼·里芬施塔尔在剪辑这两部影片时，不断将观众的注意力从聚集的群众队伍转移到元首、纳粹党徽上，强化了纳粹宣传的主旨，即"一个种族纯正的民族，一个领袖，一个王国"。[19]从表面看来，这两部电影都遵循了事件的先后顺序，但实际上这些故事是精心构建的，向观众呈现的是精雕细刻的图像和信息。两个故事的高潮极其相似。1936年奥运会的闭幕式再现了艾伯特·斯皮尔设计的纽伦堡"光明灯柱"。党代会结束之际，斯皮尔在齐柏林广场周围以40英尺的间隔放置了130个光源明亮的防空探照灯，向夜空直射25000英尺的清晰光束。理查德·曼德尔在描述奥运会闭幕式的文章中写道，1936年再次用了同样的设计，向空中直射光束，随后，"遥远处的光柱顶部逐渐汇聚，漆黑的体育场仿若罩在一座光芒万丈的神殿之中"[20]。这一场景为莱尼·里芬施塔尔的电影《奥利匹亚》提供了一个强有力的结尾，象征着纳粹德国的荣耀以及奥运会的庄严。

1936年奥运会还为纳粹提供了另外两种宣传工具，供其在国内外进行宣传。首先，火炬接力的引入为奥运会带来了一个全新且具有象征意义的开幕仪式，并为《奥林匹亚》提供了一个独特又壮丽的开篇，与希特勒在《意志的胜利》中"从天而降"的创新之举相得益彰。1933年1月30日晚，希特勒被任命为总理时，戈培尔曾组织了一场蔚为壮观且富有象征意义的火炬游行。火炬接力重新唤起了人们对这些画面的记忆，并用寓言的方式把希腊的英雄时代（代表古代文明中种族纯粹的巅峰）与接过火炬的第三帝国联系在一起。[21]

其次，纳粹主义倡导对男性的狂热崇拜，颂扬年轻、力量和征服。它强调在自然界达尔文式适者生存的斗争中基因遗传和种族禀赋的重要性。莱尼·里芬施塔尔在电影《奥林匹亚》中呈现的1936年奥运会是一场精心制作的美学盛宴，电影把奥运会竞技运动中蕴含的美和力量与白种人的自然优势联系在一起，以便能清楚地传达纳粹的意识形态。

虽然有人乐观地认为，杰西·欧文斯的4枚金牌破坏了希特勒的政治目标，但德国以33枚金牌、26枚银牌和30枚铜牌的好成绩遥遥领先，远胜于美国的24枚金牌、20枚银牌和12枚铜牌；这确保了希特勒元首的信息能准确传达给德国民众中的支持者和摇摆者。在国际上，希特勒的宣传同样成功。威廉·夏勒指出，"到访者，尤其是来自英国和美国的访客，对所见之景印象深刻：在希特勒统治下的是一个快乐、健康、友好、团结的民族，这与他们在报纸上读到的柏林报道截然不同"[22]。莱尼·里芬施塔尔以艺术的形式展现了奥运会的运动精神、自然典雅和国际主义精神，让观众愈发认为德国不仅赢得了比赛，而且是奥运史上最成功的东道主。

冷战焦虑和类固醇幽灵

不论是1936年奥运会、电影《奥林匹亚》，还是纳粹德国密集的宣传活动，都无法解释当今高水平竞技领域的类固醇使用所带来的严重心理焦虑。然而，若将纳粹战争机器赤裸裸的侵略和权力形象与另外三个历史现实联系在一起，便能清楚地了解人们对运动员使用类固醇的深刻恐惧。首先，二战记忆让人们惧怕科学潜在的毁灭性力量，因为有人利用科学肆无忌惮地追求权力。其次，西方所描绘的共产主义带来的威胁，加之运动员短时间内取得的巨大成功，让人们担心苏联会像纳粹一样利用极其冷酷、工于算计的工具理性来追求世界霸权。最后，人们对苏联女运动员表现出显而易见的恐慌情绪。甚至有传言称，苏联身强体壮的成功女运动员要么是乔装打扮的男人，要么是服用雄性激素的女人；她们对西方"自然性别"观念构成严峻挑战。上述现实情况都值得我们细细考量。

第二次世界大战是人类历史上最具毁灭性的战争。对于二战的恐怖记忆包括"不列颠之战"以及使用燃烧弹和地毯式轰炸对德累斯顿和汉堡进行的毁灭性报复。第二次世界大战与人类史上其他任何战争的真正区别在于纳粹的死亡行军，经过理性计算后对灭绝营的犹太人进行的机械化大屠杀（从切尔姆诺、索比堡、特雷布林卡、贝尔泽克到后来的奥斯威辛-比克瑙集中营无一幸免），以及美国在长崎和广岛投下的两颗原子弹。㉓这些行动表明，无限制地广泛应用科学工具理性来追求政治目标将带来灾难性的后果。

第三帝国最后一位军备部长斯皮尔在施潘道监禁20年之后，回想起在纽伦堡审判中所做的最后陈述，反思期望后世牢记的劝诫以及他以领导角色参与的这场战争所遗留的问题，他写道：

> 那些年的罪行不仅源自希特勒本人的个性。罪行之所以严重至此，也因为希特勒是首个利用技术手段扩大其影响力的人。
> ……
> 我想过，若统治权力不受限制，再加上技术的力量（我们利用技术，却也被技术支配），未来可能造成何种后果：我（在纽伦堡试验中）已指出，这场战争以远程控制的火箭、超声速飞机、原子弹，甚至或可发生的化学战而告终。在五到十年内（1951—1956），只需十人就可在几秒内消灭纽约市中心的一百万人，造成大范围的流行病，并使用化学武器破坏庄稼收成。世界科技越发达，危险就越大。……作为一个高度发达的军备系统的前部长，最后我有责任指出，一场新的世界大战将以人类文化与文明的毁灭而结束。若不对科技施加约束，就没有什么能阻止它毁灭人类，毁灭形式之疯狂已在这场战争中可见一斑。[24]

战后的科学技术能给予蛊惑民心的政客如此强大且不受限制的力量，这种荒诞的可能性在所有战争幸存者及战后成长起来的人们心里留下了深刻烙印。[25]

第二次世界大战还留下了令人深感不安的政治遗留问题，即冷战时期东西方的对峙。尽管在1940年之前，西方民主国家与其共产主义盟友的关系从未和睦过，但二战让形势进一步恶化。西方本身阵线并不统一；纳粹德国在占领法国、意大利北部、奥地利和斯堪的纳维亚半岛后提出严苛条件，这让人们对德国和苏联解放者有了不同的看法。此外，欧洲共产党在民族抵抗运动中起了领导作用，而苏联也在战胜德国中发挥了决定性作用，这让共产党和社会主义运动开始为欧洲人所接受。一方面，共产主义运动强势推进，力量统一；另一方面，西方国家内部政治纷争不断，分歧难以调和。面对此局面，西方各国倍感无力。战后不久，两个相互猜疑、相互对立的权力集团在国内外展开了频繁的宣传战，形成了两个阵营间接对抗的国际局势。[20]

在此背景下，1952年苏联成功参加奥运会，这意味着西方将面临一个积极强大的对手，因为苏联此行并非仅仅为了结成战友般的情谊。尽管自1896年奥运会复兴以来，党派政治一直存在分歧，但在二战之后，两个超级大国间的斗争规模已不可同日而语。在任命康斯坦丁·安德里亚诺夫和阿列克谢·罗曼诺夫为国际奥委会委员后，这两届奥运会的开幕式就大不相同了。罗曼诺夫指出："在包括奥林匹克运动在内的所有国际领域中，新与旧、进步派与保守派的斗争都在不断上演。在我们这个时代，国际体育作为一场大规模社会运动，成了政治与意识形态激烈斗争的竞技场。"[21]

苏联加入国际奥委会后的最初十几年里，西方的担忧有增无减。重大地缘政治事件如朝鲜战争、卡斯特罗古巴革命的胜利、苏联人造卫星的发射、越南战争、潘兴导弹在欧洲的部署、柏林墙的修建、"猪湾入侵"的失败，以及古巴导弹危机，所有这些都发生在苏联加入后的三届奥运会期间。

有关纳粹涉嫌使用类固醇的关键资料之一是尼古拉斯·韦德博士在体育界类固醇使用之争中提出的观点（未引用他人观点），当时类固醇已经成为国际奥委会的一个主要议题。韦德博士写道：

据称，首次使用雄性激素类固醇提高成绩的行为出现在二战期间，当时德国军队在上战场前服用类固醇来增强其侵略性。战后，类固醇用于给德国集中营的幸存者恢复体重。竞技体育中类固醇的使用似乎最早出现于1954年，使用者为俄罗斯运动员。曾在维也纳举重锦标赛中担任美国队队医的马里兰医生约翰·D.齐格勒在接受《科学》杂志采访时承认，苏联的举重运动员曾服用过一定剂量的睾丸激素——一种男性性激素。齐格勒补充道，苏联女运动员也在使用这种激素。

……

睾丸激素除了具有促进生长的作用，还会诱发男性特征发育，比如声音低沉、毛发旺盛。[30]

韦德用了不到150个英文词，就把德国的军事侵略、集中营的恐怖、苏联的野心、苏联女运动员的男性化和一位美国医生的专家证词统统联系在一起。

在韦德的基础上，赫伯特·豪普特和乔治·罗维尔在《美国运动医学杂志》上提出同一观点；在豪普特、罗维尔和韦德的基础上，罗伯特·温莎和丹尼尔·杜米特鲁在《研究生医学》杂志上也提出类似观点；这些论述进一步证实了纳粹军队对类固醇的使用。[31]弗吉尼亚·科沃特并未引用韦德、西尔弗曼、温莎和杜米特鲁的观点，她指出，"已知首次在非临床环境下使用类固醇是在二战期间，当时德国军队用类固醇来增强军队的攻击性"。科沃特进而评述道："只需踏出一小步就能认识到在体育竞技中增加攻击性的好处，只不过苏联人在20世纪50年代初就迈出了这一步。"[32]最后，J.E.赖特在《锻炼与运动医学评论》上提出相同观点。[33]布里奇特·博仁东克也对民主德国使用类固醇进行了全面评论，同样，她将类固醇的使用归因于纳粹。博仁东克写道："许多综述类文章中都指出，二战期间，在对这些化合物进行首次化学鉴定、合成和结构分析后没几年，德国突击队员就被注射了用于治疗精神疾病的睾酮。"[32]

一经提出，这些未经证实的指控就频繁出现在学术出版物、医学期刊、医学会议报告和报纸上，至今在万维网上也随处可见。⑬直至2001年，史蒂文·昂格莱德在《浮士德的金牌：民主德国嗑药机器背后的真相》中给出了以下未引用他人观点的描述：

  第二次世界大战期间，希特勒给党卫军和国防军注射了大量的类固醇，让军队更能抵抗战斗疲劳，更能冷酷地执行任何命令。早在1941年，苏联红军观察员就发现德国士兵的战斗热情非比寻常，甚至渴望随时为第三帝国的荣耀而牺牲。㉞

  谣言是否属实从来都不重要，重要的是，医生、科学研究人员、政策制定者和记者等意见领袖都相信了这一谣言。㉟在西方人眼中，运动员使用类固醇这一现象更为可怕，因为它让人联想到纳粹实验，联想到纳粹处心积虑、有条不紊地操纵权力残酷地进行侵略，联想到纳粹统治世界的强烈欲望。这些关于纳粹权力的可怕画面之所以如此生动，不仅因为战争本身，还因为戈培尔成功地将精心雕琢的纳粹权力画面融入纳粹战前的"整体艺术"宣传作品中。

  很快，类固醇不再只是"纳粹药物"；类固醇变成了冷战时期的"原子弹"。冷战期间，为了在国际体育竞技中与他国竞争，西方国家可能不仅要牺牲本国青年男子，还要牺牲本国妇女。很快，两个超级大国之间的复杂化学战打响，奥运会成为这场化学战中最受瞩目的战场。

性别模糊和性别/兴奋剂检测

  奥林匹克运动体现并巩固了托马斯·拉克尔提出的"两性模式"。㊱体育象征性地传达了这样一种概念，即男性和女性的自然及社会文化构成是由各自的生物、生理和解剖结构特点决定的。谢丽尔·科尔提出：

"运动与身体结合的'逻辑',即运动中看似自由的肢体运动,造成了一种错觉,即体育和体育机构的运作都是透明的,与政治、文化和经济无关。"㉒体育看似非历史、非政治的这一性质进一步巩固了两性模式,因为体育似乎证实了男性和女性在运动和社会生活中所有竞争场合下的自然差异。

顾拜旦曾列举诸多理由,将女性排除在奥运会之外,这为奥林匹克运动中的性别差异奠定了基础。顾拜旦的观点的主要基于20世纪初广为接受的生物自然主义理论。

> 尊重个人自由,这包括不干涉私人行为……但在公开竞争中,必须严禁(女性)参与。让观众眼看着女性在运动中身体被猛烈撞击是不雅的。此外,不管女运动员有多么强壮,她的机体都不适合承受冲击。她的神经支配着她的肌肉,这是天性使然。㉓

顾拜旦对奥林匹克运动的这一观点并非孤立无援。霍伯曼指出,世纪之交的几次国际主义运动也提倡某种理想化的男性形象。童子军运动兴起于奥林匹克运动前后,同样旨在培养和强化人类的普遍特征。这些运动所强化的特征"清单"中也包括一种欧洲中心、倡导政治中立的取向。决定运动方向的是富人和贵族出身的人。他们往往表现出对和解与和平主义的兴趣,兴趣源自对国家和世界的一种复杂的忠诚感。这些运动还提倡"世界公民"式的超民族主义,并依靠各种象征符号、旗帜和颂歌来实现联合。㉔理想化的绅士男性形象被认为是国际运动目标的体现,正如第一章所提到的,这个形象也决定了顾拜旦心中理想的运动员的面貌。性别排斥是奥运会创始理念的一部分,在创立之后许多年里,它仍继续影响着奥林匹克运动的基本实践。

其他制度也将妇女排除在竞技运动之外,或引导她们去进行更"温和"的运动。在西方,体育项目长期以来对体育活动的管理基于性别,对女性活动价值的贬低,以及异性恋的常态化。[40]随着时间的推移,规则的形式发生了变化;在美国女性体育教育项目的演变中,性别关系也发生了有趣的历史性变化。

在20世纪早期,体育院系经常面临指责,称其培养的学生过于"男性化",意指性偏离行为。人们担心的这种异常行为是一种"侵略性异性恋行为,有违女性体面"。[41]女运动员太男性化了,据说她们表现出的是男性对女性强烈且明显的性冲动。虽然许多体育系的女学生确实展现出男性化形象,但她们认为自己并未受其困扰,因为该形象能与传统的女性礼仪观念并存。女运动员享受着和女同学之间充满激情的友谊,公众对其"过于男性化"的指责也很难阻止她们。[42]

然而,到了20世纪20年代,体育系感受到了强烈的恐惧,因为人们对同性恋的反对情绪日益高涨,针对非异性恋这一反常行为的明嘲暗讽也与日俱增。受到世纪之交性学和医学科学视角下异性恋常态化的影响,人们对同性环境中同性之间行为的担忧开始凸显。工厂、旅馆、寄宿学校、修道院和体育院系等都受到密切关注。至20世纪30年代,美国在医学术语中将非异性恋行为定义为功能障碍,而工作环境中也更强调女同性恋禁忌。人们发明了性别心理测试,"女同性恋特征"成了判断女性是否具有男性化倾向的试金石。[43]测试技术包括精神和心理测试、自由联想法、问卷调查法、访谈法等;激素水平及内分泌情况评估;妇科检查,包括乳房和生殖器的测量和概述;影像也被用于同性恋的形态学描述。[44]迫于这些禁忌,体育教育的重点从女性友谊转向异性魅力和"适度运动"。这一转变下,几乎任何具有攻击性的男性化竞争项目都禁止女性参与。[45]1946年,俄亥俄州健康体育和娱乐协会在发布的手册中直言不讳地指出:"体育教育的男性化观念已不再受欢迎了。"[46]

这些常态化措施一直延续到二战后。冷战时期,意象基于与政治体比喻相关的理想和符号构建。在冷战时期建立的"想象的共同体"中，性别、性和家庭关系的形象至关重要，到了近乎疯狂的境地。[47]

家族历史学家伊莱恩·泰勒·梅指出："在20世纪50年代，一个理想的家庭内有电器，外有旅行轿车，后院有烧烤架，远处人行道上随意摆放着几辆儿童三轮车"，这是美国"首次全心全意努力创建一个能满足所有成员需求的家庭形象，让家庭成员享有充满活力、情感丰富的个人生活"[48]。当时的口号是"家庭遏制"，通过整合公共政策和个人行为，努力营造一个安稳的家和家庭环境，突出美式资本主义的好处及该制度下的消费品和生活方式，维护人们心理上的安全感。

"正常"异性恋行为最终走向婚姻的殿堂，这是"成熟"与"担当"的表现；因此，那些"性偏离者"则被定义为不负责任、不成熟，甚至软弱的人。[49]

性行为与家庭行为的交叉领域，以及政治意识形态，上升到了冷战时期最高层外交的层面。在1959年的"厨房辩论"中，美国副总统理查德·尼克松吹嘘美国房屋、家庭生活和家庭消费品的优越性。理想化的美国家庭主妇兼任管家和母亲的双重角色，她们是尼克松宣称的美国优越性的一部分。苏联总理尼基塔·赫鲁晓夫反驳说，为共产主义制度效力的苏联女性是社会制度优越性的体现。[50]二战期间，"铆工罗西"为了帮助美国维持工业生产去了军火供应厂工作。而战争一结束，国家就鼓励女性回归"正常的家庭工作"。"正常"性别与性角色的主流形象开始回归，异性恋、核心家庭和"符合性别期待"的行为也重新成为社会主流。[51]

二战后对性规范的重新定义，为史上最奇怪（大概也是错误最严重）的体育政策埋下了伏笔。在1936年夏季奥运会上，赫尔曼·拉特延在女子跳高比赛中假扮多拉参赛，后来他承认了这次欺骗行为，并声称是受纳粹所迫。[52]1938年,一名欧洲女子跳高冠军因生殖器性别特征模糊被禁赛,这表明,为赢得奥运比赛,苏联可能派出了特殊运动员参赛。[53]尽管很少有作弊的案例,但谣言和冷战时期的性意识形态使人们更加关注世界级体育运动中的"性政治",国际奥委会启用了一系列不完善的官方程序来检查女运动员的性别。[54]

20世纪60年代,为杜绝比赛中的作弊行为,国际体育官员引入了一系列被称为"性别测试""性别验证"或"女性特征检测"的措施。此后,每名参加奥运会的女运动员都需接受性别测试。然而,由于被指既不道德又不奏效,2000年悉尼奥运会上,国际奥委会迫于舆论压力最终决定废止该测试。[55]

性别测试的支持者援引比赛的公正性与科学客观性等言论来为其辩护。然而,一些医疗部门官员的评论揭示了实施该测试的三个主要动机。首先,测试人员认为仍然有测试的必要;其次,测试人员认同二战后性意识形态中的强制性异性恋行为;最后,测试人员普遍表现出对女性不同程度的厌恶。[56]

在1968年奥运会上进行第一次染色质性别测试期间,首席测试员告诉记者,接受他检查的女性都因为体育运动表现出不同形式的男性化特征,运动也会让她们的长相变得丑陋。[57]1960年,R. G. 邦吉发表在颇具影响力的《美国医学会杂志》上的评论称,尽管他"不是一个擅长分类的人",但他注意到"大自然反复无常的偏差"在某些情况下会导致"某些人的不幸"。邦吉认为,染色质性别测试对防止运动员使用"基因兴奋剂"是必要的;"基因兴奋剂"这一比喻性说法,也很可能是随着运动员对兴奋剂以及类固醇雄性副作用了解渐深才开始出现。[58]兴奋剂使用与性别特征模糊的运动员之间的关联不仅挑战了体育运动的"自然"秩序,也对理想化的公平竞争带来了威胁;邦吉的观点就是最早的例证之一。[59]

罗伯特·克尔是一位负责为男运动员制订类固醇类药物使用计划

的美国加州医生;⑩他既赞同邦吉的观点,也表达了略微不同的担忧——西方国家对女运动员实行家长式保护,使其免遭与苏联日益激烈的竞争。胜利的确重要,赶超苏联男运动员也势在必行,但保护美国人在二战后理想女性形象中所体现的生活方式则是更高层面的追求。克尔写道:

> 从过去这些年直到现在,我们见证了本国女运动员在某些体能类项目上被苏联和民主德国的女运动员打败,然而获胜的女运动员似乎只有一个优势——男性化的优势。目前,我们不希望国家的女运动员为赢得比赛而失去女性特征,但在下一届奥运会或下下届奥运会上,我们还会做出同样的选择吗?我不知道,我希望在那种情况下我们也不会改变主意。⑪

二战后,随着苏联妇女获得奥运会参赛资格,西方一些高度敏感的基本传统观念受到了世界级高水平竞技体育的冲击。

困扰欧洲、美国和奥运会的幽灵

从20世纪50年代进入60年代之际,在奥运会场上取胜的重要性日益凸显,各国间为求胜利而展开的"军备竞赛"也不断升级,这大大改变了奥林匹克的面貌。20世纪50年代还未结束,纳粹药物就如幽灵般飘荡在整个奥运会上空;与此同时,男性化的女运动员或将成批涌现,这些问题都困扰着西方国家体育领导人。国际奥委会曾信誓旦旦,称性别测试和兴奋剂测试将带领奥运会和正极速驶离原轨道的世界重回20世纪50年代的"正常状态"。

20世纪60年代甚至比前十年更令人不安。在广岛和长崎投下原子弹的画面还历历在目，而1962年古巴导弹危机期间，美国总统肯尼迪与苏联总理赫鲁晓夫的正面交锋让这一画面再次成为人们恐惧的焦点。[62] 在1945年至1949年纽伦堡审判期间，纳粹突击队队员、约瑟夫·蒙格勒和其他在东欧制造纳粹死亡机器的罪犯的行为被公之于众，世人看到了他们内心的幽灵；而在1961年阿道夫·艾希曼受审时，这一幽灵重现于世。[63]

国际奥委会采取果断行动，将针对类固醇及其他提高成绩类药物的禁令和强制性别测试同时写入《奥林匹克宪章》。对胜利日益痴迷，甚至不计后果，这引发了国际奥委会的担忧，迫使国际奥委会采取行动。

《共产党宣言》倒数第二句中，马克思写道："无产者在这个革命中失去的只是锁链。"迫于类固醇幽灵的威胁、对纳粹突击队员形象的恐惧、冷战升级带来的焦虑，以及男权主义者对女性理想堕落的担忧，禁药清单和性别测试正式出台。家长制度的锁链已经解开，强制性别测试也已从《奥林匹克宪章》中剔除。类固醇和其他提高成绩类药品的妖怪似乎仍旧困扰着国际奥委会，由内而外的改变看起来遥不可及。也许，需要挣脱这些最后的锁链的人们正是全世界的运动员和体育工作者们。

第3章

"体育"、德国传统和"训练"的演变

人人都自以为了解什么是"体育"（sport）。在我们的词汇里，它是最容易被忽视的一个。对此，世界反兴奋剂机构主席理查德·庞德比大多数人都要谨慎。他指出，要了解体育中提高成绩类药物的使用，"必须先弄清竞技体育的本质"。①庞德的建议很明智，正如乔治·奥威尔在《政治与英语》一文中所述，"关于语言使用，最糟糕的情况莫过于为之束缚"。奥威尔认为，"当你想到一个具体的物体时，你的思考过程不会掺杂语言。当你想将大脑中想象之物用语言描述出来，你会在脑海中搜寻，直到你找到合适又准确的词语来描述它"。然而，当你想到抽象事物时，你会更倾向于"从一开始就用语言来形容它，除非你下意识地阻止这一行为，而你使用的语言中的现有词汇会不自觉地涌入脑海；随之，大脑中想象之物开始模糊，甚至含义也开始扭曲"，奥威尔提醒道。②

"体育"这个简单的词，包含一系列的体育活动，从临时组织的街头曲棍球或极限飞盘，到家庭联队的垒球和篮球联赛，从 AAA 少儿冰球、美国大学橄榄球联赛到美国职业棒球大联盟、美国女子职业篮球联赛、美国男子职业篮球联赛、国家冰球联盟职业冰球联赛，以及奥林匹克运动会。当今职业运动员的体育实践虽可作为"体育"内涵的主要参照点，但占主导地位的往往是竞技体育活动所包含的超历史本质主义概念。在各地语言中，"体育"往往易被错误地看作一种精神意象，而在此意象下，竞技体育活动也被描绘成一种非工作性的竞技游戏，参与者自由参与并乐在其中。

在《牛津英语词典》收录的 28 条释义中，运动的定义范围从"愉快的消遣"到"玩笑和欢乐",再到"好人"或"沉迷于运动"的人,不一而足。以下是对"体育"这一抽象概念的第1条释义。

  a. 愉快的消遣;娱乐或乐趣;游戏,消遣;b. 调情或性交;c. 捕获或猎杀野生动物、猎物或鱼所提供的消遣;常与形容词同用,指取得的成果;d. 参与游戏或运动,特别是具有运动性质或在户外进行的游戏或运动;所有具备此种性质的游戏或娱乐活动;e.(谚语)帝王的娱乐(后由第5条释义衍生而成),起初意指战争,但后来延伸到狩猎和赛马(也包括冲浪);(第5条释义)f. 特指游戏,或一种特殊的消遣方式,尤指包括一定身体锻炼的户外游戏;g. 复数形式,指同一时间内举行的一系列运动比赛,成为盛大活动或社会事件。

至于该词的词源,《牛津英语词典》指出,"sport"(体育)一词由"disport"(娱乐)一词逐渐丢掉前两个字母演变而来,其词源(disport)定义如下:

  1.(古用法)重要工作之外的消遣;放松,游戏;娱乐,乐趣。2.(古用法)任何提供娱乐和消遣的事物;一种消遣、游戏或运动。3.(废弃不用)欢乐,快乐,乐趣。4.(废弃不用)(罕见用法)嘲笑。5.(废弃不用)(罕见用法)姿态,仪态,举止。③

上述定义源自不同时期、不同社会形态下的各地方言。然而,用这些定义来指代当代世界级高水平竞技运动是不恰当的。人们对"体育"一词的日常理解,包括《牛津英语词典》中对该词的定义,都意指一种令人愉快、不严肃、偶有竞争性但不失公平的体育活动,运动员自由参与,规则由运动员制定;这些运动员追求个人成就感,却不执着于输赢。上述所有概念均与当今世界顶级赛事相去甚远,如世界级田径比赛、高水平摔跤比赛和国际自行车比赛。

正如庞德警告的那样,我们不应忽视或低估草率使用"体育"一词产生的后果,因为其影响可能极其深远。例如,首席大法官杜宾为1990年出版的《提高成绩类药物与行为调查委员会》撰写前言时,使用的就是地方语言中对该词的定义。杜宾写道:"使用药物提高成绩就是作弊,是体育的对立面。这类药物的广泛使用已威胁到体育中基本的公正性,且破坏了体育的宗旨。"[④]

同样,世界反兴奋剂组织新修订的《反兴奋剂条例》也采用了类似的概念来定义"体育",证明禁止使用提高成绩类药物的必要性。

> 反兴奋剂项目试图保留体育的内在价值。其内在价值常被称为"体育精神";它是奥林匹克主义的本质精神;它意指运动员以真实水平参赛。体育精神是对人类精神、身体和思想的颂扬。[⑤]

虽然地方语言的确占有一席之地,但近半个世纪来对哲学、历史、政治科学和社会学的研究表明,在对不同体育活动形式的严肃讨论中,使用超越历史、本质主义的体育概念是错误的。尽管到20世纪70年代末,许多体育学者仍在为"体育"寻求一个明确的"科学"定义,但随着社会历史和文化研究的影响日渐扩大,这些尝试大多无果而终。[⑥]如今,"体育"作为一个不恰当的抽象概念,少有学者认同其作用。学者们不再视其为"一个超越历史、亘古不变的普遍文化形式",一个"全世界人民理解基本一致"的概念;严谨的学者在论及体育时会使用其复数形式,将其视为某一特定历史阶段的文化活动,且最好理解为"在工业资本主义社会的革命背景下逐渐发展起来的现代社会的特别产物"。[⑦]

本章讨论的三个实例解释了其中缘由。[⑧]这些例子的重要性体现在两个方面。首先,虽然药物禁令援引体育的超历史概念作为其依据,例如杜宾的《提高成绩类药物与行为调查委员会》和世界反兴奋剂组织的《反兴奋剂条例》,但本章内容表明,这一论点毫无根据。其次,针对训练范式转变的讨论也表明,随着时间的推移,"体育"这一概念发生了何种变化。"训练"的程度发生了变化;然而,更重要的是,这一章还表明,在20世纪中期"训练"的性质也发生了变化。正如本章所述,人类表现本体论的重要范式转变激发了对人类能力的新思考,推动运动能力突破极限。这种范式从根本上改变了20世纪下半叶的高水平竞技体育,其影响延续至今。

"体育"和体育活动的历史视角

德国国家统一时间相对较晚,因此可作为一个极好的例子来说明单从抽象概念入手研究"体育"的弊端。1871年统一后,德国的体育实践主要有三种:特纳体育运动、资产阶级体育运动(受英国影响的奥林匹克运动)及工人体育运动。在19世纪末及20世纪早中期的德国,这三种运动为了获得领先地位,相互竞争。在这三种运动中,虽然运动能力都是"体育"的核心标准,但三者在相关体育活动类型及目标方面存在显著差异。

特纳体育源于一个特纳协会,该协会是弗里德里希·路德维希·雅恩神父于1809年在柏林创办的。特纳体育运动强调通过具体的体育活动,如团体训练、各种器械体操和军事战术演习等方式来培养民族自豪感、改善大众教育及人体健康。[9]由于更看重集体教育和发展,一名运动员取得单项创纪录成绩毫无意义。特纳体育赛事以参赛选手为中心,旨在最大限度地增加一个团队中能超过某一特定水平的运动员数量,而不是培养个别表现优异的运动员来夺冠。此外,表现取决于选手日常的平均健康水平;它不强迫运动员接受特定的生活方式,运动员无须遵守特殊饮食规定,无须在竞争活动中花费过量的时间或金钱,亦无须其他特别准备工作。1887年第十届德国特纳日比赛声明宣称,"德国特纳人无须训练"。[10]最后,特纳体育几乎成了英国个人主义体育活动的直接对立面。特纳体育是一项社会运动,旨在培养一个健康的社会群体,而集体则作为一个有凝聚力、协调良好的单位发挥作用。特纳体育与英国公立学校形成了鲜明对比;英国公立学校关注个人性格发展,培养出的少数精英领袖通过个人实力、自我牺牲和坚定不移的决心激励他人。[11]

德国新兴中产阶级支持以成绩为导向的竞技体育模式,正如顾拜旦的奥运会一样。鉴于其个人主义和自由主义的世界观,德国资产阶级体育爱好者强调个人努力和纪律的重要性,这也是参与者能从体育中学习到的。一个世界一流的国家不仅应在世界舞台上竞争,而且还要获胜:资产阶级运动员试图通过体育实力来展示新兴国家的力量。"更快、更高、更强"这一信条概括了德国资产阶级运动的目标和愿景,与20世纪初的特纳体育运动及工人体育运动形成鲜明对比。19世纪末以来,个人自律、延迟满足、竞争热情及对胜利的追求便成了德国中产阶级体育运动的主要特点。

与资产阶级体育运动和特纳体育运动形成鲜明对比的竞争对手是19世纪末德国兴起的一场声势浩大的工人体育运动。[12]与民族感极强的特纳不同,工人体育运动瞄准国际舞台,不区分性别及种族。它强调通过竞技、社会主义友谊、工人团结、阶级意识和工人阶级独特的体育文化来促进人类的健康事业发展。

当对个人运动记录的痴迷迅速成为资产阶级体育运动和奥运会的特点时,工人体育运动却未受其侵扰,也未受到民族沙文主义和个人主义影响,这与顾拜旦的奥运项目恰恰相反。与特纳类似,工人体育运动爱好者希望通过参与一些竞技性不强的活动,如体操、翻滚运动、叠罗汉、身体艺术的集体展示、徒步旅行、游泳和自行车等,来实现其集体主义世界观。

以上三种体育运动都促进了"体育"的发展。在19世纪末和20世纪上半叶,这三种运动形式同时存在;它们均将体育活动作为灌输特定教育价值的工具予以支持与推广。而且,每一种运动在推广的体育活动类型、活动背后的教育内容和成绩评价方式等方面都截然不同。这三个例子说明,如果只是简单地将特纳体育运动、资产阶级体育运动和工人体育运动归之为"体育",那么其中很多意义内涵则无法体现。

德国体育史上的另一案例同样能说明"体育"这一抽象概念的局限性。通过对文本和讲稿的认真分析,著名德国体育历史学家哈乔·巴涅特在卡尔·迪姆的观点之上,进一步阐述了"体育"的核心特征在德国四个不同历史时期的演变历程。[13]在帝国时期(1871—1918),强烈的民族主义和普鲁士军国主义主导着这个新兴民族的意识,此时体育协会的成立促进了竞技体育的发展。巴涅特指出:"奋斗及胜利在体育运动中的作用原理与对政治权力的追求相似。"与此同时,达尔文适者生存理论的适用范围从日常生活延伸至体育运动,在自然法则的基础上,在体育运动中形成的竞争热情亦日渐合理化。1908年,勃兰登堡体育协会主席和德国田径运动委员会主席卡尔·迪姆"义正词严地宣布:'只要奋斗,就能胜利!'"迪姆相信:"在奋斗中成长起来的人才是文化的传承者。只有坚定的意志才能创造伟大。"[14]

魏玛德国(1918—1933)时期社会分裂严重,纵观历史,无出其右。当包括迪姆在内的大多数体育领袖都仍在使用达尔文主义的奋斗、斗争及胜利等词来定义体育之时,已有人开始采用其他方式探索"体育"概念囊括的意义范畴。[15]哲学和基于现象学的研究开始从更多样化的角度来分析体育。1928年,迪姆对体育有了不同理解,将其视为一种游戏。迪姆看重选手在"更高身心境界"中的自由。[16]综上所述,在魏玛德国后期,一种批判性的分析观点认为体育是一种比赛,而不是奋斗和斗争,这一观点在20世纪20年代末至30年代初获得了越来越多的关注。

1933年,国家社会主义党的崛起对德国体育产生了直接影响。元首和纳粹政策掌控了德国人生活的方方面面,魏玛时期出现的社会主义和民主观点因而很快受到压制。体育组织被纳粹国家接管;1933年12月德国体育俱乐部的"雅利安化"萌芽初现;[17]纳粹的好战与种族主义世界观也有了体育理论依据。在1936年版的《迈耶词典》中,奋斗被解释为"北欧日耳曼民族的基本美德",它也成了体育的主要焦点。[18]帝国教育部体育教育部门负责人卡尔·克吕梅尔提出:"主宰体育的将是不加掩饰、清晰、激烈的意志,在这里,'激烈'是一个褒义词。"[19]

起初并不受纳粹重视的迪姆一直把比赛和奋斗视为体育的重要组成部分,但很快比赛和奋斗之间的联系与纳粹观点开始"一体化"。[20]1938年,作为德国奥林匹克研究所所长,迪姆在《巴黎晚报》发表的一篇文章中,将比赛和奋斗作为纳粹运动的基本原则。迪姆写道:"对我们来说,比赛是德国强大团结的运动中的一部分,这种优势力量将德国凝聚起来。而竞技体育便是比赛的表现形式。"[21]迪姆认为竞技体育也是军事准备的工具。一年后,迪姆引用体育和特纳的意象,指出体育是士兵的"动力强化剂"。在巴黎,迪姆强调了"奥运会的军国主义意义",并刻意凸显了顾拜旦理念中将体育作为"培养军事健将的一种手段"的观点。[22]同样,在20世纪40年代东线的演讲中,迪姆谈到了"奥林匹克思想的军人本质"。1943年,在戈培尔最为重要的一次宣传活动(即全面战争宣誓活动)之后,迪姆在《NS体育报》9月版中吹响了奥林匹克运动的神圣号角,激励年轻的义务兵加入战斗:"我呼吁年轻人——履行你们的军事使命!"[23]体育、奋斗和战争从未如此般与一个国家的政治意识形态紧密结合。

在分裂的战后德国,德意志民主共和国一方面把体育同工人体育运动及社会主义体育文化传统相联系，另一方面，又将其与马克思列宁主义的官方政党学说相结合。工人体育运动的传统很快就从属于官方的国家意识形态，并被适时操纵，用以实现国家目标并证明目标的合理性。鉴于"劳动"(labor)一词在马克思列宁主义理念中的地位，执政的统一社会党不费吹灰之力便将体育运动与工作及表现联系起来。后来，这也为该党打造一个完全由国家资助的高水平竞技体育体系提供了意识形态上的依据。巴涅特提出，体育运动的比赛维度很快与体育工作和成绩元素融合，而体育工作因被指为资产阶级运动意识形态的组成部分而受到了严厉批评。[24]

而德意志联邦共和国体育领导人则追溯到魏玛共和国的前纳粹时期，试图重新确立该时期的目标。因而在二战后各类协会蓬勃发展之际，各大社会民主体育协会和宗教体育协会对"体育"的定义也大不相同。体育的比赛维度被重新纳入体育的概念之中，同时成绩导向、专业化和科学化也成为引人瞩目的特征。而迪姆自身则回归到强调比赛的体育形象。迪姆借鉴了从亚里士多德到卡尔·雅斯贝斯等哲学家的著作，他写道："体育是认真参与、管理规范、竞争激烈的运动。"[25]此时，迪姆坚信奥运会是"人类的和平节日"。

在一个国家四个不同历史时期和四种不同的社会政治背景下，"体育"的"本质"、内涵及意义发生了变化。从卡尔·迪姆身上我们可以看到，仅在一位体育学者的一生当中，对体育的理解就历经了几次根本性的转变。这个例子以另一种方式展示了，特定历史和社会背景对理解"体育"概念的重要性。

体育"训练"的发展

体育在不同历史时期有不同的活动形式，而"体育"的含义也随着历史背景和社会条件的改变而变化。同样地,学者、研究人员、教练员和运动员对自身参与的看法也在不断变化。如今,人们想当然地以为一直以来都有一门精确的科学,世界级运动员、教练、训练科学家和其他运动医学各领域的专家通过研究这一科学帮助运动员提高成绩。[26]本节将批判性地检验以上假设,重点讨论"训练"的概念,记录其变化轨迹,指出"人体特性本体论"在20世纪中期发生的根本性范式转变。新兴范式从根本上改变了当今的高水平竞技运动及运动科学。

19世纪及20世纪早期,虽然科学家也对运动员展开研究,但其目的并不在于提升运动成绩。当时的科学研究主要围绕能量守恒定律(热力学第一定律)展开。此外,根据当时的科学概念及由此得出的科学规律普遍适用原则,人们认为一个领域的规律适用于其他领域;纯物理学定律尤其如此。因此,热力学第一定律被应用于许多领域的科学研究,包括人体运作机制。

19世纪30至40年代,一些欧洲研究员同时展开对该学说的理论研究,其中最著名的是朱利叶斯·罗伯特·冯·迈尔、詹姆斯·普莱斯考特·焦耳和赫尔曼·冯·亥姆霍兹。[27]第一定律指出:能量可以从一个系统转移到另一个系统,但能量既不会凭空创造,也不会被消灭。宇宙的总能量是恒定的。爱因斯坦的相对论($E=mc^2$)准确地描述了能量与物质间的关系,并指出能量(E)等于质量(m)乘以常量(c)的平方。该方程证明能量与物质可以互换,如果宇宙中物质的数量恒定,那么能量的数量也是固定的。[28]

能直接应用于非有机物的能量守恒定律对机器的发明起了关键作用。但与此同时,该定律的拥护者也将其应用于人类,将人类的生物及生理功能与机械发动机进行比较。[29]迈尔在19世纪50年代写道,"做功的能量无疑是动物生命活动中最重要的产物。因此,热功当量本质上注定是生理科学大厦的基础"。[30]这一学说影响广泛,其影响起初包括对物理学和机械系统的理解,后逐渐扩展到对日常社会生活中人类活动的理解,包括对体育教育的理解。㉛因此,对人体运动的科学研究也成了以热力学第一定律为基础的科学世界观的一部分。

在 20 世纪中叶之前,"训练"(training)一词就已经出现,但究其本质,此前"训练"只是"操练"(drill)的同义词,即反复练习某些技巧或动作,旨在改进技巧,提高协调性、精确度和执行力。彼时,教练和运动员还不知道他们可以通过有针对性的特定项目来系统地增强体能和耐力,提高速度和灵活性。㉜科学界和体育界认为,这些特质是每个人的固有能力。公元前 5 世纪,来自克罗托纳的六届奥运冠军米洛的传说众所周知。这位古希腊摔跤手为了增强体力曾将一只牛犊驮在肩上,直至其长成一头公牛。尽管如此,在二战之前,由于缺乏社会文化条件和科学范式,现代训练基本原则(如适宜负荷、周期安排、系统持续等原则)还未形成。㉝

即将进入 20 世纪时,训练手册建议训练原则"与健康生活的原则只能略有不同"。有人认为,这两者"都需要密切研究、正确理解健康法则,并运用该法则养成有节制的习惯,保障充沛的精神与身体活力"。㉞很快,在对人类生理学的兴趣下,相关知识体系得以建立,最终对体育界产生深远影响。

C. 赫希(1899)注意到心脏大小与身体肌肉组织间的关系。三年后,席费尔(1902)、H. 迪特伦和 F. 莫里茨(1908)证实了赫希的发现,提出老自行车手的心脏比偶尔骑自行车和不骑自行车的人要大。㉟1905 年,W. 劳克斯发现肌肉大小、力量和耐力的增长是肌肉运动的一种长期效应,提出"活动性肌肥大"和"不活动性肌萎缩"理论。㊱

德国研究人员在人类生理学的早期研究中发挥了主导作用,这不足为奇。㊲首先,直到 1910 年亚伯拉罕·弗莱克斯纳的《美国及加拿大的医学教育》出版之前,北美的医学教育一直远远落后于欧洲。在 19 世纪和

20世纪的前几十年里,许多北美的医生去国外深造。㊳其次,在欧洲,德国领导人计划让科学成为国家成功和民族骄傲的关键领域之一。㊴在包括医学和人类生理学在内的所有科学研究领域中,德国都进行了大量的机构投资。1912年,世界第一届体育医生大会在图林根州奥伯霍夫市召开后,德意志帝国的运动和体育科学研究委员会随之成立。尽管第一次世界大战中断了该委员会的工作,但随着亚瑟·马尔维茨和奥古斯特·比尔1919年在柏林大学举办欧洲首次运动医学系列讲座,德国很快便重新确立了领导地位。之后不到一年,德国体育学院在德国首都成立;数月后,体育文化学院在吉森成立。1922年,德国在柏林举行了首届运动医学会议。㊵

虽然20世纪20至30年代见证了对人类生理学兴趣的产生,相关机构的成立也引导科学家和医生关注人体特性,但那个时期,当代运动科学仍未萌芽。约翰·霍伯曼和埃伯哈德·希尔登布兰特强调,该时期研究人员专注于发现人类潜能,而不试图改变它。霍伯曼着重强调:"提升成绩方面的研究目的在于发掘人类或动物有机体的遗传潜能,而不是人为地对有机体进行操纵。"㊶从该时期的体育文献来看,当时的研究主要关注"天生的跑步、跳高或投掷类运动天才",所有著作都致力于研究特定体型在特定运动项目中的适用性及意义。㊷

在能量守恒定律的基础上,训练遵循诸如法国的乔治斯·赫伯特等教练提倡的"自然方法"。通过训练及练习,运动员对自己的自然动作有充分的认识,开始注重动作的连贯性,避免不必要的动作。虽然在"自然"优化跑步者天赋的同时,对速度、动作的干净利落及时钟时间的强调反映出一些极其不自然的东西,但这两者并不矛盾。

"自然方法"完全符合热力学第一定律这个自然规律。此外,由于第一定律是一条科学定律,适用于所有运动,赫伯特方法遵循的科学原则与弗兰克·吉尔布雷斯和莉莲·吉尔布雷斯在其著名的"时间与运动研究"及弗雷德里克·温斯洛·泰勒在其科学管理原则中所采用的科学原则一致。[43]最好的结论往往都基于同一原则。

泰勒原则通过将工人的动作分解,然后优化每个动作的执行,从而将工人的产出最大化。[44]这样,竞技水平的提升是通过提高精确度和完善技术实现的,而不是通过提高作业能力。同样,无论是在工作场所还是在赛道上,时间和运动研究都通过提高效率来优化产量,而非尝试开发有待发掘的"潜力"。田径教练和行业管理者都从对人体特性的同一假设出发,试图提高效率,而非提高能力。

芬兰长跑运动员汉内斯·科莱梅宁是赫伯特方法的最早受益者之一。科莱梅宁以特定的速度进行训练,以确定适合自己体型及风格的最佳跑步速度。在1912年奥运会上,他获得三枚金牌,并在五千米赛跑中击败法国的世界纪录保持者让·布安。科莱梅宁开创了"芬兰飞人"时代,"芬兰飞人"还包括帕沃·鲁米和维莱·里托拉,他们注重培养最适合自身体型的跑步风格,在跑道上进行定位,强调速度的连续性。手握秒表进行训练的里托拉和鲁米是整个20世纪20年代长跑项目的霸主。[45]

20世纪20年代至30年代,欧洲研究人员开始构建人类生理学的科学知识,因此也记录了与训练、人体解剖学和生理学有关的观察结果。[46]例如,英国诺贝尔奖得主生理学家阿奇博尔德·希尔的研究兴趣在于肌肉疲劳、乳酸生成及氧债,因此他的研究对象必须能经受住苛刻实验方案的严格考验。因此,希尔挑选了运动员作为研究对象,因为几乎只有他们才能完成实验。[47]最终,希尔有两个发现。首先,希尔的实验结果与生理学家眼中的能量守恒理论分歧越来越大。其次,那些了解希尔研究成果的人不难发现,希尔在肌肉生理学方面的研究能够应用于竞技体育。这两个结果都有助于建立一个人体竞技的新范式,促进新兴体育科学的发展。

希尔的研究及其影响并非孤立无援。其他基础生理学的研究人员，如 S. 胡格尔瓦特、W. W. 西伯特、L. 比卡赫拉、亚瑟·斯坦豪斯、A. 凡诺、H. 菲斯特、T. 皮特伦、T. 舍斯特兰德和 B. 塞尔文，也对建立基于实验的运动生理反应知识体系做出了贡献。[48] 例如，比卡赫拉于 1930 年指出，体育运动的成功需要不同的身体"特质"，如体能、力量和速度。比卡赫拉认为，若想培养这些"特质"，则需在训练中调整活动和休息时长，将训练重点放在运动强度而非运动量上，并制定具体目标进行有针对性的训练。在两次世界大战之间，比赫卡拉已开始论证渐进式阻力训练对运动能力培养的重要作用。[49]

作为比卡赫拉研究的补充，E. H. 克里斯滕森发现定期定量训练可以降低特定训练负荷下运动员的心率。但是，继续训练不会进一步改变身体反应，除非后续增加训练负荷强度。训练负荷强度增加后，原定训练负荷下运动员的心率会进一步降低。克里斯滕森还证实生理适应性变化将在训练负荷达到一定的量之后产生：要想进一步提高，则必须增加训练强度。[50]

在北美，哈佛疲劳实验室是人体机能前沿研究的主要阵地。该实验室成立于 1927 年，直至二战后不久才关闭。疲劳实验室与竞技运动之间的联系很有趣，哈佛商学院无意间发现处理劳资关系的"人性因素"方法直接源于吉尔布雷斯夫妇提出的时间和运动研究以及泰勒的科学管理原则，这成了疲劳实验室从事运动研究的主要灵感。如前所述，在 20 世纪 20 年代，时间运动研究和科学管理原则就已经开始对体育训练产生间接影响。[51]

疲劳实验室合作研究项目的参与人员包括生理学家、生化学家、心理学家、生物学家、医师、社会学家和人类学家，是真正意义上的合作。得益于此合作，研究人员能够研究人体各个系统的作用及其相互联系。最重要的是，研究集中在"人类对环境的适应能力……不仅研究日常工作环境,还研究对高压环境的适应,比如体育比赛、陌生环境及战争"[52]。疲劳实验室专注于研究血液在休息、工作或处于高海拔地区的生理性质及运行方式,成为运动生理学及高原生理反应研究等许多领域的领军者。[53]

尽管实验室研究人员在许多实验计划中都以运动员为研究对象,但纯属偶然。大部分探索性研究都是以实验室工作人员自身为对象;由于很多工作人员碰巧是运动水平及能力各异的运动员,研究人员意外发现,从未接受训练、受过一定训练和训练有素的受试者之间存在显著差异。然而,尽管研究人员发现了上述差异,尽管实验室对体能研究有特殊兴趣,尽管该实验室在运动血液化学、有氧及无氧运动能力、饮食和对高海拔身体运动的生理适应等领域的发现后来皆可用于提高世界级运动员的比赛成绩,但该实验室从未将如何提高运动成绩作为研究目的。[54]

20世纪的前25年里,在欧洲和北美,一些新的研究结果越来越难以用热力学第一定律和占主导地位的固定能力范式来加以解释。此前学界认为身体是一种具有固定遗传特征及能力的容器,而研究结果不仅没有印证此观点,相反,研究还表明身体会适应环境并做出相应反应。在1932年出版的《身体的智慧》一书中,沃尔特·卡农最早对这一概念进行完整表述:人体寻求生理上的平衡,当这种平衡被打破时,"帮助人体在受到干扰时恢复正常状态的各种生理调节机制"就会发挥作用。[55]在面对重大外部变化及压力时,人体会利用一系列复杂的生理过程来维持自我平衡状态;这表明,人体的生理运动能力是可以通过训练来进行强化的。

尽管在20世纪30至40年代已有人类生理学研究成果,但体育界对这些成果的应用明显滞后于高等院校对新知识的开发。究其原因,首先,理论与实践之间永远存在一个鸿沟,这几乎不可避免。其次,当时主导体育运动的哲学方法给研究成果的应用带来了阻碍。这个时代见证了商业主义的萌芽,也代表了业余主义强调通过体育比赛来实现品格塑造与教育的巅峰。在此背景下,比赛结果和提高成绩均居次要地位。最后,体育领域还存在一个无可辩驳的现实。直到1958年,约克尔才在《田径运动的未来》一文中斥责道:

"早在19世纪最后25年,自然科学界就明确接受了开尔文勋爵的格言,即'科学的繁荣离不开理论',而这句话对体育训练未起到丝毫作用。体育训练仍然是为数不多在没有理论概念帮助下进行教学的学科之一。"[56]

一项针对20世纪40年代末及50年代初训练文献的随机调查证实了约克尔对体育教育,尤其是对体育训练的批判。1942年巴恩斯体育图书馆出版的《体能训练:为体育及健康而训练》(以下简称《体能训练》)一书表明,即使新兴的运动生理学基本原理得到了某些体育训练支持者的认可,其应用仍然极为有限。[57]和比赫卡拉一样,乔治·斯塔福德和雷·邓肯将体能定义为"力量、动力、速度、技能、忍耐力以及适当热情(心理平衡、斗志和思想倾向)为代表的身体素质"。[58] 尽管斯塔福德和邓肯提及了专项性原则(这一概念早在1929年针对奥运会运动员的研究中就为人所知),但他们既未讨论训练强度,也未提及训练和休息时长的调整。[59]该书作者对运动训练的主要指导原则是"任何领域,实践出真知"。[60]所以,跑440码的运动员在训练时也应当跑350到500码。在其他体育项目中,训练时长也应达到实际比赛时长,而且"用相同速度完成相同训练量"。[61]

《体能训练》一书第四章"体能训练"介绍了从篮球到拳击、从足球到体操、从田径到举重(按英文首字母顺序排列)等一系列运动的体能训练活动。这些训练活动最显著的特点是训练强度低,即便对当代的高中运动员而言,它们都只能用于热身而已。《体能训练》建议运动员在四周的时间内完成这些训练,要求训练时长从第一周的15分钟减至第四周的5分钟。[62]斯塔福德和邓肯从不借鉴比卡赫拉、克里斯滕森、斯坦豪斯和疲劳实验室的观点;斯塔福德和邓肯这两位学者的建议也与当代训练及调节机制格格不入。

《体能训练》并未指导运动员通过渐进式阻力训练及对训练休息时长的调整来获得长期发展。该书也未提及在提高运动表现方面最成熟、最有效的训练机制,即尽可能地针对具体专项运动项目,精心设计训练计划,以增加体能、力量、速度、灵活度、协调性、敏捷性、柔韧性、局部肌肉耐力和心血管有氧工作能力。[63]事实上,斯塔福德和邓肯的文章并未提及当代训练和调节的两个最基本原则——"超负荷原则"和"专项性原则",甚至都未沾边。[64]此外,该书既未讨论此类计划的可行性或可取性,亦未提及作者是否拥有充分的知识基础来提出这些原则或制订更详细的训练计划。

《田径运动》(1947)、《田径锦标赛技术》(1949)和美国海军学院的《田径》(1950)等教材展示的训练和调节方法仍然缺乏运动生理学知识的支撑。因此,书中针对训练和调节提出的一般原则不及当今著作先进,也未体现20世纪60年代中期以后体育训练所具有的强度。[65]《田径运动》中训练的指导原则直接来源于热力学第一定律,即通过不断操练来改进技巧,提高协调性,改善动作。乔治·布雷斯纳汉和W. W. 塔特尔写道:

> 目前,针对这些运动所需技能的研究已经成为一门值得整个行业思考及关注的科学。这一科学旨在通过科学研究,提高所有运动员的技能,提高专业选手的成绩,例如将跑步时长缩短0.1秒,或使跳高和投掷距离增加几分之一英寸。[66]

关于训练的主要章节聚焦在有利于"建立和维持能取得满意成绩的身体及精神状态"的变量。涉及的变量包括饮食、排泄、运动、体重、休息、睡眠、疲惫、兴奋剂及烟草摄入。[67]关于运动的讨论只有两段(大约半页),作者指出,通常运动员完成日常计划中的训练就足以保持健康。若运动员还须从事体力劳动,则"存在过度锻炼的风险"。理想状态下,"除了完成比赛中规定运动量,运动员无须再做剧烈运动"[68]。只有"季前准备"这一章论及了生理学原理,但讨论重点仍在热身及肌肉协调的重要性上。[69]虽然文中简要概括的训练方式体现了渐进负荷的原则,但作者并未触及训练设计的原则基础。

《田径锦标赛技术》一书先把田径运动的成功与种族及国家历史联系起来,然后才开始探讨训练原则。迪安·克伦威尔和阿尔·韦森指出,"我们对田径训练最大的误解是训练的适度性"[70]。田径训练的重要原则是训练肌肉适应"特殊任务"。"若始终将培养肌肉协调性而非锻炼肌肉本身作为训练目的,那就无须再制定一个复杂的训练体系了。"对于克伦威尔和韦森而言,"每个人都该做的两项基本运动是竞走和引体向上"。引体向上锻炼的是腰部以上的肌肉,竞走锻炼的是腰部向下的肌肉。克伦威尔和韦森认为,胜利让人们更享受运动;因此运动员接受训练,而且"不沾馅饼皮及烟草之类东西",这容易到"我们根本不需要称之为训练"。"只是过一种正常、适度、有规律的生活而已。这也是活过百岁的秘诀。"[71]《田径锦标赛技术》一书未体现任何20世纪20至30年代研究人员的生理学研究成果,它更像是19世纪末的训练手册。

海军学院的《田径》一书是"在二战期间撰写与出版的,旨在为接受海军作战飞行员训练的青少年提供最佳的标准化运动指导,最大程度地促进其身心发展"。该书强调"现代教练应具备大学学历,精通人体运动学、生理学、解剖学、卫生学和物理学等领域知识……了解疲劳和训练相关的最新生理学研究"。[72]但该书提供的信息仍属于基本知识。与上文提到的其他文献一样,《田径》也对"核心训练"与"补充训练及比赛"加以区分;"核心训练"侧重于训练"与运动相关的循环呼吸功能",而"补充训练及比赛"则主要包含短时训练或"纯技巧训练",旨在提高协调性,帮助运动员"满足突发、紧急的体能需求"[73]。

冷战分水岭

二战及冷战的爆发改变了世界级高水平竞技体育,因为不论是训练方法,还是利用科学知识提高成绩的做法,甚至是用于追求突破纪录的资源,都发生了巨大变化。甚至到了20世纪50年代末,奥林匹克运动教育价值的忠实拥护者还在憧憬一个从未有过的,而且在20世纪内也不会出现的时代。"过去十年(20世纪50年代)是体育史上一段奇怪的时期",罗杰·班尼斯特爵士评论道,"与顾拜旦男爵的设想相去甚远。"

"新职业主义在这一时期兴起,运动员直接或间接地获得报酬,把无限的时间精力投入于体育,他们甚至未从事任何职业——这点已受到应有的谴责。每个国家都试图通过体育成就来提高国家地位。……只要民族荣耀这一目标得以实现,人们似乎很少质疑使用的手段及实现目标的动机。"[74]

但是,班尼斯特认为,体育"不应上升到道德和管理层面",因为归根结底,体育运动是具有个体意义的个人行为,而"不是国家或道德问题"。"我们跑步不是为国家争名誉,也不是因为它对身体有益,而是因为我们享受运动,不能自拔。"对班尼斯特来说,"运动员"参赛是为了寻求"身心完全协调、实现自我掌控之时的深层次满足感和个人尊严"[75]。

战后体育运动的真实记录表明,奥运会和世界级体育的焦点却与班尼斯特的观点不同。弗鲁贺特和约克尔对 1948 年至 1960 年世界级运动记录的统计分析表明,运动成绩的提升速度越来越快。⑯班尼斯特口中"体育史上的反常时期"世界级高水平竞技体育所具备的特点在 20 世纪 60 年代时就已经根深蒂固,这些特点的影响只会日益扩大,而不会慢慢消退。其中两大重要原因包括某些国家领导人的战略政治目标和世界级体育不断增加的资源投入。战后,基于科学技术的高水平体育竞技体系(而非运动员个体)成了世界级高水平竞技运动的主要推动力量。

虽然这些变化对二战后世界级体育性质的改变起到了重要作用,但直到人体机能本体论的重大范式转变出现,这些变化的全面影响才得以显现。举重和田径这两项运动处于这一范式转变的中心。具有讽刺意味的是,班尼斯特或许对提高成绩这一新范式的出现起到了关键作用。

卡尔文·舒尔曼指出,直到 1954 年之前,体育界都普遍痴迷于实现田径赛中四分钟跑一英里的新突破。约翰·兰迪已跑进了 4 分 02 秒。"区区两秒钟不算多",兰迪说道,"但当你站在跑道上,你会发现即使 15 码(13.71 米)的突破都很难实现——就像要穿越一道水泥墙一样艰难。"舒尔曼表示:

> "要取得数十年来都从未有过的突破,参赛者必须有坚如钢铁般的意志力和丰富的想象力。只有这样的能人,才能以内在力量和高度的自我意识,将耐力和速度完美结合,推倒这堵水泥墙,带领体育运动的未来进入希望之乡。"⑰

实际上,不仅如此,还需做出更多努力——譬如改变训练方法,这的确能带领体育"进入希望之乡",但与此同时,这也会将体育的重点彻底转移到运动成绩和成绩提升之上。

仅凭提高训练效率并不能破除障碍。在追求突破四分钟极限的过程中，班尼斯特、韦斯·桑迪和兰迪无意间移除了一个更为基本的障碍——根植于能量守恒定律的人体特性范式。为跑进四分钟内，班尼斯特、兰迪、桑迪等运动员和教练员开始采用不同的训练方式，而非仅仅通过反复操练来完善技巧；他们的训练旨在提高运动能力。因此，与其说"一英里奇迹"反映了业余运动的巅峰，不如说3分59.4秒的成绩成了战后高水平竞技体育新范式兴起的一个戏剧性转折点。

班尼斯特拥有生理学的学士和硕士学位，同时还获得了医学学位，因而在当代田径运动界享有独特地位；他熟悉生理学的实证研究成果，也很可能了解比赫卡拉、克里斯滕森、斯坦豪斯、希尔等人的研究。不论以何研究成果为依据，班尼斯特通过在富氧环境中进行跑步机训练等实验来帮助自己提高成绩。尼尔·巴斯科姆认为，"相较于普通一英里跑的参赛者而言"，班尼斯特拥有独一无二的专长。他常"被实验中大量的乳酸计数、二氧化碳读数及耗氧量等数据所包围"。[69] 班尼斯特采用瑞典新发明的"法特莱克"(fartlek)和"间歇训练"技术，精心设计休息和训练时长，并利用现有最先进的技术来提高自己的成绩。[70] 虽然不一定符合新兴的人体特性本体论，班尼斯特对生理学知识及新发明的训练技术的运用却是朝取代能量守恒旧范式迈出的重要一步。

鲍勃·霍夫曼是20世纪40至50年代美国举重界最具影响力的人物。当时，他广泛招募举重运动员并为之提供约克石油贝纳公司的工作，逐渐组建起一支美国最成功的举重团队。霍夫曼并不是一个创新者，他坚信有天赋的运动员只要训练努力，道德标准高尚，生活氛围融洽，便一定会取得成功。霍夫曼团队的成功深深植根于二战前的人体特性范式。然而，正如约翰·费尔所述，至20世纪50年代中期，由于举重运动员开始"深入挖掘改变身体化学机制的方法，来更有效地促进肌肉的生长"，"美国举重运动的发展方向和特点"也开始发生变化。[71] 不论是苏联人在1952年奥运会上使用睾酮，还是约翰·齐格勒推荐美国举重运动员使用大力补（甲基雄烯酮）[81]，这些反映出的都是人体特性的新兴范式。

诚然，上述研究成果在一定程度上削弱了能量守恒范式，但此外一个更重要的因素是，二战生活经历让一些科学家对世界的看法发生了根本转变。堂娜·哈拉维认为，第二次世界大战结束时，西方生物化学研究的关注点从热力学第一定律的力学观点转向信息论观点。[82]DNA 的发现以及对 DNA 特性的解读只能通过信息论来进行解释，即 DNA 对人体进行编码，并储存了指令、遗传信息、控制和反馈机制等信息，通过这些信息我们可以对各种机制进行解码、操纵，甚至将该机制性能最大化。这一范式转变的部分原因是，二战期间有部分生物学家从事作业研究，因而自然通晓通信、编码及控制论系统等研究。此时，人类发展及人类潜能的本体论研究开始关注细胞层面；信息存储于细胞中，因而也能通过定位和解码信息来提高人体机能。然而，微生物学研究成果并未立即应用于体育科学。

而在"铁幕"的另一侧，促成范式转变的系列因素很可能与此不同。二战后早期，苏联采用基于科学和工具理性的方法进行体育训练，这也是一项中央计划的一部分。因此，体育体系直接受制于国家政策；而斯大林规定，一切科学发展都必须遵循马克思列宁主义和辩证唯物主义原则。[83]作为重要文章，弗里德里希·恩格斯的《自然辩证法》认为，包括社会和生物实体在内的一切实体都遵循"辩证法规律"，并通过辩证规律不断地发展和转变。[84]

整个 20 世纪 20 至 30 年代，苏联生物学家就自然选择、物种发展和遗传学展开了辩论。在辩论中，为了捍卫其"春化"（vernalization）理论，农学家特罗菲姆·邓尼索维奇·李森科提出了一个生命周期的适应性理论。李森科认为，决定生物生长期长短的关键因素不是其基因组成，而是生物与环境的相互作用。该理论与《自然辩证法》观点相符；更重要的是，它与斯大林在《论辩证唯物主义和历史唯物主义》一书中提出的观点一致。此外，李森科的理论还"驳斥"了竞争对手的资产阶级和孟什维克理论，因而得到了斯大林的认可与支持。李森科后来成为苏联主要的生物理论学家。

李森科的主要论点是遗传特性并不由基因决定。一切有机体的生长及发展都符合辩证法规律。天赋和遗传都不重要，因为有机体的发展是通过自身与环境辩证性的相互作用、将外部条件内化而实现的。尽管李森科的基本假设对苏联农业来说是一场灾难，但它很可能为人体特性本体论的新范式开辟了道路。[⑧]根据李森科的理论，人类表现可以通过有机体与环境的相互作用而改变和增强。在国家的支持下，李森科的观点或对训练的概念产生了革命性的影响，也大大改变了二战后东欧国家对人体特性本体论基础的理解。不论动机如何，苏联（以及后来的民主德国和其他东欧国家）斥巨资建立了一个资金充足的体育体系，且尤其重视应用体育科学的发展。

二战后不久，体育科学的地位得到了巩固。例如，早在1947年，德国苏占区就开设了运动医学诊所；而在1950年德国体育学院在莱比锡成立后，民主德国设立了一个运动医学特别小组。1953年，德国统一社会党建立了运动医学工作组；1956年，该工作组发展成为民主德国运动医学协会。[⑩]

在北美、加拿大及美国，大学体育和健康教育项目逐渐"成熟"，人们对体育和训练方面的科学研究兴趣渐浓。体育教育项目虽然主要面向高中体育教师的培养，但这些项目面临的科研压力越来越大。而应用生理学研究是唯一一个能让各系部在学术与大学教学任务间建立最佳联系的研究领域。

若仔细梳理奥斯特兰德和罗达尔的《运动生理学教科书》这一运动生理学领域最具影响力的著作，以及阿尔伯特·泰勒1975年出版的《体育训练的科学性》，则不难发现，在 20 世纪 50 年代末的欧洲和北美，提高成绩的新范式已经得到确立，此后一直到 60 年代末，相关研究呈指数增长。[87] 除该趋势外，该领域获得的机构支持与日俱增，这是促使生理学原理应用于理解和提高运动表现的另一个更重要的因素。

例如，在加拿大，运动科学的机构支持源于对应用生理学的重视；随着应用生理学所受重视与日俱增，用于该领域的机构支持也日益增长。1967 年，在温尼伯举行的泛美运动会上，加拿大医学协会与加拿大健康体育及娱乐协会联合成立了加拿大运动科学协会。该协会后来更名为加拿大运动生理学学会，旨在"促进和发展运动生理学最高质量的研究及教育"，并"将研究成果应用于运动生理学"。该学会召开年会并出版刊物《加拿大应用生理学杂志》，同时也资助体育研究。[88] 1970 年，更为专业化的加拿大运动医学学院成立，仅对医生、见习医学研究生（住院医生或研究员）和医学院学生开放。加拿大运动医学学院也举办年会，出版时事通讯，在运动医学专业设立奖学金项目，并创办了《运动医学临床杂志》。[89]

联邦德国在高水平竞技体育研究方面的投入晚于民主德国。尽管如此，1976 年联邦德国在慕尼黑成立了德国运动科学联盟。[90] 德国运动科学联盟致力于支持、促进和发展联邦德国的运动科学。除了举行代表大会、系列会议和专题研讨会，德国运动科学联盟还于 1981 年起在《德国运动科学联盟论文集》中发布会议动态。《德国运动科学联盟论文集》遵循德国学术界浓厚的人文主义传统，涉及范围十分广泛，囊括了历史、哲学或社会文化类许多研究。直到 2002 年，德国运动科学联盟才开始讨论通过期刊来传播其思想；到 2004 年 11 月，德国运动科学联盟已成为德国体育联合会和德国联邦运动科学研究所的编辑合作伙伴，共同出版《运动科学：德国运动科学杂志》。[91] 该杂志涉及的运动科学方法与《德国运动科学联盟论文集》同样广泛。在遵循常规期刊模式的基础上，德国运动科学联盟还创办了电子期刊《运动与训练》，研究重点为生物力学、运动肌动理论和训练科学。[62]

当代训练与成绩的提升

运动员在训练方案和药物使用方面做出的决定看似是出于个人意愿的孤立事件，但实际上，这些决定受到了错综复杂的社会历史行为及关系影响。最重要的是，这些体系及决策的根源是人体特性本体论，而这恰恰是最常被忽视的一个事实。整个20世纪中期，由于诸多原因（包括科学、政治、成绩相关及偶然原因），体育界发生了一个根本性的重要范式转变。20世纪中叶，现代世界级竞技体育摆脱了热力学第一定律，将人体特性置于一个本体论概念中，这让利用科学技术提高运动员表现成为可能，也促进了该领域的不断发展。论及该变化对高水平竞技体育世界的影响，自行车运动便是个很好的例子。

米尼翁指出，自行车运动出现的第一个世纪（1850—1950），骑手便使用兴奋剂和止痛药来最大限度地提高运动成绩。[63]当时，这些药物及其预期效果都与占主导地位的人体特性本体论一致；使用药物的目的并非帮助骑手提升运动能力，而仅仅是让运动员充分发挥现有水平。这些药物是"自制"的，药物制法就像"厨房菜谱"一样"从一个骑手传给另一个骑手，或从护理员传到骑手手中"。然而，20世纪60年代以后，自行车运动开始有了系统性的项目，与其他高水平竞技运动一样，自行车运动的成功也需要高度组织化、科学化、大规模、资金充足的发展项目。米尼翁认为：

"20世纪60年代出现了一种新群体——'训练有素的运动员'，他们在心理和生理上都异于常人。另外，还有专门针对运动员的医疗程序，针对特定损伤的治疗方案，以及针对赛前准备的特定护理。与此同时，医务团队也成了运动准备的必要内容——负责训练及按摩的生物技术人员；提供维生素和补充剂的营养科学家；提供自律及冥想指导的心理学家；为使用各种市场药物提供建议的药理学家。这一趋势下，甚至还出现了非医疗用途下使用类固醇、止痛剂、兴奋剂或镇静剂等药物的现象。"[54]

人体特性本体论的范式转变代表的不仅是一种思考人类能力的新方式，虽然这也是其重要意义之一。这一范式转变把注意力聚焦于提升运动表现上，即利用科学知识提高人类运动表现。由于突破人类体能表现极限需要专家知识、专业材料和创新技术，用于该领域的机构投资也大大增加。

整个20世纪，科学界对人类生理学的理解不断深化，变化巨大。人体曾被视为拥有固定能力的有机体，而且这些固定能力只有通过协调性和同步性训练才能提高；而如今这一观点已被推翻。如今，医学和体育科学研究人员认为，人类的生理运动能力是一种潜力，可以通过科学研究发明的特定技术及补充剂加以发掘和调整。运动科学的新范式由工具理性和技术理性所主导，世界各地关于提升人体特性的实验研究结果直接为应用体育科学家、教练和运动员所用，帮助他们探索验证训练技巧和方法，提高运动成绩。如今，运动员、运动医学专业人士和教练发现自己正处于一场高投入、高风险的变革中心，这场变革将把人类的特性推向极限。

"体育"作为一种抽象概念，在地方语言中仍与其词根"娱乐"（disport）联系紧密；娱乐是指重要工作之外的事情，放松、游戏、娱乐、消遣等。然而，在21世纪世界级高水平竞技体育的现实世界中，这些特点都不再适用。相反，世界级高水平竞技体育是一项高强度、高消耗的职业；运动员们为了达到世界级体育运动的顶峰，在高风险、胜者为王的道路上不断前行，全身心地投入复杂的训练体制中，利用先进的科学技术提高成绩，并努力克服和适应因此带来的长期生理和性格变化。缺少任一特性，都不能称之为体育运动，顶多算是体育观光而已。[⑮]

▼

第4章

从斯大林格勒到赫尔辛基：
德国体育体系的发展

本书第一章概述了从20世纪50年代至80年代间国际体育运动的变化。当代世界级高水平竞技体育运动的发展值得密切关注。要了解当今世界顶级的国际体育运动,就必须仔细审视影响高水平竞技体育体系形成的社会历史力量。接下来的两章重点讲述影响民主德国和联邦德国高水平竞技体育体系发展的政治、社会和经济事件。选择这两个体系论述有其原因。

第一,德意志帝国作为一个统一帝国从1871年延续到了1945年,二战后东西两侧的德国人有着相同的体育历史及文化。由于战后各占领国之间特殊的政治动态,加之20世纪50至60年代冷战的大环境,导致民主德国和联邦德国虽然有共同的传统,却形成了两种迥然不同的高水平竞技体育体系。

第二,民主德国体系体现了东欧高水平竞技体育体系的许多主要特点。同样的,联邦德国体育体系与西方体系有着相同的基本特性。[①]对民主德国和联邦德国两种体育体系的研究,将揭示高水平竞技体育发展的详细情况。

第三,民主德国和联邦德国体系都清楚地表明,高水平竞技体育的发展轨迹及发展方向都偏离了顾拜旦的最初愿景,也展示了当代高水平竞技运动员的体验与19世纪初运动员体验之间存在的巨大差异。更重要的是,下文内容表明,由于当代国际体育环境下提高运动成绩势在必行,加之技术理性在东西两侧国家的支配地位,尽管民主德国和联邦德国发展轨迹有显著差异,民主德国和联邦德国现代高水平竞技体育体系的核心特征却基本一致。对于针对当代高水平竞技中违禁药物使用的社会学研究而言,该现象及其背后的原理至关重要。

第四,虽然电视转播、体育用品行业和其他商业利益是影响当代世界级高水平竞技体育的重要因素,也是人类运动表现登峰造极背后的强大动力,但塑造当今世界级高水平竞技体育的决定性因素是民族国家在冷战期间的短期和长期政治目标。接下来两章的论述将表明,在这一出错综复杂、耐人寻味的历史大剧中,民主德国在物质资源、人员及研究方面的巨大投入是塑造当今高水平竞技体育形态的首要因素。因此,若要了解当今世界级高水平竞技体育中违禁药品的使用情况,则必须对民主德国和联邦德国的体育体系加以分析。

第五,尽管大众媒体、世界反兴奋剂机构、国际奥委会、法官、体育学者、特殊利益倡导者和其他人士均将民主德国在世界级体育赛事中的非凡成功归因于同化雄性类固醇类药物的使用,但这种解释过于片面。若对民主德国高水平体育竞技体系历史及本质进行全面研究,会发现以上观点经不起检验。下文内容在证明这一点的同时,还表明,当今世界级高水平竞技运动的主导趋势,包括在某些体育项目中使用药物提高成绩,都直接源于民族国家在过去半个世纪建立起来的全面体育体系的内在逻辑。

只有将复杂的社会因素纳入考量,才能充分理解民主德国为高水平竞技体育发展做出的重大精力和资源投入。譬如,人们必须理解德国统一社会党中央委员会第一书记瓦尔特·乌布利希特所规划的民主德国愿景,以及他在战后对"德国问题"的总体计划。此外,在塑造民主德国及世界高水平体育竞技体系方面,民主德国和联邦德国、民主德国和苏联之间的政治分歧、冲突与斗争也发挥了重要作用。[2]若论及苏联、美国、英国、法国、民主德国和联邦德国等国政治、军事、经济和外交史上的冲突与磋商,体育领域的影响甚至可以忽略不计,但上述各国在体育领域的较量必须置于此历史大背景之下来考量。单单是获得金牌或打破人类能力极限这一目标并不能充分解释民主德国和联邦德国对高水平竞技体育的投入与投资。其动机深深植根于民主德国和联邦德国的社会、政治和外交历史,而二战后高水平竞技体育的完整历史也应从此处开始。

德国最高统帅部认为,东线战争是一场与众不同的战役。这是一场"世界历史抉择之战",一场"意识形态之战",没有妥协的余地。"这场战争",第3装甲部队指挥官赫尔曼·霍斯将军在1941年11月的一份命令中写道:"敌我势必鱼死网破,绝无和解余地。"第56装甲兵团指挥官、陆军元帅埃里希·冯·曼施坦因将军在东线的一份命令中也提出了同样的观点:

> 德国士兵不仅有义务摧毁这个(犹太-布尔什维克)体系的军事力量。他作为(纳粹德国)种族纯正思想的倡导者,作为自己和德国人民所受暴行的复仇者,必须挺身而出。德国士兵们必须理解,犹太人作为布尔什维克恐怖主义的传播者,理应受到严厉惩罚。③

1941年6月22日,东线战役打响,纳粹再次使用了破坏性极强的现代机械化闪电战战术,与纳粹此前在波兰和西欧战场采用的战术无异。10月14日,第十装甲师和党卫队第二师"帝国师"已经挺进到距莫斯科不到100千米处,与当年拿破仑入侵俄国战绩相当。10月19日,莫斯科被包围,苏联领导人陷入危局。④但是苏联的大草原耗尽了德国的补给;装甲部队在十月的大雨中慢如蜗牛;11月初的冬天更是大雪纷飞,寒风凛冽,寒气刺骨。步兵们疲惫不堪,装备简陋。他们脱下了紧紧的钢靴,把脚裹在纸、破布、衣服或从死人、苏联战俘和不幸平民身上抢来的毛毡里,因为钢靴会加速冻伤。东线战争迅速沦为一场丧失道德底线的消耗战,死伤无数,惨烈空前,其残酷程度堪比 24 年前的第一次世界大战。⑤

　　第二次世界大战的主要转折点发生在 1943 年 1 月 31 日。当陆军元帅弗里德里希·保卢斯率德国第六集团军在斯大林格勒向米哈伊尔·舒米洛夫将军率领的第六十四军投降时,战局之变已不可逆转。而两天前,在希特勒任德国总理十周年纪念日前夕,面临绝望处境的保卢斯还摆出了英勇无畏的姿态。"万字旗依然在斯大林格勒上空飘扬",保卢斯在给元首的贺电中写道,"愿我们的斗争成为当代及后世的榜样,身处绝境却永不屈服,那么,德国终将胜利"⑥。

　　德国空军总司令、帝国元帅赫尔曼·戈林在给希特勒的颂词中将第六军的命运比作在塞莫皮莱战役中牺牲的斯巴达人,这让保卢斯及其军队看清现实。⑦更糟糕的是,希特勒在十周年庆典演讲上对在斯大林格勒作战的部队仅有一句评价。"我们的士兵在伏特加河上英勇战斗,这勉励我们每个人都要竭尽全力,为德意志的自由和未来奋斗。"这是希特勒首次默示纳粹国防军的战斗只能延缓败局而已,不仅是斯大林格勒的军队,整个前线都是如此。⑧一天后,保卢斯率部投降,二战中德国的败局已不可扭转。

　　在人类历史上,东线苏德战争最具破坏性,最残酷,也最令人绝望。它对幸存者的影响从未消退,整个冷战期间,苏德战争的阴影都笼罩着苏联和德国。战争造成 2000 万苏联公民(其中半数以上为平民)和 250 万德国士兵死亡。德国抓获 570 万俘虏,并当即处决了 60 多万人,另有 210 万人作为战俘死亡。仅在斯大林格勒保卫战中,苏联红军伤亡人数就高达 110 万人,其中近 50 万人死亡。⑨更糟糕的是,纳粹国家在其占领的东部领土上进行的丧尽天良、惨绝人寰、令人发指的暴行以及彻底的、机械化的种族灭绝行动,其残忍程度远非这些数据所能体现。

　　到 1943 年 1 月底,对苏德战争的恐惧和厌恶还并未真正深入每个人的心里。保卢斯率部投降不到两周后,约瑟夫·戈培尔在柏林体育馆内,面对14000多名狂热支持者,发起了一场新的宣传攻势。"英国人,"戈培尔说道,"认为我们德国人不再相信胜利。"此话一出,人群大声回应,讥笑嘲讽。"我问你们,你是否相信我们的元首,是否像我们一样笃定德国人民终会获得胜利?"在回应声中,戈培尔继续说道,"我问你们,你是否下定决心跟随元首,是否为求胜利不畏艰难,即使牺牲自己也在所不辞?"戈培尔紧接着又追问了第二个问题,然后接着说道,"第三,英国人坚称,德国政府需要人民为战斗献身,而德国人民再无慷慨赴义之激情。"戈培尔趁着势头继续问道,"我问你们,士兵和所有工人,一旦元首下令,德国人民是否愿意为了胜利,每天坚持工作10到12小时,甚至如有必要,每天工作14到16小时呢?"群众应声一片,如山呼海啸。这时,戈培尔提出了最关键的一问:

  第四,英国人认为德国人民反对政府提出的全面战争战略。(人群中讥声四起)德国宁愿投降,也不愿发动全面战争。我问你们,要不要发起全面战争?!(全场表示支持)必要形势下,要不要发动一场比想象中更全面、更彻底的战争?!(群众大声呐喊,表示无条件的支持)第五,英国人认为我们德国人民已经不再相信元首了(嘲笑声不绝于耳)。我问你们,你们相不相信元首?!(支持声四起,群情激奋)

当群众报以雷鸣般的回应之时,这位帝国宣传部部长继续说道:"我问了,你们也答了。你们的呼声代表了德国人民的想法。你们已经向敌人展现了德国人民意志之坚定。"[10]戈培尔最后说道:"从此刻起,我们的口号是'人民站起来了,一场风暴即将来临'。"呼声沸天震地,戈培尔的口号也淹没在这片狂热的呐喊中。

  戈培尔和希特勒的全面战争策略包括加快针对集中营囚犯的机械

化屠杀,利用奴工秘密研制 V2 自行火箭炮,强迫战俘进行死亡行军,以及在德国人从苏联和东欧撤退时实施的极为恶毒的焦土政策。这些策略让德国人别无选择,只能尽一切力量抵抗苏联军队。[11] 德国的暴行,对莫斯科、列宁格勒和斯大林格勒的围攻,给苏联军队留下了不可磨灭的印记,苏联军队发自内心地憎恨德国的一切。当苏联军队发起攻势,过去两年多纳粹的野蛮行径得到了应有的报应,德国人被赶回柏林帝国总理府的元首地堡。德国士兵担心苏联的进攻会让自己的家人付出沉重代价,只能负隅顽抗。[12]

比弗叙述的一起事件深刻地体现了德苏民众之间由来已久的憎恶之情。在东普鲁士满目荒凉、白雪覆盖的土地上,一队英国战俘与一大群苏联战俘相遇。

罗伯特·基写道:"他们苍白而消瘦的脸庞与野蛮生长的黑胡子形成了鲜明对比。全身上下,只有他们的眼睛像人一样闪闪发光,尽管眼神充满痛苦,躲躲闪闪,但终究还是有个人样,眼中写满了内心深处最后的求救声。"英国战俘掏出口袋里的东西,不管是肥皂还是香烟,统统扔了过去。其中一包香烟掉在了中间的路上,苏联战俘刚要弯腰去捡,一位人民冲锋队的德国卫兵跑来,一脚踩住战俘伸出的手指。接着卫兵开始猛踢战俘,并用枪托猛力击打。见此情景,英国战俘们"狂怒咆哮"。"卫兵停手,抬起头,感到十分惊讶。很明显,他已经习惯了如此施暴,练就了铁石心肠。他甚至都不记得人们有权反抗。"他开始怒吼,挥动他的枪想要威胁战俘,但战俘的咆哮声越来越大。这时,英国战俘的卫兵跑过来维持秩序,把这位人民冲锋队的卫兵推回苏联战俘队伍中。罗伯特·基的一个同伴说:"天啊!当我看着这队苏联战俘走过来时,我能原谅苏联人对这个国家做的任何事情。任何事情都可以原谅。"[13]

德国部队从苏联撤退时,他们也毁坏了在侵略过程中占领的一切资源。[14]大部分破坏工作是他们遵守命令有秩序地进行的,但仍有一些部队没等接到正式命令就开始自发进行破坏。东线苏德战争给了德国军队充分的理由和动力来残忍对待敌军俘虏和占领区的平民俘虏,这些"野蛮行径"都不足为奇。此外,"政府授权的谋杀、虐待和财产破坏的程度远远超过了军队自发的'野蛮'行径"。正如巴托夫所述:

> 纳粹国防军让犯罪行为合法化,这一举措影响深远。他们有组织地执行犯罪行动,而这些行为背后反映出高度统一的意识形态,只有了解这一背景,才能理解军队自发的'野蛮'行径;这也导致了一种反常的现象,惯于严格服从上级命令的军队却不用为违反纪律、擅自处理敌军士兵和平民而受到惩罚。[15]

荒谬的是,正是这些残暴的"野蛮"行径让德国军官能继续施行严格的部队作战纪律,让军队在撤退过程中仍保持战斗凝聚力。德国抵御苏联之战实则已如强弩之末,宛如沙场年轻的德国新兵对阵身经百战的苏联老兵般气势全无。

前有德国在东线战场的暴行,后有欧洲犹太人大屠杀,要结束战争,德国最高统帅部几乎没有选择的余地。一方面德国不可能向苏联投降,而另一方面,丘吉尔和罗斯福也不会绕开斯大林与德国进行和平谈判。[16]此外,1943年1月,同盟国三位领导人一致认为,该联盟战斗的主要目标是让轴心国无条件投降。

1945年5月7日纳粹军队向同盟国投降后,美国、英国、法国和苏联在德国获得了最高权力,包括各级的治理权。他们很快把这个国家划分为四个占领区,在苏联占领区的柏林也被分为四个区域。1945年7月7日至8月1日的波茨坦会议不仅标志着同盟国与德国之战的终结,也暗示着德国未来利益争夺战的开始。

寻求战后利益的国家并不只有苏联。法国想要永久地瓜分德国,并和瑞士、意大利、荷兰、比利时、卢森堡等曾使用其工业资源的国家共同管辖工业资源丰富的鲁尔地区。美国起初计划在战争结束后的两年内从欧洲撤军。然而,在德怀特·艾森豪威尔将军的继任者、德国军事总督卢修斯·D.克莱将军的劝说下,杜鲁门总统也相信美国有必要在欧洲驻军,以防苏联最终完全吞并德国,也防止苏联占领西方与苏联及其东欧卫星国间的缓冲地带。否则,西方国家不仅会失去获取重要物资的途径,还会将先进的工业综合区拱手让给苏联。英国赞成分割德国,但反对要求德国付赔偿金,因为它不希望德国像魏玛共和国时期那样再度陷入经济衰退。当然,英国也不会让法国控制鲁尔工业区或萨尔煤田。但最重要的是,丘吉尔想要一个团结的三方阵营联盟来对抗苏联。[17]

影响同盟国就占领德国及规划德国未来所做决定的最重要因素是两次世界大战的背景,特别是为将欧洲从纳粹野蛮统治中解放出来所付出的巨大代价。每一项决定和每一位施行计划的决策者都将纳粹的暴行纳入考量。卡尔·冯·克劳塞维茨的一句名言也被篡改,用以讽刺这一现象:外交变成了"另一种战争";二战后的新现实让每一个决定都显得尤为重要。[18]

在担任统一社会党中央委员会第一书记的整个任期内,乌布利希都在玩一场危险的游戏;他试图利用苏联的保护,最终建立一个属于他自己的、自信的共产主义德国。由于苏联的控制力量过于强大,乌布利希无法独立行动。但是,在某些情况下,乌布利希可以巧妙地将人们的注意力从苏联转移到德国,重建德国的民族自豪感;同时,在与西方的对抗中为民主德国和苏联双方争取共同利益。这样,苏联的掌控也不那么难以忍受。乌布利希的执政党(德国统一社会党)试图建立一个自信的共产主义德国,让国民拥有民族自豪感,即便德国处于苏联的庇护之下,德国国民在面对苏联占领者时,内心仍能抱有一种优越感;在实现这一愿景的过程中,体育成为最受乌布利希关注的工具之一。

浴火重生:战后德国体育运动的复苏

虽然民主德国与联邦德国有着共同的历史,一同经历了战争和惨败,但两国的高水平竞技体育体系大相径庭。德国被苏联、西方同盟国和纳粹分子彻底摧毁。无条件投降使得社会濒临崩溃。譬如,9天的轰炸摧毁了德国汉堡60%以上的地区,使100万人无家可归;70万枚白磷弹投向180万名德累斯顿人,市中心气温升至1600摄氏度,造成50多万平民死亡。在杜塞尔多夫,盟军的轰炸摧毁了93%的建筑;科隆战前有73万人口,战后仅剩4万幸存者在被炸毁的房屋和地窖中苟延残喘;法兰克福几乎完全被夷为平地,战前的18万居民仅剩8万人。埃森、多特蒙德、汉诺威和曼海姆的情况也如此。在苏联军队攻入之前,已有数百万难民从东部涌入德国。超过350万德国士兵在军事行动中死亡或失踪;600万被俘,330万平民死亡。然而,尽管德国已经满目疮痍,同盟国成员仍希望能进一步确保德国无法从毁灭的灰烬中崛起。由此,同盟国在欧洲发动了另一场战争。

西方同盟国的目标很简单;他们要使德国去纳粹化、去军事化、去武装化和民主化。[19]德国经历了战争的破坏、心灵的创伤。西方同盟国试图从头开始重建德国。一砖一瓦地建立起一个和西方同盟国一样多元化、民主化的德国。

苏联与同盟国有着类似的目标,但对未来德国的构想截然不同。在其控制的所有地区,苏联都迅速地换掉所有前纳粹领导人,换上与民主社会主义或共产主义联系密切者。苏联希望德国所有握有重要职权者都拥护苏维埃理想,拥有战前纳粹反抗者或反对者身份,并积极投身于社会主义国家建设。这一政策与乌布利希集团的使命完全契合;彻底消除前纳粹支持者,将增强平民对苏联和共产党的信任,移除乌布利希最终计划的最大阻力。

西方同盟国不愿意进行全面变革,而苏联不同,新换上的领导人都是共产主义支持者,虽然经验不足但政治立场可靠,苏联对这个全新的领导班子抱有极大的信心。

战后疮痍未瘳,体育运动并不是首要任务。然而,尽管战争破坏规模巨大,体育活动还是迅速兴起。在德国西部占区,投降仅两周后,符腾堡举行了一场正式的足球比赛。一个月后,德国就开始举行市际联赛;而1945年7月斯图加特市市长主办的比赛中,竟有32支球队参赛。1945年11月,德国南部美国占领区建立了一个由16支球队组成的足球联盟。[21]

德国人渴望重新开始正常生活,希望能在清理废墟的沉重任务中喘一口气,希望开始重建经济基础设施;在此背景下,德国人提出恢复以前的俱乐部和协会。与此同时,同盟国也鼓励学校恢复原来的课程,包括体育和运动课程。

尽管同盟国远征军的《德国军事政府手册》中有相关指示,但西方盟国的三个占区并无统一的体育政策。法国严格限制任何体育活动,包括体育俱乐部的组建以及与法占区外体育协会的交流。[22]英国的管理较为宽松,鼓励学校发展体育,并通过体育运动课程灌输英国公立学校注重性格培养的教学理念。[23]美国的政策最宽松,最早的体育活动由地方领导人管理,但即使坚持自由放任主义的美国,都会用自己的文化偏见来塑造德国新兴的体育体系。当时大众与主流学术界的观点一致,认为体育运动积极向上,有利于阻止青少年参与离经叛道的活动,因此美国人提倡成立"青年中心"和"儿童俱乐部"。到1947年,美占区儿童俱乐部的成员超过75万。[23]尽管三个占区的体育发展都面临些许压力,但体育并未纳入西方同盟国重建德国政治的根本目标之下。因此,从1945年到20世纪50年代中期,体育发展并不成体系。[24]

与西方不同,乌布利希集团迅速采取行动,旨在对苏占区的体育运动施加影响。行动从柏林开始,因为柏林具有极大的战略和象征意义。斯大林也看准了体育的宣传价值,在柏林大街小巷各家各户全民参与的比赛中,苏联红军在德国国会大厦升起印有锤子和镰刀的旗帜,会有极佳的宣传效果。当然有人认为,此举之下,1945年5月彻底打败纳粹德国的大部分功劳都让苏联红军独占。至少在短期内,苏联赢得了战胜法西斯主义的最大战利品——柏林。

乌布利希集团十分清楚,柏林对发展体育运动而言意义重大。柏林曾主办过奥运会,获得顾拜旦的高度评价;而且,柏林一直都是德国的体育中心。[25]柏林和莱比锡都是德国蓬勃发展的工人体育运动的中心;直至1933年之前,工人体育运动和资产阶级体育运动的母体组织,即体育与健康中央委员会和德意志帝国体育委员会,都设在柏林。此外,柏林还拥有德国两个重要的体育学院——德国体育学院和普鲁士体育学院。[26]

在乌布利希集团的领导下,柏林苏占区举办了第一个战后体育节。该活动由乌布利希集团任命的工人体育运动前领导人组织,目的是在首都柏林重建体育。乌布利希不仅大力支持前工人运动领袖组织的活动,还允许战前资产阶级体育运动的领导人重建一些在希特勒"一体化"政策中被并入纳粹体育协会的俱乐部。

到1945年6月,乌布利希集团确定了体系架构,成立了领导班子,领导小组将按照德国共产党倡导的"社区体育模式"的原则,在柏林重建体育运动和体育教学体系。柏林体育局由德国共产党成员、1933年前的工人体育俱乐部领导人、柏林体育同业联盟领导人弗朗茨·穆勒和社会民主党人、1933年前的市级体育官员马克斯·普劳布领导。中央体育委员会由十名成员组成,他们曾参与1933年前德国工人体育运动和资产阶级体育运动。到1945年6月底,体育局已举办过观众超过1000名的体育赛事;社区体育俱乐部正式注册的会员人数也已达到1.5万。1945年春,柏林各地的地方体育部门管理者开始定期向柏林体育局报告当地体育发展情况;7月,他们起草了一套柏林体育重建方针。这些方针与乌布利希的愿景一致,都旨在将柏林建成统一的共产主义城市,提出建立一个全市统一的体育结构。这些进展都具有重要的象征意义和战略意义;苏联人朝种暮获,受益颇多。[7]

柏林由获胜的四个同盟国共同占领,苏、美、法、英四国每月轮值对柏林的活动进行管理。体育方面也是如此。1945年9月,英国军事当局管理柏林之时,一个传统资产阶级多项体育协会,即夏洛滕堡体育俱乐部,申请重建并获得批准。这一小事件虽小,却对德国体育未来发展产生了深远的影响。夏洛滕堡俱乐部的重建引发了柏林体育官员之间关于体育俱乐部重建方针的争论。更重要的是,英国的决定与苏联的方案有不可调和的冲突,苏联想在整个柏林建立统一的、共产主义/社会民主主义/工人阶级体育运动领导的体育体系。由夏洛滕堡体育俱乐部事件引发的关于建立社区体育协会还是传统体育协会的争论,其本质上是共产主义者与传统中产阶级夺取柏林体育领域管理权的斗争。这场斗争剥夺了乌布利希集团在体育领域的优势,促使西方同盟国制定规章制度,以对柏林和其他西方国家占区的体育发展进行管理。

"第23号指令"和西部占领区的体育发展

西方同盟国与苏联不同,他们除了确立"四化"目标(去纳粹化、去军事化、去工业化和民主化),没有为德国占区制订任何战后发展的全面计划,更别说体育类计划。[8]二战后体育活动自发兴起,西方同盟国除了利用其教育政策指导体育发展,几乎没有其他动作。[28]柏林体育管理权之争成了主要的导火索,加之其他同盟国占区内体育运动的迅速兴起,出台正式的体育政策势在必行。1945年12月17日,西方同盟国出台控制委员会第23号指令,即"德国体育限制和去军事化令",并将其作为同盟国占区内体育领域的最高指令。[29]第23号指令成了当代联邦德国体育体系的基石。

第23号指令中最受瞩目的一条是废除德国投降前的"所有军事或准军事体育组织(俱乐部、协会、机构和其他组织)",禁止其活动。同样,指令第2条要求禁止任何"军事或准军事性质的活动,包括航空飞行、跳伞、滑翔、击剑、军事或准军事演习或展示和使用枪支等"。禁止在"教育机构、公共或政治组织、公司和工厂以及所有其他组织"中进行军事或准军事性质的教学。第23号指令明确要求,德国青年体育活动和体育教育的重点"必须放在健康、卫生和娱乐上,不得开展任何具有类似军事性质的体育运动"[30]。

以上规定确实重要,相比之下,第4条第1、2、3款的规定虽受关注较少,影响却更为深远。战后同盟国对德国人极其不信任。为了阻止德国运动员之间的跨地域合作,考虑到德国国家军事及准军事体育协会的历史,同盟国只允许占区发展地方体育俱乐部。首先,"地方级以上不得设立(非军事体育)组织,除非得到区域指挥官的许可,且涉及活动仅限于与军事无关的运动项目"。其次,"每一个新成立的、具有地方特色的体育组织(在成立前)都必须得到当地占区当局的许可",它们的活动将受到"当局的监管"[32]。最后,在德国投降后的头两年,西方同盟国禁止民族主义性质的特纳体育运动重建;而且,由于担心工人运动会暗藏亲苏思想或受苏联控制,西方同盟国占区也大力打压和阻止任何意图恢复工人体育运动的行为。[33]

决定西方同盟国占区体育协会发展方向的还有另外两项方针。第一，同盟国应确保公共管理的体育运动和俱乐部自我管理的体育运动之间并无关联，而且在鼓励俱乐部发展的同时大力阻止公共体育的发展。这意味着体育俱乐部高度自我管理。只有真正需要市、地区或州级援助的情况下，同盟国政府才会提供相应支持。[34]第二，体育俱乐部的领导人必须由民主选举产生，俱乐部的运作必须独立、民主。[35]

在第23号指令的规定下，只有那些享受运动本身的人才能创建新的本地体育俱乐部。对这些人而言，体育纯粹是为了追求运动的享受，而不是为了达成某种政治目标或取得好成绩。尽管第23号指令赋予了同盟国决定何种组织能存续的最高权威，但他们仍以非正式的形式与地方组织者商议，为他们提供建设性支持，以此塑造良好的体育环境，促进合法体育组织的发展。[36]在西部占区，有组织的体育活动由地方俱乐部发起，他们自筹资金，管理独立。

虽然占领国认为他们将体育与政治脱钩，允许体育事业发展，但体育领域所受的限制以及不同地区（甚至是同一占区内）体育发展的差异都对联邦德国体育的长期发展产生了巨大的政治影响。西部占区的体育政治结构主要由地方经营、自主管理的俱乐部组成，这些俱乐部有自己的规章制度、运作方式和发展目标。除了法国、英国或美国占区指挥官的一些监管，没有任何中央机构对其进行管理，更别提为俱乐部的发展提供全面指导了。

到此时为止，地方体育俱乐部只能独自发展；拓展业务和与外地俱乐部交流都违反了第23号指令。地方级以上的活动至少需要得到同盟国占领区指挥官的默许。各自独立的俱乐部若想要形成有组织的俱乐部联盟，如体育协会，则需要所有相关人士共同协商与谋划。[37]从相互独立的实体中构建一个"体系"并非易事。更重要的是，独立经营的俱乐部合并为正式的协会这一过程最终决定了整个联邦德国体育体系将以何种方式进行"统一"和协调。

许多在二战后参与当地俱乐部的组建并领导德国建立体育体系的人都有着十分传统的观念。如果传统得以延续,那么战后随着联邦德国体育运动的发展,这些俱乐部很可能会合并,或者由少数拥有共同世界观或宗教观的最高级体育协会统筹发展。联邦德国的体育运动将由德国特纳联合会、工人体操和运动联合会、天主教的德国青年运动会、橡树十字青年基督教协会,或犹太教的马克卡比德国等团体来统一组织。事实上,体育组织者们快速建立了统一的地区级多项体育协会,但第23号指令生效后,这些协会立马被解散了。[38] 同盟国不允许任何形式的集中化管理:除非直接涉及极其重要的功能需求,否则同盟国绝不会予以批准。

为了规避同盟国的管理,促进体育运动在更高层面的发展,各体育俱乐部的代表们召开了非正式会议,建立起一系列非正式联系。虽然不同占区指挥官对这些联系态度不同,但不久之后,特别是在美国占区,非正式的"工作委员会"和实体协会就出现了,成为地方体育俱乐部的上一层组织。这些团体最终发展成区级、市级或区域级体育联合会,地区单项体育协会和区域单项体育协会。[39] 同盟国允许这些组织成立,因为它们在很大程度上仍是地方性的,而且体育比赛需要这些协会来组织。此外,个人和地方体育领导人在与占区指挥官的谈判中技巧日臻娴熟,尽管这也导致了组织机构冗余的问题。最重要的是,这些组织的成立也表明,俱乐部的合并方式已与德国传统的体育模式大不相同。

究其本质,体育俱乐部、地区级体育协会和区域级体育协会仍局限于地方:体育竞赛的规律要求俱乐部和来自大型体育协会的代表组成工作委员会,涵盖更大的地理区域。在区域指挥官同意成立正式区域级或省级体育联合会之前,这些工作委员会都只能以非正式形式运作。美国人是最愿意接受省级体育联合会的。例如,1945年7月,他们批准了巴伐利亚体育协会,负责管理七个不同地区协会的省级活动。美国人接纳巴伐利亚体育协会是因为它的领导团队成员出自既有的四个不同的体育组织,确保了团队观点的多元化以及民主性,这些都是同盟国最为重视的方面。[40]

英国人比美国人更遵守规定,但比法国人灵活。[41]只要符合协议,英国人便会马上响应。例如,1945年7月,英国职业管理局正式承认汉堡体育协会,即汉堡体育联合会的前身。德国投降一年多后,在一个遭受巨大战争破坏的城市,216个体育俱乐部和4.9万名会员力争建立"一个自主管理的汉堡体育组织",该组织可以"联系和监督……各体育俱乐部的活动"[42]。因为俱乐部都是获准成立的,而汉堡体育协会的领导层由这些俱乐部直接选出的代表组成,基于以上背景,英国很快就批准了建立汉堡体育协会的请求。汉堡体育协会是一个多元化民主选举制机构,负责协调汉堡地区大量的体育活动。然而,后来英、法、美占区体育组织并未效仿汉堡体育协会的模式。相反,一些得以重建体系内的政治动态引领着未来联邦德国体育体系走向一个截然不同的结构和代表形式。

英占区德国西北部足球协会在1946年辩论后成立,该辩论对未来联邦德国整体的体育架构产生了重大影响。英占区内德国体育利益的主要倡导者雨果·戈默希望重建二战前的威斯特伐利亚州人民体育协会。大战结束后,该协会迅速得以重建,但第23号指令一出台,协会随之解散。在1946年2月汉诺威区域体育会议上,戈默提出组建一个统一的多项人民体育组织,但英占区的许多体育俱乐部拒绝了这一提议。

三个月后,代表们在代特莫尔德召开会议,重新讨论该议题。足球领域代表也开始积极参与,因为建立一个统一的多项体育协会意味着足球的大量资源会分配到协会下的所有俱乐部。足球领导人试图说服英国军事指挥官采用单项体育协会模式,理由是该模式能更好地反映俱乐部成员的民主愿望,同时也可避免某一体育协会对多项运动进行集中管理。或许更为重要的是,若开先河建立多项体育组织,譬如戈默提议的人民体育组织,很可能导致德国西部占区内工人运动下的协会纷纷重组。最后，足球领导人提议的单项运动体育协会已十分常见，这种模式已大获成功。在英国军事当局的支持下，区域体育代表投票决定成立西北德足球协会。单项体育协会模式也成为建立统一区域体系的选择之一。

在接下来的四年里，此前以非正式形式协调区域体育活动的工作委员会获得批准，成为西占区各省的官方母体组织。由中央委员会和全体代表会议组成的省级体育组织成为主要模式；全体代表会议的名称不一而同，包括体育联合会大会、协会大会和省级体育大会；代表来自体育俱乐部、区级、市级和区域级体育联合会以及地方、区域和省级单项体育协会。联合会的常规活动通常由执行委员会主持，而执行委员会由联合会主席和其他执行委员组成。[43]到1949年，共有15个省级体育联合会，其中包括一个西柏林省级运动联合会。[44]

省级体育联合会是母体组织，由各俱乐部通过代表会员制进行管理。省级代表的职责是维护该联合会所有体育俱乐部的利益，反映从休闲类到竞技类所有体育活动的关切。省级体育联合会代表其全体会员与省政府联系，响应俱乐部倡议，仅在代表俱乐部工作时才主动采取行动。省级体育联合会致力于体育设施的建设，推进更广泛的运动及休闲类社会倡议。但是，德国体育领导人希望在省级以上层面协调这一新兴的体育体系；各方围绕德国体育联合会的建立展开了辩论，这些辩论最终决定了德国新兴体育体系，特别是高水平竞技体育体系的最终特征。

1946年5月6日至1950年9月11日期间召开的11次占区联合会议，最终确定了联邦协调体育系统的结构。1948年10月德国体育工作委员会成立，而1950年12月10日该组织重新命名为德国体育联合会。[45]关键问题是，联邦的母体组织应听取何种意见，是通过各省级体育协会听取各体育俱乐部的广泛意见，还是听取组织有序、知名度高、竞技水平至上的单项体育协会的意见？辩论往往很激烈，通过辩论也解决了部分问题,但尚未取得真正的进展。1949年7月16日至17日,德国体育工作委员会执行委员(出席人数与省级体育联合会和单项体育联合会的数量相同)和德国足球和体操联合会的代表在巴德霍姆堡会见了军事政府的管理人员。在会议上,军事政府着重强调了第23号指令。在会议结束时,德国体育代表一致同意发展新的母体组织,其本质为联邦制,顶级单项体育联合会和省级体育联合会都是其"正式、合法"成员。[46]

德国体育联合会的最终结构完全符合西方同盟国二战后的主要目标。德国体育联合会是一个联邦制的国家级母体组织,建立于独立体育俱乐部的基础之上。该组织囊括来自重要体育团体、省级体育协会、顶级单项体育协会和特殊利益协会的代表,通过此组织结构,力求平衡各方利益冲突,追求共同的国家目标。[47]西方同盟国致力于在战后德国的西部占区建立一个最为民主的体育体系,就这一目标而言,他们取得了极大的成功。然而,若想在短时间与民主德国集中化管理的体育体系抗衡,德国体育联合会还远没有这个实力。

民主德国的体育运动:硬币的另一面

乌布利希集团行动迅速有效,在其引导和影响下,柏林体育重焕生机。乌布利希的目标是让人们的日常生活回到正轨,塑造苏联热心帮助和支持德国发展的大国形象,培养民众对社会主义德国历史的认同感,增强人们对社会共产主义社会光明前景的信心,并建立一个由乌布利希控制的体育组织架构。此外,乌布利希还倡导工人体育运动,鼓励左倾政治倾向,根除了纳粹主义影响,弱化了特纳工人运动的民族主义传统,并抑制了西方倾向的资产阶级体育运动的发展。[48]

在苏占区内的早期体育行动中,为积极引导民主德国体育、运动与娱乐活动的重建工作,乌布利希利用了四个国家层面的重要共产党组织,即德国自由工会联合会、德国民主复兴文化协会、自由德国青年和德国妇女民主协会。然而,到1948年,德国统一社会党执行委员会希望建立一个统一的体育领导小组。[49]根据乌布利希的提议,由埃里希·昂纳克领导的自由德国青年牵头并全权负责苏占区体育发展工作。同年10月,昂纳克迅速成立了德国体育委员会。一经成立,委员会立刻巩固了对当时苏占区内兴起的所有体育活动的控制权。

1950年,乌布利希将精力放在巩固自己在民主德国的地位上,并尽可能扩大民主德国的影响力。为了让民主德国在国际舞台上大放异彩,统一社会党提前部署,于1951年4月成立了民主德国国家奥林匹克委员会。

尽管民主德国国家奥委会口头宣称将与联邦德国奥委会合作,但其意图恰恰相反。[50]1951年在奥伯霍夫举行的全德体育会议上,民主德国声称,尽管他们"本着平等和相互尊重的精神"参会,但他们不相信"联邦德国帝国主义者"抱有同样的态度。民主德国认为,联邦德国只想"吞并民主德国,扩大帝国主义阶级,统治整个德国"[51]。这一声明有其必要,因为联邦德国已正式向亲联邦德国的国际奥委会申请承认联邦德国国家奥委会的地位。[52]1951年5月,在第45届奥林匹克大会上,国际奥委会承认了苏联国家奥委会和联邦德国国家奥委会的合法地位。随之,东西方进入冷战对峙初始阶段,而在德国内部,同样的竞争也拉开序幕。三年之内,民主德国和联邦德国都将参加奥运会,乌布利希也离建立民主德国民族自豪感的梦想更近了一步。

民主德国和联邦德国的体育体系:对比研究

第二次世界大战后,德国上下或深受东线战争的影响,或苦于大败纳粹战争机器的同盟国内部的冲突、分歧和政治野心。纳粹在东欧和苏联的残暴野蛮行为，饥寒交迫、草木皆兵的极端条件下进行的残酷消耗战，对无辜民众的机械化屠杀，以及针对撤入柏林的德国人的报复行为，这些事件造成的阴影始终笼罩着德国，影响着德国的国内外关系和决策。希特勒在欧洲、北非和苏联境内发动的战争破坏性极强、打击士气、丧失人性，战后的文学、艺术、音乐、商业、教育和娱乐无一不受到影响。

虽然受到战争、政治阴谋和外交冲突的影响，历经惨败后的德国人在与同盟国重建家园之时仍表现出了惊人的恢复力。尽管德国满目疮痍，困难重重，德国人仍即刻开展重建工作，势如破竹。体育和娱乐活动发展迅速：在战争结束后仅几个月内，同盟军所有占区内都开始开展俱乐部活动和体育比赛。

尽管西方同盟国制定了战后德国的总体目标，即去纳粹化、去军事化、去武装化和民主化，但他们缺乏具体计划，面对占区内迅速重建的体育活动，他们毫无准备。此后，同盟国认识到有必要对西部占区内的体育活动进行管理。因此，控制委员会于1945年12月17日出台第23号指令；自此，第23号指令成为联邦德国体育体系管理的基本依据。随之，一个国家级的母体组织逐渐形成，负责协调与促进众多独立的体育俱乐部的活动；而反过来，各俱乐部也在运动和体育活动的各个领域为母体组织提供服务、项目和机会。德国体育联合会由省级体育协会、顶级单项体育协会和代表特定利益的协会组成，在制定和追求共同国家目标的同时，也负责协调所有团体之间的利益冲突。联邦德国的运动体系多元且民主，它独立于地方、省级和联邦政府，自下而上充分体现了民主性。

到1952年，民主德国和联邦德国高水平竞技体育的各个领域发展轨迹全然不同。民主德国和联邦德国虽一线之隔，却体现了两个对立的权力集团之间的巨大差异。世界霸主之争即将拉开序幕。

第5章

民主德国和联邦德国体育体系的融合

因为老少校麦哲的一场梦，庄园农场的动物们发起了革命，赶走了农场主琼斯夫妇和他们的雇佣工。动物们憧憬着《英格兰牲畜之歌》中所承诺的"未来的黄金时代"。①动物农场摆脱了残暴酒鬼琼斯的统治，生活将焕然一新。

第四章介绍了战后德国体育发展的早期历史。本章将继续讨论这段历史，并阐述在接下来的25年中，民主德国和联邦德国双方的体育体系发生的变化。下文将通过对两国体育体系的分析，说明世界级高水平竞技体育与顾拜旦的奥林匹克理想因何背道而驰，二者相距多远。尽管两国体育体系存在诸多差异，到20世纪70年代末，民主德国和联邦德国世界级高水平竞技体育都日渐要求运动员全身心投入，在此背景下，专业运动员必须依靠日益复杂的科学知识与前沿技术方能登上奥运会领奖台。如何利用工具理性取得胜利逐渐成了世界级体育运动关注的焦点。

本章讲述的第二个主题是，民主德国在高水平竞技领域空前的人力、物力和研究投入对塑造当今奥林匹克运动格局产生的影响。尽管许多人将民主德国的成功归因于违禁药物的使用，但这种说法过于肤浅，既反映出意识形态偏见，也难以承受历史证据的考量。由于国内外政治原因，民主德国将人力、财力和物力投入高度理性、以工具为导向的高水平竞技体系中。民主德国通过先进科学技术，追求人类运动成绩的线性提高。此举给包括苏联在内的其他国家带来了挑战，其他国家要么相仿相效，要么落后于人。这一章表明，虽然电视转播、体育用品行业和其他商业利益对20世纪70至80年代的世界级体育产生了重大影响,但塑造当今世界级高水平竞技体育的决定性因素是民主德国和其他民族国家的短期和长期政治目标。

举国之力追求奥运金牌

国际奥委会承认了联邦德国国家奥林匹克委员会地位(同时以民主德国不是主权国家为由否认民主德国奥林匹克委员会的合法地位),乌布利希和昂纳克可以从两个层面上对国际奥委会的这一决定加以利用。首先,他们可以将该事件归为富裕的联邦德国削损民主德国利益的又一案例,再利用东部民众内心潜在的愤懑,说明国家有必要对世界级高水平竞技体育进行前所未有的巨大投入。其次,国际奥委会的决定提供了一个绝佳的机会,让乌布利希和昂纳克能在统一社会党内部证明干预计划的必要性。纳粹党曾成功利用体育运动进行国内和国际宣传,德国统一社会党将寻求一条类似的道路,以十分经济有效的方式巩固政权。

乌布利希和统一社会党将国际奥委会拒绝承认民主德国国家奥委会地位这一决定描述为对民主德国国家主权的侵犯。在一年之内,德国体育委员会被国家体育运动委员会取代,该国家委员会的明确职责是调动资源,发展集中化的体育体系。[②] 国家体育运动委员会的授权文件规定:

自由德国青年、工会、运动协会和人民教育部要加强合作,以便广泛动员青年,举办体育活动,保证德意志民主共和国至少有一百万以上的公民参加体育活动,这样才能有力证明德意志民主共和国的实力,捍卫我们的权利。[③]

更重要的是,国家体育运动委员会的主要职责包括快速提高民主德国的运动成绩。授权文件规定,"在最重要的体育项目中,顶尖运动员应该进行集中训练,营造系统提高成绩的需求"[④]。田径、游泳、体操、拳击、自行车、摔跤、划船、足球、排球、篮球和手球等运动项目被列为重点发展项目。国家体育运动委员会的成立还加速了运动员分级体系的实施,20名运动员被授予"运动大师"称号,这样他们可以提高运动的知名度,吸引年轻运动员加入。土生土长的民主德国偶像对乌布利希实现其总体政治目标至关重要,对新兴体育体系的建立也大有裨益。

为促进民主德国运动员的发展,国家体育委员会开始使用传统方式,首先制订集中训练机构教练和训练员委任计划,拟定统一的运动员训练规章,确保职责分工明确,建立起一个"讲纪律、成系统、有成效的训练体制",并辅以适当的"政治与道德教育"。为提高教学和体育研究的质量,由国家体育运动委员会负责领导德国体育学院以及其他国家和地区体育学校的工作。此外,国家委员会还投入了更多资源支持关于运动表现的系统性研究。

自1952—1953学年起,民主德国开始在东柏林的斯特拉伯格区、勃兰登堡、哈伯斯塔特和莱比锡开设了儿童体育学校(即面向5—10岁儿童的体校)。一年后又增设八所,学校规模也有所扩大,允许年龄稍大的儿童入学。[⑤]除了正规的学校课程外,民主德国所有学校的学生都需接受额外的体育教育和周末训练。

在1955年6月召开的第50届奥林匹克大会上,国际奥委会以27票赞同7票反对的结果,暂时承认了民主德国国家奥委会的地位。然而,有一点不得不提。尽管这两个国家奥委会都被承认,但德国人只能组成一个联合队伍。[⑥]鉴于国际奥委会坚决反对民主德国和联邦德国各派一个队伍参赛,乌布利希决定在有限条件下尽最大努力。民主德国经济疲软,不但无法通过马歇尔计划获得资本投资,而且还要向苏联支付沉重的战争赔款,将工厂迁往苏联。尽管如此,乌布利希认为运动员和体育组织者的精神和决心是他可以大加利用的资源。高水平竞技提供了一个独一无二的机会,让统一社会党能够巩固它在民主德国的地位。同时,高水平竞技也让体育组织能够依靠国内丰富的人力资源和充沛的活力来发展壮大。

体育系统的迅速重建导致了体育体系进一步集中化发展:1957年,民主德国体操和体育联合会取代了国家体育运动委员会。随着民主德国体操和体育联合会的建立,体育也纳入了国家发展的七年发展规划。1959年,民主德国体操和体育联合会将体育课程纳入所有学校各个年级的教学体系中。体育课程要求学生每周进行5至7小时的体育实践活动,主要体育项目包括体操、田径、游泳和跳水。[7]

民主德国采用了高强度的高水平竞技训练。由于训练要求过高,年轻运动员难以平衡学业和训练,在20世纪60年代初,扩建"体育天赋少年特校"的压力越来越大。青少年体校应运而生,由德国统一社会党中央委员会秘书处直接指导其建设和发展,确保实现国家的政治和体育目标。[8]

青少年体校的目标、特点和结构都很简单:"选拔奥运会体育项目中的高水平运动员,并将其培养成世界一流水平的运动员。"为此,他们提供"所需的一切条件和支持政策",使有才能的运动员不仅能在国际赛事中拿奖,同时也能获得普通教育。为了促进他们的发展,青少年体校建在体育运动俱乐部附近。体校专攻特定的运动项目,让学生能在训练时长增加的同时完成规定的学术课程。

体育学校实现了教育、培训和自由活动的协调发展。运动员的学业和训练都由专业工作人员指导。此外,体校还为运动员聘请了全职的专业教师、教练和营养学家,并邀请运动医师和理疗师团队为运动员提供医疗支持。通过体校,民主德国政府和体育官员能够增加青少年运动员

(尤其是体操、跳水、游泳和花样滑冰等项目运动员)的训练时长,让他们在达成既定学业目标的同时进行高强度训练,以便在世界级高水平竞技中取得最高名次。随着 20 世纪 60 年代和 70 年代奥运会项目的不断扩展,女子项目数量增加,青少年体校的规模不断扩大,获得的资源也越来越多。

青少年体育学校设立大约十年后,不同区域和地区开始建立培训中心,确保当初建立青少年体校之时的期望能够更好地实现。⑨民主德国分别于 1969 年和 1973 年决定系统化地建立国家培训中心和区域培训中心。到 1969 年,青少年体育运动学校近一半的运动员寄宿在学校。在此背景下,仅几年之内,民主德国体操和体育联合会负责管理的培训中心和培训支持中心已达数百个。⑩就儿童与青年运动的组织和运动能力培养模式而言,此举并非创新之法;但若论规模,为在高水平竞技中获得优异表现,民主德国的投入远超其他国家,甚至苏联都望尘莫及。巨大的投入,加上民主德国人对细节和组织效率的追求,显然,民主德国能利用高水平竞技来鼓励和培养民主德国人民强大的民族自豪感,尤其是面对联邦德国和苏联时民主德国人民所特有的民族自豪感。

尽管体育学校体系是发现人才和培养年轻运动员的主要方式,但民主德国体育体系的成功离不开曼弗雷德·埃瓦尔德的努力。埃瓦尔德于 1961 年当选为德国体操与体育联合会主席,在接下来的 28 年里,整个体育体系的发展一直在他的掌控之下。起初,埃瓦尔德稳扎稳打,不断巩固他在统一社会党领导层中的地位,之后才开始大胆创新变革。然而,到了 1966 年,由于一系列事件的推动,埃瓦尔德决定采取重大措施,巩固高水平竞技的地位,使其成为民主德国政治的核心特征之一。

1966 年 5 月,国际奥委会将 1972 年奥运会举办权交给了慕尼黑。两年后,国际奥委会满足了民主德国派独立代表团参赛的长久愿望。这些决定为民主德国提供了极佳机会;没有谁比民主德国独立体育代表团更适合作为进入慕尼黑的特洛伊木马了,尽管这次"礼物"的接受者很清楚里面暗藏的危险。埃瓦尔德很快意识到,派独立的民主德国团队参赛意味着,民主德国运动员在慕尼黑每每获得胜利,民主德国最重要的政治象征——从未得到联邦德国政府正式承认的德国国旗和国歌——都将在联邦德国领土向全世界展示,全世界都将对其致敬,为其庆祝。

在国际奥委会宣布慕尼黑获得奥运会主办权后,尽管彼时还未预料到国际奥委会将在1968年决定民主德国和联邦德国可各派代表团参赛,联邦德国的著名杂志《明镜》就已表明其顾虑。《明镜》周刊称:"世界上有一半人慢待德国人,另一半人尊重却不喜欢德国人,在国家分裂的问题上相持不下的德国人终将试图和解,让全世界为之庆贺。"[11]

两年后,双方对和解仍然没有丝毫兴趣,但国际奥委会的决定及其预示的前景让民主德国奥林匹克理念促进会欣喜若狂。该协会喜不自胜,在1968年公开宣称:

> 奥林匹克历史将给体育运动的反对者以及民主德国和社会主义制度的敌人重重一击。现在,联邦德国内的反体育力量必须做好一切准备,在自己的土地上迎接第一个民主德国的独立奥运代表团。联邦德国将成为夏季奥运会史上首个升起民主德国国旗、演奏民主德国国歌的国家。[12]

国际奥委会做出关于慕尼黑奥运会的这一决定后,1967年,埃瓦尔德成立了民主德国体操与体育联合会高水平竞技委员会。很快,该委员会又发展为民主德国高水平竞技运动委员会。它为高水平竞技体育规划了一个新的组织架构,并在奥运会四年一度的基础上规划了更为长远的发展计划。埃瓦尔德和德国统一社会党领导层的目标很明确。体育是民主德国与西方交锋并打败西方(尤其是联邦德国)的重要战场之一。

埃瓦尔德用民主德国政府特有的口吻说道：

> 大体而言，体育领域阶级冲突的重要性已经上升到了军事冲突的级别。正如民主德国士兵保卫国家边界不受北约帝国主义敌人侵犯一样，民主德国运动员也必须把联邦德国运动员视作政敌。在这场艰难的战役中，我们必须像保卫国土边界那样进行体育竞技，这意味着，对待帝国主义及其代表，包括联邦德国运动员，我们应当同仇敌忾。[13]

在民主德国得以派出独立团队之后，埃瓦尔德于1968年启动了一个项目，该项目将系统地开发和使用所谓的"u.M补充药物"。[14]在项目的实施过程中，埃瓦尔德并未仅止于空想。例如，民主德国国有制药公司耶南制药人民企业生产的口服类特力补（Oral-Turinabol）是民主德国最出名的同化雄性类固醇类药物。自1966年起，民主德国的男运动员就开始就广泛使用特力补。此外，正如沃纳·弗兰克和布里奇特·博仁东克所指出的，合成类固醇类药物已经在国际上广泛应用于体能类项目。[15]使用违禁药物提高成绩是民主德国高水平竞技体系的特征之一，但这并非出自埃瓦尔德的决定。[16]

埃瓦尔德管理下的体育系统之所以与众不同，是因为它利用了大量国家资源，开展了大量高水平机密实验室研究，并详细记录了"u.M补充药物"的实验研究与使用。[17]数百份文件提供了有关药物使用的全面数据，包括药物种类、用药次数、赛前药物的停用、日剂量、年剂量，以及这些药物对运动员的生理影响。例如，一项对1968—1972年两次奥运会期间男女性运动员使用特力补的研究表明，在40名世界级运动员的铅球和投掷运动项目中，一个特定的"用药－停药"周期在提高成绩方面效果最佳。[18]民主德国还记录了400多名运动员使用的提高成绩类药物的项目清单。[19]

在整个20世纪70年代,口服或静脉注射同化雄性类固醇类药物(如诺龙酯或最常见的睾酮酯)的男女运动员不计其数。但是,不同于许多北美和西欧记者的报道,运动员及其父母对民主德国体育体系给予了巨大的支持。例如,霍伯曼援引了雷纳特·纽费尔德的经历:1978年,纽费尔德叛逃到联邦德国后回忆称,民主德国的孩子选入特殊体育学校后,父母都感到十分自豪,相信若换作北美、西欧的父母,大抵也会同样骄傲。此外,纽费尔德指出,对于当局对孩子的严格控制,家长们毫无异议。[20]同样的,弗兰克和博仁东克也表示,大多数女运动员都愿意接受注射睾酮酯所带来的强烈副作用,包括男性化性征,而那些不愿接受此类副作用的运动员亦可"拒绝注射睾酮酯"。[21]

慕尼黑奥运会上,民主德国获得的奖牌数量是墨西哥奥运会上的两倍以上:民主德国共获20枚金牌、23枚银牌和23枚铜牌,远胜于联邦德国的13枚金牌、11枚银牌和16枚铜牌。民主德国奖牌数仅落后于苏联和美国,位居第三。初尝胜果,民主德国体育领导人和政府官员坚定了继续研究和使用违禁药物的决心。然而,1974年类固醇测试的引入给这些研究加大了难度。鉴于对体育成就的重视,统一社会党中央委员会通过了一项被列为最高机密的法案,该法案为进一步使用药物提高成绩奠定了基础。中央委员会高水平竞技委员会认为,提高成绩类药物仍将是"体育训练和重大国际赛事准备工作的组成部分"。此类药物的使用将受到"严格控制",并接受"运动医师的定期评估"。统一社会党将继续支持对提高成绩类物质的相关研究,并将重点放在"开发新药物和研究最有效的用药模式"上,而针对后者的研究将围绕每项运动的具体要求、用药和停药时间以及检测机制展开。最后,中央委员会成员保证该计划"绝对保密,并被列为国家官方机密"。[22]国家提供大量资金支持"国家计划14.25",该计划由民主德国体育运动研究所全权负责。

民主德国对其违禁药物研究计划进行保密的原因有很多。当然,部分原因是为防止国际奥委会发现民主德国运动员使用违禁药物。此外,民主德国也不希望西方媒体密切监视他们对世界级运动员的训练。但至少同样重要的是,在利用科学手段培养世界级高水平运动员的过程中,统一社会党希望民主德国能在各个方面保持领先。

民主德国研究的内容不仅仅是如何用药以及如何应对国际奥委会的检测。民主德国把世界一流水平的运动员(即世界冠军)当作国家的宝贵财富,因此有大量研究关注药物开发和训练制度,以尽量减少或消除这些药物对民主德国运动员健康和运动水平产生的短期或长期不利影响。在科学导向的高水平竞技运动中,所有努力的最终目标是持续培养夺冠运动员,并让他们尽可能长久地保住其冠军地位,以期从运动员身上获得更多投资回报。作为反"资本帝国主义"战争的武器,以及民主德国重获民族自豪感、挣脱苏联精神控制之战中的利器,运动员的训练工作极为重要;国家对其投资巨大,并将其作为国家官方机密,要求严格保密。可以预见,对于埃里希·昂纳克这样一个领导人来说,防止"工业间谍"窃取国家机密尤有必要。

到20世纪70年代末,至少有一些民主德国人,特别是那些有政治和经济利益可图的官员,一致支持"u.M"药物计划。1977年,在一份提交给前民主德国国家安全局斯塔西的总结报告中,体育医学部副主任曼弗雷德·霍普纳指出:

> 目前,除帆船和体操(女子项目)外,所有奥运会项目的运动员都使用了合成类固醇……每个国家队都是如此。运动员根据批准的基本计划用药,用药过程中也考虑个别运动员的特殊情况。要获得全场最佳成绩,合成类固醇必不可少。这里有几个例子。……利用这些药物,在四年内,运动员成绩的改善如下:铅球(男),提高

2.5—4米;铅球(女),提高4.5—5米;铁饼(男),提高10—12米;铁饼(女),提高11—20米;链球,提高6—10米;标枪(女),提高8—15米;400米跑(女),提高4—5秒;800米跑(女),提高5—10秒;1500米跑(女),提高7—10秒。在女子游泳比赛中,类固醇也能显著提高运动员成绩……根据目前的经验,我们可以得出以下结论:类固醇对提高女运动员体育竞技成绩最为有效。……第一次服用合成类固醇后,成绩的提高最为明显,对青少年运动员来说尤其如此。㉓

在这份报告提交后的两年内,民主德国的女子体操运动员也开始使用类固醇,而世界级体操运动的参赛对手大多是未成年运动员。这一现象与美他诺龙的出现密不可分。美他诺龙是一种比口服特力补更能刺激运动员神经的类固醇,它可以让运动员更"积极好斗",并在加大训练负荷的同时不会增加肌肉质量和体重。不幸的是,与口服特力补相比,美他诺龙的雄性激素含量更高,女性体操运动员面临的男性化风险也更高。㉔

毫无疑问,在民主德国,为运动员供应提高成绩类药物的体系也非常庞大。斯皮策表示,民主德国的高水平竞技体系雇用了4700名专业教练和1000名医生。整个系统的管理工作动用了近5000人,另有1500人积极参与提高成绩类药物的相关研究。斯皮策表示,民主德国的顶级运动员总共使用了约10公斤的合成类固醇,共计大约200万粒药片。他指出,每年民主德国使用合成类药物提升成绩的运动员名单上都会新增2000名运动员。㉕衡量民主德国体育体系规模和成熟程度的最佳指标之一是相关科研数量,其中有些研究成果具有重要价值,甚至在柏林墙倒塌、德国统一后也能出版。㉖

联邦德国体育联合会对民主德国高水平竞技体系的回应

许多联邦德国政治家认为,在慕尼黑举行1972年奥运会这一决定对联邦德国高水平体育体系的建立也非常重要。联邦德国很难接受慕尼黑奥运会上输给民主德国的象征意义及其代价。联邦德国政治领导人期望在1972年奥运会上展示联邦德国的强大、和平与成功,证明联邦德国已跻身世界强国之列,一如日本在1964年东京奥运会上的表现。为了利用这一机会展示联邦德国热爱和平、工业先进的国家形象,联邦德国也开始对庞大笨拙的联邦制体育体系进行变革,全力追求奥运金牌。[27]

1965年,联邦德国体育领导人开始实行第一个国家高水平竞技体育计划。当然,参照的主要对象是民主德国,不仅因为民主德国是联邦德国关注的对象,还因为民主德国经验证明,一个国家能通过系统训练来培养世界级运动员,并从中获得政治利益。首先,联邦德国开始聘用国家队教练,建立高水平竞技训练中心。[28] 通过这些训练中心,运动员一方面可以保留当地俱乐部的成员身份,另一方面又能获得发展机会,中心的职业专家教练会定期将运动员召集起来,进行省级或国家级培训。由于联邦德国体育体系较为分散,且局限于当地,若要对运动员进行统一培训以满足世界级高水平竞技体育新需求,高水平竞技训练中心几乎是唯一的选择。[29] 国家级高水平竞技训练中心从20世纪60年代中期开始起步,15年内其数量增长到180个。

联邦德国的德国体育联合会还引入了一个运动和运动员的分类系统,促进了专业顶级单项体育协会长期规划的制定,同时让运动员在教学、医疗和心理发展方面得到提高。与民主德国一样,为及早发掘人才,德国体育联合会制订了一系列计划，并借鉴民主德国青少年体校的经验，建立了35所精英体育学校。1968年墨西哥奥运会之后，体育联合会进一步扩大计划，建立了体育寄宿学校。遗憾的是，在联邦德国人看来，高水平竞技项目职业生涯短、收入低，因而许多运动员的家长并不看好寄宿学校。寄宿学校仅在适合年轻运动员的世界级体育项目中发挥了重要作用。[30]

1967年5月26日，德国体育联合会和德国奥林匹克协会做出了一个关键性的决定，即在联邦德国建立职业化的高水平竞技体系。通过创立德国体育援助基金会，联邦德国建立起了一个能直接为国家最高级体育体系筹资的机制，此前只能通过体育俱乐部募资。德国体育援助基金会由三部分组成，一个理事会（人数不定，2004年共计近300名成员），一个由17名成员组成的执行委员会和一个成员"不超过8人"的专家委员会。[31]这一举措对联邦德国加强体育体系的总体协调至关重要。德国体育援助基金会通过免税捐赠、邮票附加费、各种创业项目（包括体育展览）以及1970年开始举办的盛大"运动舞会"来筹集资金，该舞会通过一年一度的盛会将联邦德国体育、商业、政治、媒体和高雅文化领域的领袖聚于一堂。[32]联邦德国政府只为体育援助基金会的建立及基金会创收项目的实施提供过支持，既未直接干涉体育发展，也未直接资助高水平体育体系的发展，这与统一社会党直接干预民主德国高水平体育竞技体系发展形成鲜明对比。

德国体育援助基金会代表着二战后联邦德国体育体系的一个重大方向性转变。在20世纪60年代中期之前，负责举办大量体育和娱乐活动的地方体育俱乐部主导了德国体育联合会的决策。苦心经营之下，联邦德国建立起来的体育体系强调体育带来的人文和教育意义，与战后西方盟国的体育发展目标一致。高水平竞技体育作为一种国际性的较量，其发展在整个50年代和60年代初都受到极大压制。然而，到20世纪

60年代中期,联邦德国一些国家级体育领袖开始公开承认,面对接受国家资助的民主德国运动员和获得奖金激励的美国运动员,联邦德国运动员在竞争中处于严重劣势。更重要的是,他们认为这是值得关注的重大问题。

> 奥林匹克规则规定,运动员都应在同等条件下参加奥林匹克竞赛。当有赞助的运动员与纯业余运动员竞争时,竞争的平等性就无法保障,因为业余运动员的社会状况让他们无法负担必要的训练成本,而他们的体育协会也不能提供必要的援助。因此,我们面临这样一个问题:我们是否甘心因为现实状况与运动的基本理念相悖而放弃高水平竞技?或者,我们是否愿意,接受不同的起跑线,至少让我们的年轻运动员有更多公平竞争的机会呢?[33]

20世纪60年代,德国体育援助基金会的建立,是联邦德国在世界级高水平竞技运动专业化道路上的首次重要尝试。联邦德国的体育计划是于1967年根据《奥林匹克宪章》第26条要求制订的;在1974年《参赛资格条例》修订后,联邦德国迅速拓展了它的体育计划,放宽了其限制。[34]从一开始,基金会的建立只是为了满足国家队运动员的基本物质需求,让运动员免受市场压力的影响,全心全意追求体育事业的发展。德国体育援助基金会为运动员提供了基本的援助方案;对于因训练耽误工作的运动员,基金会提供"误工补偿金";此外,基金会还设立了基于成绩的奖励机制。该基金会还承担省级和国家级训练中的交通和基本生活费用。基金会设立之初起点并不高,仅资助了55名运动员,资金共计仅77000马克。到1988年为止,已有超过1.8万名运动员获得基金会的资助。德国体育援助基金会让联邦德国运动员能够"完全融入社会,获得社会保障,并在保留参赛资格的同时获得一定资助"。[35]

为与民主德国体育运动研究所竞争,联邦德国政府于 1970 年成立了联邦运动科学研究所,以促进体育应用研究的发展。面对当代世界级高水平竞技体育日益增长的需求,该研究所的职责在 2001 年得到进一步完善,目的是全面关注高水平运动,尤其侧重体育人才的发掘、潜力运动员的培养、先进运动设备的研发以及兴奋剂使用的控制和预防工作。

战后同盟国对联邦德国体育体系的结构和定位的规划决定了联邦德国在高水平竞技体育领域无法与民主德国抗衡,除非联邦德国做出一些重大改变。联邦德国体育联合会领导人认识到了变革的必要性,并尽可能让联邦德国体系与 60 年代末和 70 年代奥林匹克运动的现实世界接轨。在 1988 年对德国体育联合会工作的回顾分析中,时任联合会主席汉斯·汉森指出:

德国体育联合会(1965 年)的第一个高水平竞技体育计划,是与国家奥委会密切合作制订的……它起到了重要的激励作用,1972 年才称得上是一个真正的转折点。在那之后,高水平竞技体育确实取得了一定进步,至少没有停滞不前。与此同时,国际高水平竞技体育呈现出新的发展趋势。金钱、广告、媒体、营销和代理、娱乐行业的体育营销、合同制运动员的社会保障问题以及公开竞争,都成了国际高水平竞技体育的特点。这些问题的出现要求德国体育联合会做出非常清晰的决策。[36]

在最初的调整中,德国体育联合会引以为豪的是其运动员"仍未成为可进行交易的商品"。德国体育联合会在其公开声明中宣称,联邦德国在保持"世界标准的领先者"地位的同时,仍很好地平衡了世界级高水平竞技体育的需求和德国精英运动的教育使命。德国体育联合会将会发现该现状日渐难以维持,因为高水平竞技体育在 20 世纪 60 年代末和

70 年代初发生了显著变化；如第一章所述，1974 年后，变化之势更是不可逆转。同时，联邦德国高水平竞技体育体系调整的主要动力是为了与资源密集型、金牌导向型的民主德国体系抗衡。民主德国期待利用慕尼黑奥运会向世界展示一个强大、独立自主的民主德国，令东道国难堪；而联邦德国政府和体育领导人也同样渴望通过慕尼黑奥运会向国际社会展示一个最积极最正面的形象。

除了这些显而易见的挑战，若想在国际舞台与民主德国和其他领先的体育国家竞争，联邦德国体育领导人和政府官员还须扫除几大政治障碍。第一，受第 23 号指令的直接影响，联邦德国体育领导人面对的体育体系烦琐低效，变革难以推动。联邦德国的体育体系联系松散，由地方主导，其结构和目的主要是通过绝对民主的决策程序来开展多种多样的活动，为人们提供运动和娱乐的机会。当时的国际环境下，各国对体育资源进行精心管理和合理分配；在奥运金牌之争中，联邦德国模式远不够理想。

第二，二战后的西方盟国对联邦德国体育发展的多年管制还带来了另一个影响深远的遗留问题，即德国体育联合会对"体育"基本概念的独特理解。联邦德国为高水平竞技体育塑造的官方形象包括竞技表现、竞争与和平。这与任何其他国家对高水平竞技总体目标的官方声明都有显著不同；尽管该形象和所有对体育的非历史理念一样存在缺陷，但它反映了二战后联邦德国体育发展的独特环境。

德国体育联合会的官方历史记录指出：

> 竞技表现是竞技体育的基本要素之一。若不谈表现，甚至无法想象人类文化会如何发展。……没有运动员的精彩表现，无法想象奥运会将是何样。这些都是奥运会的乐趣所在。……虽然这或许过于理想主义，但体育真正魅力应当在于它对和平的象征意义，但

时至如今这仍未实现。……由此观之，如今的体育已经彻底政治化了。依据体育原则，各国及其人民都确立了基于体育的合理政治任务。体育的基本理念既不是竞争，也不是胜利，而是两方和解带来的和平；因为胜败两方都能促进和平，胜方和败者都能获得成就感。运动员不论种族、宗教或意识形态，他们搁置所有政治争议，相聚一堂，遵循体育的基本原则，和平竞争。㊧

第三，联邦德国的体育领袖不能收回他们对体育、娱乐和大众体育的承诺。联邦德国体育体系中基层组织的制衡力量较大，而德国体育联合会仅仅是一个母体组织，必须考虑德国体育和娱乐爱好者的广泛利益。联邦德国精英体育的利益几乎从未优先于受众更广的休闲体育。联邦德国高竞技体育的首个重要举措就表明了联邦德国体育是如何与群众的娱乐兴趣密不可分的。联邦德国最早提出的是"黄金计划"（Golden Plan），在1961—1975年间斥资174亿马克用于建设娱乐、休闲和体育设施。尽管20世纪70至80年代发生了重大变化，高水平竞技体育仍然受制于基层群众的体育和娱乐利益。因此，2000年10月，联邦德国内政部发起了一项新的"东部－黄金计划"。㊨新计划下，联邦政府拨款近5200万欧元，各省市政府拨款1.52亿欧元，用于建造和翻新前东柏林和东部省份的250多个娱乐设施。㊩因此，尽管面临着将宝贵资源用于更具政治影响力的高水平竞技体育事业的压力，在第23号指令的遗留影响下，联邦德国体育体系依然将重点放在满足广大群众的体育需求上。

尽管面临种种障碍，面对民主德国和联邦德国之间的政治宣传战，联邦德国体育联合会和联邦政府必须支持世界级高水平竞技体育的发展。德国体育援助基金会和德国体育联合会也加大了资源投入，帮助运动员利用科学手段实现成绩的线性提高，努力将德国运动员培养成世界顶级运动员。若说有何变化，只有比赛结果与资助之间的联系日益紧密和明显,这与西欧、北美和澳大利亚其他接受国家赞助的高水平竞技体系无异。[40]德国体育援助基金会成立之初的宗旨是帮助联邦德国运动员在比赛中保持竞争优势,因为他们的竞争对手是东方受国家资助的运动员及西方获得奖金或企业资助的运动员。然而,此后该组织逐渐引入了基于绩效的激励措施,公然将运动表现列为提供资助的重要衡量标准之一。2001年,德国体育援助基金会的执行委员会通过了一项资助运动员的新规定。该基金会官网首页指出:"在高水平竞技中,运动表现作为提供资助的关键标准并未得到应有的重视。现在,帮助一流运动员获得奖牌已成为公认的目标。"[41]在近期的新闻发布会上,该基金会也提出了同样的观点。"获得体育项目资助的决定性标准首先是运动成绩和运动员的前景。"[42]

由于经济奖励能激励顶级运动员在整个职业黄金阶段积极参与高水平竞技,2002年盐湖城冬奥会开赛前,德国体育援助基金会将联邦德国运动员的奥运会金牌奖励增加了一倍,奖励高达1.5万欧元。[43]资助世界级运动员的成本渐高,德国体育援助基金会主席汉斯·格奥尔格·格鲁肖也表示担忧,若要保持联邦德国目前的名次,联邦德国应如何继续为所有奥运项目中的高水平运动员提供支持:

> 世界级高水平竞技体育已发生了翻天覆地的变化,我们必须深刻认识到,在接下来的几年里,特别是在2008年北京奥运会之前,只有更关注(运动员)个人需求,才能实现高水平竞技体育的全方位发展。

他给出的例子也很有说服力。格鲁肖举例说道,如果一名参加摔跤、柔道或拳击等对抗项目的运动员在德国找不到水平足够高的训练伙伴,那么他们要么去能找到竞争对手的地方接受训练,要么邀请高水平竞争对手来德国训练。㊽这个提议对经济的要求很高。

最后，2000年，德国体育联合会和国家单项体育协会以及省级学校董事会详细研究了如何通过开发和改进现有体育学校体系，来更好地发掘和培养人才。㊺该计划对联邦德国高水平竞技体育的成功十分关键，因为联邦德国的体育学校体系是人才培养的重要内容。联邦德国学校系统中有6000多名运动员接受资助，其中745名获联邦资助（包括40名世界级运动员），5567名获省级资助，2600多名运动员就读于全日制寄宿体育学校，另外2300名就读于非全日制寄宿体育学校。这一庞大的体系引发了关心高水平竞技体育与年轻运动员长期发展的人士的密切关注。

体育协会联合报告指出，"学校与高水平竞技体育界联合对潜力运动员进行培养，其核心目标是通过此合作模式，儿童和青年运动员在体育、学术、社会和个人方面都能得到最好的发展"。㊻若要实现这一目标，则必须遵循体育学校制度的九个特殊要求。要求包括：制定标准，确保学生运动员的体育和文化课程与学生的运动能力、身体素质和学习能力相符；优化学术、体育和一般教育的具体安排；安排定期体育训练；在学生完成学业时长的规定上体现更大的灵活度；雇佣高水平的体育教员、科研支持团队，以确保体育科学和体育医学的最新发展成果能应用到年轻运动员身上；建立一个强有力的区域协调委员会，优化对体育学校领导、学校董事会管理人员、省级体育协会和委员会、联邦体育协会和奥林匹克支持中心的整体协调。㊼

这张要求清单中，有两点尤其引人注目。首先，虽然前几点强调学业和体育发展之间的平衡，但后面几条逐渐转向强调如何优化体育教育的条件。这些要求本身并不是问题。但这表明，德国体育联合会、德国单项体育协会和体育教育工作者均已认识到，若要培养出更优秀的高水平竞技运动员，需更为重视青年运动员的选拔和培养工作，将其纳入开展研究和行动的重点领域。⑱

其次,尽管掌管联邦德国高水平体育体系的国家政府对高水平竞技的政治重要性认知并不狭隘,而且在国家体育体系内仍有反对和抵抗的声音,但是在跨入第三个千禧年之际,联邦德国高水平竞技体育大体上并未偏离前民主德国的发展路线。甚至,就某些关键领域而言,联邦德国高水平竞技体育体系在某些典型特征上与民主德国体系日渐趋同。

民主德国体育体系的真正优势

尽管批评者大可指责民主德国,将其在国际高水平竞技领域的成就完全归因于药物使用,但这一指控遗漏了两个基本事实。首先,若论使用药物提高成绩,民主德国运动员并非特例。在国际上,不论是过去还是现在,使用药物或其他复杂手段提高成绩这一做法普遍存在。其次,民主德国高水平竞技体育体系资源富足,经过系统开发,受到国家支持;使用药物提高成绩只是该体系下的一个举措。事实上,民主德国体育成就应归功于其体育体系。有趣的是,近几年来德国体育联合会的部分举措仍源自民主德国体育体系。

德国统一后,前联邦德国体育学者对民主德国模式展开研究,发掘了民主德国巨大成就背后的四个关键要素。这些关键要素包括:1. 在儿童早期就开始针对特定体育项目科学系统地选拔人才;2. 为年轻运动员提供最好的训练设施,有条不紊、循序渐进地开展训练;3. 建立起强大的支持网络,网络涵盖提高人体特性各个相关研究领域的资深科学家;4. 每位科学家都针对特定运动项目展开研究(通常是个人运动,也有一些日耳曼传统运动)。⑲以上观点应予详细阐述。

及早发掘和培养人才是民主德国体育成功的关键。因此,人才的发掘与培养也应是一个极尽全面的过程。首先,民主德国人收集拟培养运动员的人体测量学数据，开展运动能力测试，并通过采访了解其父母的身体特征，以便预测运动员未来的生理发育情况。[50]阿恩德·克鲁格认为"基于基因测试"系统性地发掘人才是"1968年后小德意志民主共和国体育成就的保证"，而该人才发掘体系正源于"1945年前（德国）种族科学家制定的人体测量程序"[51]。美国与英格兰仅对接近运动黄金期的运动员进行筛选，选拔依据为运动员在分龄级体育赛事上的表现。与英美不同的是，民主德国广泛运用人体测量学措施来预测运动员潜力，并投入巨资对运动人才进行培养，直至其运动黄金期。克鲁格认为，这并非民主德国的创新做法，而是长期以来德国体育的一贯传统。[52]

人才鉴定和培养严重依赖于学校制度：民主德国2000家体育俱乐部对7万多名年轻运动员进行培训，与国内教育体系合作密切。民主德国在小学开设了体育类必修课程，并通过针对幼儿园或一年级，以及三年级和六年级学生进行的多次运动测试选拔有潜力的运动员。与北美大多数少儿体育项目不同的是，在人才选拔上，民主德国并不会全凭运气，听任父母或孩子对体育时有时无的兴趣。统一社会党和民主德国的体育领导人还举办了多种多样的体育赛事，如斯巴达克冬季和夏季运动会，为选拔有潜力的高水平运动员提供了更多平台和机会。

到20世纪80年代末，具备世界级运动员潜力的儿童被送入当地的体育中心，这些体育中心则为培训了近万名年轻运动员的25个精英青少年体校输送人才。民主德国97%的学校（5369所学校中的5222所）都与体育协会有联系，而这些体育协会也会聘请有资质的教员、教师和家长针对少数运动项目对运动员进行培训，因而民主德国体育体系能够确保及早对体育人才进行系统化的培养和发展。[53]

民主德国的人才发掘与培养体系有两个特点值得关注。首先，虽然并非所有体育项目都能通过体测数据来鉴别运动人才，但在以游泳项目为代表的一些体育项目中，体测数据仍具备一定参考价值，尤其是大量选拔和培养运动员时。[54]此外,尽管战后西方大多将人体测量学斥为伪科学,因为在某些体育项目中人体测量学的效用得到了证实,在过去的十年乃至更长的一段时间里,体育界主要的应用研究人员对人体测量学的兴趣只增不减。[55]

其次,民主德国在田径领域的成功得益于民主德国体系在人才培养上采取的整体方案。民主德国体系也为其他国家的体育人才培养提供了重要经验。民主德国的年轻运动员们需要历经一系列"培养阶段"。基础阶段(通常为11—12岁之前)注重不同形式的训练,涉及的运动项目多种多样,这一阶段通常在儿童早期完成。第二阶段始于青少年早期,时间长度为四到六年不等,这一阶段运动员参与的运动项目范围缩小,但运动员仍需参与各种形式的训练,满足不断提高的成绩要求。这一阶段鼓励运动员多维度地发展运动才能,培养了运动员快速学习和迅速纠错的能力。[56]在这一阶段之后,运动员才开始专攻某个特定项目。

资源是民主德国成功的关键,在德国统一后,人们才充分认识到前民主德国在高水平体育体系中的资源投入之大。1989年,民主德国的体育预算接近七亿美元;一年后,民主德国和联邦德国体育系统的总投入之和都远不及前民主德国的一半(仅为2.7亿美元)。[57]相比于资金投入,人力资源投入上的差距更为显著。德国统一后,民主德国600名田径教练中,仅有72名仍被新体系聘用。前民主德国曾有八个赛艇精英训练中心,年预算超过2500万美元,配有200名全职教练。德国统一后,前民主德国的赛艇精英培训中心关闭了五个,而新德国的赛艇培训中心由三个增加到六个。1989年,前联邦德国有十名国家级速滑教练,而前民主德国当时有速滑教练200名;德国统一后,前民主德国的350名体操教练中仅有7名留任,受聘于统一后的德国。总的来说,前民主德国聘用的1万名专业教练中,仅有500名留在了新德国东部,另1000名去往前联邦德国地区或其他国家寻找工作,另3000名从事了其他行业,还有

5500人最终失业。1989年之前,前联邦德国共有115名全职国家级教练,从事50项体育运动,另外还有220名荣誉教练和志愿教练;两德统一后,前民主德国的1万名教练中只有120名受聘于新德国的国家级体育体系。[55]

东西交会

第四、五章表明,尽管在1871年至1945年间,民主德国和联邦德国有着相同的历史文化渊源,德国人民共同经历了早期胜利、不祥挫败、全面战争和二战完败;然而,在战后独特的政治形势下,民主德国和联邦德国形成了两种截然不同的高水平竞技体育体系。虽然,二战后的总体社会趋势对奥林匹克运动的发展起到了决定性作用,影响了民主德国和联邦德国体育体系的形成,但是,在民主德国和联邦德国高水平竞技体育体系的建立中,起到最关键作用的仍是战后德国各地区所受到的具体影响。

在民主德国,面对东部残酷冲突的遗留问题,瓦尔特·乌布利希和埃里希·昂纳克决定在民主德国建立一个不仅能与西方和联邦德国匹敌,甚至还能超越苏联的高水平竞技体育体系,让民主德国率先在全球领先的领域里与苏联划清界限,培养民主德国民众的自豪感与自信心。无论是对金牌的渴望,还是追求突破人类极限的目标,都不能充分解释民主德国高水平竞技体育的本质、演变、目的以及行动。在战后民主德国世界级体育运动体系的建立中,起主导作用的是一系列具体的政治因素。

二战后,由于西方各大盟国对德国的未来走向意见不一,西方占区内联邦德国体育领导人在体育和娱乐管理上的自由度也不尽一致。尽管存在这些差异,西方盟国去纳粹化、去武装化、去军事化和占区民主化的共同目标仍对联邦德国体育制度的发展产生了深远影响。同时，本章也表明，在国际奥委会一系列决策的影响下，即1966年国际奥委会将1972年奥运会举办权交由慕尼黑，并于1968年允许民主德国在慕尼黑奥运会上派独立代表团参赛，成绩和金牌成为联邦德国高水平体育竞技体系的主要导向。

尽管最初民主德国和联邦德国的高水平竞技体系发展道路完全不同，但其追求世界级体育竞技的方式皆与顾拜旦的奥运会愿景相悖。由此观之，民主德国和联邦德国体系反映出东方和西方一个普遍的趋势。在人类生活的各个领域，科学与工具理性发挥着越来越大的作用，高水平体育竞技也不例外，这也是奥林匹克运动背离顾拜旦愿景的原因之一。此外，其他原因也包括奥运会的日渐商业化，及冷战后的世界政治局势影响。但本章关注的是现代高水平竞技体育的发展，并对此做出重要论述。虽然，20世纪60年代至70年代，苏联加入奥运会，奥运会也日益商业化，这都是影响20世纪后半叶世界级高水平竞技体系形成的重要因素；但在20世纪的最后15年里，民主德国斥巨资以举国之力建立了一个目标明确、科学导向的高水平竞技体育体系，这才是世界级高水平竞技形成的主要推动力。

博仁东克将民主德国的"国家计划14.25"称为"体育界的曼哈顿计划"，这一比喻十分贴切。[69]美国于战争时期开展了一项绝密计划，致力于研发第一颗原子弹，代号曼哈顿。在曼哈顿计划之下，美国耗资巨大，雇用了一个囊括理论、实验和应用研究科学家的精英团队，甚而强迫其在由美联邦调查局执行的国家机密项目下进行研究工作。该计划一旦成功，将彻底改变当前的全球力量对比。"国家计划14.25"是民主德国在冷战时期的一项绝密计划（当时外交仍是"另一种形式的战争"），旨在谋求高水平竞技领域的世界霸权，与曼哈顿计划殊途同归。在"国家计划14.25"之下，民主德国同样耗费巨资，召集了一个集理论、实验和应用研究科学家为一体的精英团队，在民主德国国家安全局的保护下进行研究，旨在改进现已存在且应用广泛的提高成绩类药物。该计划的目标是确定这些药物的最佳使用模式，以此改变当前世界级高水平竞技中的力量对比，改变民主德国与联邦德国、民主德国与苏联之间的意识形态力量对比。当广岛和长崎的原子弹爆炸，全球震惊，人们对世界大战的理解随之改变；同样地，"国家计划14.25"研究出的药物极大地提高了运动员成绩，改变了人们对世界级高水平竞技体育运动的理解。奥运会逐步演变为一个商业和政治盛会，在这场盛会上，训练有素的运动员们在专项体育赛事中雄心勃勃，不断刷新人类体育竞技成绩的记录。

当民主德国一跃成为世界体坛霸主，对于各国高水平竞技体系中肩负夺取金牌重任的运动员而言，他们关注的重点不再是媒体或国际奥委会所宣扬的受意识形态主导的情感了。他们认识到，在20世纪的最后15年里，若要在世界级高水平体育竞技中取得成功，则必须有一个资金充足、精心协调、长期试验的研究计划。

在奥威尔的《动物农场》中，庄园农场革命承诺的是与过去的彻底决裂，及一个璀璨繁荣的未来。随着故事情节的展开，显然，猪的利益决定了所有动物该如何生活。此外，"一些奇怪的事情发生了"。当猪与当地农民第一次会面时，动物们聚集在农舍外观看，他们看到"猪的脸发生了一些变化"。当农夫皮尔金顿和公猪拿破仑在纸牌游戏中同时打出一张黑桃A时，一场激烈的争执爆发了。

> 十二个声音愤怒地喊叫着，他们看起来都一样。现在关于猪脸上发生了什么变化的疑问已经解开了。窗外的动物们从猪看到人，又从人看到猪，然后再次从猪看到人；但现在已经说不清楚到底谁是谁了。[⑩]

在国际高水平竞技世界，故事情节有所不同。苏联、民主德国和其他东欧国家并未向西方资本主义体育体系靠拢；不仅如此，民主德国还成了其他国家的标杆。在20世纪70至80年代，民主德国和联邦德国的高水平竞技体制有着天壤之别。尽管如此，民主德国和联邦德国体系正面交锋之后，二者最终在民主德国体制的基础上融合。在21世纪，居领先地位的高水平竞技体制都具有以下特点：系统地研究提高成绩类药物及其应用；超前选拔和培养体育人才；提供由教练、营养学家、生物力学专家、运动生理学家和运动心理学家组成的专业训练团队；即便是间歇性的训练，也为其提供最好的训练设施，精心设定训练时间与训练间隔；以及为运动员和运动协会提供奖金和其他奖励。显然，这一切都背离了顾拜旦的最初理想。相比之下，不那么易于察觉的是，尽管促使这种运动体制形成的冷战因素大多已消退，业已建立的世界级高水平竞技体制背后的势头仍一如既往地强劲。

第6章

伦理反思：体育精神、公平竞争和运动员的健康问题

耐克训练基地位于美国俄勒冈州波特兰市。它全面整合商业营销利益、丰富企业资源、爱国主义理念与尖端科学技术,并将其应用于世界级高水平竞技运动,代表着最新发展成果。"俄勒冈计划"最初的灵感来源于汤姆·克拉克,他是跑步的狂热爱好者,也是耐克"新项目"的负责人。"俄勒冈计划"把一些最优秀的美国跑步运动员带到波特兰地区,由前美国杰出马拉松运动员艾伯托·萨拉查对他们进行严格的训练。[1]耐克公司计划建立一个严格控制、科学发展、技术先进的温室训练环境,培养出优秀的下一代马拉松运动员,以期从波特兰团队成员未来的成功中获利。

美国长跑运动员在国际竞赛和奥运会中表现平平,这令克拉克感到万分沮丧。因此,他找到了颇具名气的萨拉查,并精心挑选了一批马拉松选手,这些选手都有一定成绩且颇具潜力,他们也愿意搬到俄勒冈州,住进耐克公司开发的特别训练基地。该项目的部分内容是世界级高水平运动训练的标准配置:科学的培训计划,复杂的饮食调配,专家的指导,可监测最大摄氧能力和乳酸阈值的世界一流氧气及血液检测技术,用于技术分析的高科技视频电脑成像软件,提升腿部力量的振动平台,甚至是俄罗斯最新发明的"欧米伽波运动技术",以及能获取跑步者心脏、肺、大脑、肝脏和肾脏的"压力反馈"以确定最佳训练强度的计算机软件。简而言之,耐克创造了一个严密监控、科技先进的训练环境,即便是来自前民主德国和苏联的体育科学家与管理人员,也对此羡慕不已。

俄勒冈项目的配备远远高于这些标准配置。该项目的技术性基础设施包括一个3000平方英尺的"低气压房",为跑步者训练之外的日常居所。在密封的房子里通过中央空气控制系统人为降低氧气浓度,使整个居住区的环境类似于高海拔地区。最新的应用运动研究报告称,俄勒冈项目通过优化氧浓度来训练跑步运动员,代表下一步的发展方向。最近的科学数据表明,若运动员在非训练时处于低氧低压的环境中,体内的携氧红细胞会人为地增加,而在低海拔环境中进行训练(波特兰接近海平面)则会显著提高有氧运动的成绩。因此,耐克基地的跑步运动员们在低气压房中吃饭、睡觉、看电视、玩电子游戏,而训练时只消多走两步,走出房门,就能在波特兰的低海拔富氧环境中进行训练。

基于最新科学数据,耐克公司进一步研究了人类对不同氧浓度的反应。除了低气压房,每名运动员都配有一个沙发大小的高压氧舱。当运动员的身体四周处于密闭状态时,氧舱通过人为地提高环境的氧含量,增加肌肉的饱和度,加速撕裂、扭伤、瘀伤等运动损伤的恢复。[②]这样,俄勒冈项目的运动员就能在高氧环境内修复损伤,在低氧环境下进行日常活动,在氧气浓度正常或略高于正常值的环境中进行训练。

俄勒冈项目凸显了一些最紧迫的伦理问题及其社会历史特征,即高水平竞技中什么是"公平",什么是"自然"。虽然该项目似乎是企业想要赢得世界冠军以及消费者关注的一种极端表现,但实际上它再平常不过。几十年来应用运动研究致力于突破人类竞技水平的极限,而俄勒冈项目只是这些努力的必然结果。[③]

前几章已经表明,尽管伦理原则或许曾是二战后颁布药物禁令的依据,但在实现特定地缘政治目标以及世界级高水平竞技体育现实迅速变化的过程中,不断有人挑战和违反这些原则。二战后,提高成绩类药物给处境艰难的业余主义理想带来了挑战,纳粹军队使用类固醇的报道加剧了人们对类固醇的心理恐惧等多方面问题交织在一起,表现为潜意识里对某些提高成绩类药物的恐惧。另外,因为所谓的"性别偏移"现象,奥委会担心过于男性化的女运动员或成为主流。在此背景下，一份禁药清单出台了。"禁令"（这个名称本身就令人警醒）一词折射出半个多世纪以来各界的担忧，一些评论家也表示，禁令已成为当代世界级体育运动中最重要的问题。前几章重点介绍了药物禁令出台的历史背景，本章将直接讨论禁令的支持者用来佐证其观点的伦理论据。

首先，本章对普遍浅薄的违禁药物历史研究进行了批判。许多针对世界级高水平竞技的讨论都缺乏有效信息的支撑，这也是诸多相关讨论遇到的首要问题。本章主要探讨了提高成绩类药物相关讨论的主要伦理和哲学依据。尽管上述诸多内容都强调了在体育研究中探讨特定社会历史环境的重要性，但是，反对使用药物的主要伦理主张仍旧围绕一点，即药物使用与"体育"的概念和"体育精神"相悖。本章批判性地评估了这些论点的三个前提：1. 药物使用违反了体育运动的"本质"；2. 药物扰乱了体育运动的"公平公正的竞争环境"；3. 药物破坏了体育运动健康高尚、阳刚活力的形象。

在讨论公平公正的竞争环境时，本章也对"规则"的问题进行了深入研究，细致评估了有关药物使用的正式成文规定和日常生活中形成的不成文规则之间的区别，以及不同类型规则的社会意义。此外，本章还详细讨论了家长式管理作风、对运动员的保护和运动员的福祉，并细致分析了强迫问题及其与高水平竞技中特定药物和做法禁令的依据之间的关系。

对提高成绩类药物和做法的态度

大多数谈及提高成绩类药物使用及其禁令的文章都流于表面，这也是最令人费解的特征之一。这些文章或以一段粗略的历史开始，引出所谓的最重要的问题，即"作弊问题"，或带有政治动机，提倡改进检测方案,提高测试的有效性。在历史上,有文字可考的"兴奋剂使用"行为最早可追溯到古代,即希腊人和罗马人使用膳食补充剂、兴奋剂、致幻剂,甚至是睾丸提取物来获得竞争优势。之后的记载则转至近代时期,通常是19世纪晚期,当时运动员使用咖啡因、鸦片、硝化甘油或许多独创的混合物来获得优势。接着从这些简略的历史直接跳到20世纪50年代或60年代初,然后,作者话锋一转,"兴奋剂使用"突然"变成了"一个道德问题。这些历史概述也表明,尽管当代的问题只是古代做法的延续(虽然现在使用范围更广),但关键的区别在于,体育官员现在有了抓"作弊者"的科学技术和道德决心。

其中一个典型例子就是1990年出版的《运动员的风险:药物与体育》。《运动员的风险》一书本身就是所谓的"禁药战争"历史的重要组成部分,因为它是最早对20世纪80年代兴奋剂使用相关问题进行全面论述的英文作品之一,涉及生物物理学、心理学、历史学和相应政策等一系列问题。而20世纪80年代正是"校际体育运动史上动荡不安的时期"[4]。

其次,这本书源于美国堪萨斯州州长麦克·海登的兴奋剂教育和干预策略特别行动小组的一项重要提议。[5]堪萨斯摄政委员会执行理事在《运动员的风险》一书的前言中指出,基于"体育院系应继续重视运动员训练计划中的教育方面内容"这一提议,此书将"致力于教育那些认为在竞技体育中为了获取竞争优势可以肆意妄为、铤而走险的人"[6]。也正因如此,《运动员的风险》一书获得堪萨斯州官方认可,成为堪萨斯州所有国家资助的中学及高等院校教育项目中关于提高成绩类药物使用的权威信息参考。

最后,《运动员的风险》的重要性还源自它出版之时体育界的混乱。在1988年奥运会上运动员本·约翰逊因服用康力龙检测结果呈阳性,而这本书就在该事件的余波之中问世。正如该书的一位作者所述:

第 6 章　伦理反思：体育精神、公平竞争和运动员的健康问题

"1988年汉城奥运会上的药物滥用情况比以往任何赛事都更严重，奥运会诚信度创历史新低。"⑦自1990年问世以来，《运动员的风险》一书在有关违禁药物的讨论中频频被引，这些讨论的范围涉及用药历史、药物造成的健康风险，以及在竞技体育领域中杜绝药物使用的政策建议。

在"竞技体育中药物使用的历史和演变"一章中，药理学博士布鲁斯·伍利开篇就进行总述："使用药物提高成绩这一做法古已有之。"⑧伍利用了一页篇幅，轻描淡写地列举了几个古希腊、古罗马的例子后，就直接跳到了19世纪；全篇绕过了一个重要的问题，即在如此漫长的用药史中，为何药物使用在过去的四五十年里才成为一个道德问题。伍利倒是用了四页篇幅平铺直叙了在1904年、1952年、1964年、1968年、1972年、1976年、1980年和1984年奥运会中提高成绩类药物的使用情况。另有两页讲述职业体育以及"其他问题与行动"⑨。

伍利所述的历史虽流于表面，但他在阐述大量使用药物提高成绩的案例之时还揭露了另一个问题。针对1952年冬奥会上首次出现的一些疑似用药案例，伍利写道："直到多年后，才有预防或是阻止这类*作弊行为*的联合行动。"⑩伍利行文生动有力，他将"作弊行为"一词斜体，意在强调使用药物本质上就是作弊行为，即便没有出台任何正式禁令。类似伍利的这类说辞都忽略了一个事实，即1952年没有一条规则禁止使用类固醇，因此类固醇使用不能算作正式意义上的作弊。然而，就算没有证据证明人们私下将使用类固醇视为作弊，伍利仍旧做此定论，并加以强调。

更多细微且有据可考的历史证据表明，我们提及年代久远的竞技"作弊"案例更多的是将现代情绪转嫁到历史上，它并非历史事实及人们当时态度的反映。比如，查尔斯·耶萨利斯与迈克尔·巴尔克对历史用药案例进行了更完整、更权威的阐述，修正了伍利所列举的药物使用史。耶萨利斯与巴尔克写道："20世纪20年代前，体育界劝诫运动员勿服用

药物的现象都还不普遍，更不足以将其正式定为违规或作弊。"⑪充分的历史研究表明，在过去很长一段时间里药物使用都为世人所认可，尽管我们现在或许很难接受这一点。不论是持续多日的超级马拉松自行车赛，还是19世纪末期的独步旅行热潮中，参赛选手使用兴奋剂都再平常不过。耶萨利斯与巴尔克写道："此外，除某些训练员出于保护'兴奋剂秘方'的专利权益而有所保留外，没人试图隐瞒用药情况。"⑫

合成类固醇的使用是更有力的例证之一，它不仅证明人们接受了药物使用这一做法，更展示了体育官员和医学家利用各自专长研制合成类固醇，然后在运动员中公开推广的行为。第一章详细讲述了1952年奥运会和1954年世界举重锦标赛之后发生的事件。这两场赛事中苏联成绩斐然，此后美国举重队队医约翰·齐格勒聘用了汽巴制药公司来研发一种去氢甲基睾酮的合成代谢类固醇（大力补）。齐格勒让宾夕法尼亚"约克杠铃俱乐部"的举重运动员服用大力补，由此开启了美国运动员使用类固醇的历史。⑬齐格勒和他身边的人从不认为苏联使用类固醇或者为美国举重运动员研制、分发大力补属于作弊行为，也不认为他们触犯了任何规则，因为当时类固醇并未受到管制。齐格勒只是一名爱国的体育医生，他认识到了冷战时期国际体育赛事日益重要，认为自己有责任研发出必要的提高成绩类技术和药物，以保证美国在世界级竞赛中获胜。⑭

提升成绩并非增强表现相关研究的唯一出发点。国际奥委会授予墨西哥城奥运举办权后，运动生理学家以及体育医生都担心在高海拔地区竭力比赛会对长跑项目运动员的身体造成伤害。研究人员调查了高海拔运动对机体带来的影响，并试图将墨西哥城奥运会的参赛选手调整至最佳状态。在此期间，他们发现可以"提高"运动员的携氧能力，让他们的竞赛成绩不会受到海拔差异的影响。通过抽出运动员血液，待其身体恢复血量后，再于运动前将此前抽出的血液输回运动员体内的方式，生理学家发现血液回输法可以提高运动员的供氧能力。

然而,问题在于,不同文献中报道的血液回输技术结果大相径庭,甚至相互矛盾。20世纪60年代末至70年代,生理学家继续研究血液抽取与回输对受试者运动的影响。为了获得结果的一致性,他们不断打磨该技术;在此过程中,回输技术得以完善,可用于提升有氧项目的竞技成绩。[15]血液回输会让径赛运动员在高海拔竞赛的携氧能力与在海平面大致相当。为了确保结果具有可比性,数据科学有效,在高海拔竞技环境下保障运动员的健康,运动生理学家研发出了一项评估特定做法成效的技术,并在此过程中开发出来一套提升有氧运动成绩的极佳方法。

用于将高海拔竞赛成绩提升至正常水平的做法不久后同样用于位于海平面的竞赛中,帮助运动员赛出超常水平。血液回输成了广泛公开使用的技术,用于帮助长跑运动员打破世界纪录,摘获金牌。1984年洛杉矶奥运会的美国自行车运动员也靠此夺冠。在1984年国际奥委会下达禁令前,血液回输从未被认定为作弊。该技术源于实验室研究,这些实验室资金充足,受公众监督,科学家与医学专家在那里检验并完善理论假设。[16]

20世纪50年代、60年代、70年代的类固醇使用以及60年代、70年代和80年代的血液回输案例表明,体育官员、医疗人员和运动员都未将使用特定药物和做法来提高成绩的行为看作作弊。由于并未违背任何规则,该做法算不上正式意义上的作弊;由于并未打破任何"不成文"规定或世界级高水平运动员共同遵守的行为准则,该做法也未构成非正式意义上的作弊。相反,不成文的规定允许使用任何科学技术在世界级赛事中取胜。

耶萨利斯与巴尔克的研究证实了这个不成文规定对体育官员、运动员以及教练员的强烈影响。即便在国际奥委会正式禁止了提升成绩特定药物后,"运动员和教练员没有就服用药物的道德与合理性展开论辩;

反倒仅在哪一款药物更有效上争得面红耳赤"⑰。有充足的证据表明，即便到了20世纪70年代早期，都有公开，甚至公然地主张使用各类药物提高成绩的情况。⑱

之前的章节已经说明了二战以及冷战的出现对塑造如今高水平竞技诸多典型特征的重要性。提高成绩类药物使用的道德问题及伦理问题（不论是否关乎药物使用）的提出，同样对塑造当今高水平竞技起到了重要作用。尽管导向特定药物和行为禁令的社会历史原因错综复杂且特征鲜明，20世纪60年代提出的首批禁药政策和所有重大政策却都成功克服了社会和政治阻力，将"纯洁体育"这样一个超越历史的形象作为政策的根本依据。禁药政策无一不将体育的"纯洁性"，所谓"公平赛场""体育精神"还有"公平竞争"这些模糊的概念作为政策的出发点。

鉴于提高成绩类药物与行为调查委员会的地位以及该委员会主席的声望，首席法官查尔斯·杜宾所撰前言在针对药物使用问题的讨论中举足轻重。杜宾的立场是那些以基本"体育精神"这一超历史概念为政策依据的政策规章制定者的典范。杜宾开篇就称，"使用违禁药物提高成绩就是作弊，是体育的对立面"。他接着写道：

> 药物的广泛使用对竞技体育中基本的诚信原则构成了威胁，给体育目标带来了毁灭性的影响。药物的使用也会腐蚀用药运动员的伦理观、道德观，有损他们的精神和身体健康，同时还会让整个体育界失去信心。我致力于界定体育真正的价值，重建正气，让体育继续成为我们文化重要的一部分，让它团结加拿大人，为他们带来欢乐、健康和活力。⑲

世界反兴奋剂机构近期发布的《世界反兴奋剂条例》重申了杜宾的立场。其中，以"世界反兴奋剂条例的基本原理"为题的一章开头就写道:"反兴奋剂项目旨在保护体育的内在价值。"该条例继续而宣称:"这个内在价值往往指的是'体育精神',这是奥林匹克主义的精髓,也是我们要以真实水平竞技的原因。体育精神是对人类精神、身体和心智的颂扬。"[20]世界反兴奋剂机构称,该"体育精神"包含多种价值观,如"道德伦理、公平诚信;强身健体;卓越表现;品格教育;身心愉悦;团队精神;投入与奉献;尊重规章制度;尊重自己与其他参赛人员;勇气;集体与团结"[21]。这一章最后总结:"就本质而言,使用药物提升成绩与体育精神南辕北辙。"[22]

药物使用"与体育精神南辕北辙"这一提法基于三点根本前提。第一个前提是,存在一个"体育"这样超越历史的实体,它作为一个理想的竞技活动,只有每个人都认同并且遵循其本质特性,它才能实现,人们才能享受其中。虽然该前提在第三章有详细的阐述,但我们也有必要从竞技比赛中使用药物的伦理问题背景下用另一种方式重新加以审视。

第二个前提是,一个绝对公平和公正的赛场才能体现"体育"与"体育精神"。"真正的体育"往往存在于完全公平的竞赛中,这样的竞赛依靠公平竞争的不成文规则和体育道德来进行规范。这是有关"体育"最广受称赞、经久不衰的预设之一,也是人们在证明"体育"存在一个"本质"这一命题时最常用的论据。该前提反映了一个愿望,即体育竞争的规则与条件不能偏袒任一参赛选手,而应让每位运动员公平地展现其技巧与能力。与之相伴相生的还有另一现象,即真正的"体育精神"指导下的体育竞赛不注重比赛结果,而注重该经历的教育意义以及运动员的品格培养。在这一经历中,运动员全心全意地投入体育比赛,却在参与过程中展现恰如其分的成熟与内敛。这一现象虽然常被忽视,但它同样重要。[23]

药物使用"与体育精神相悖"这一论断的最后一个前提是,"体育"是一个健康、高贵、阳刚的活动,任何危害运动员健康的行为都应禁止。这个"健康"或"对运动员有害"的前提为禁止使用特定药物提供了有力支撑,因为据称这些药物会对健康造成潜在威胁。"干净"(未使用药物)且天生刚健的运动员形象就来源于此理念;而这一深入人心的形象亦是该理念经久不衰的源泉。[24]

每一个前提都值得去仔细验证。只有当每一个前提都得证无误,才能证实确如杜宾所称使用违禁药物是当今体育界最严重的道德危机,才能证明"药物"是"体育的对立面"并破坏了其"基本的公正性"。相反,若这些前提经不起细致审查,那杜宾的主张就和政治说辞无异。正如药物禁令的伦理依据也同样基于这些前提。

"体育"神话——神话般的"体育"

法国文化和文学评论家罗兰·巴特称,神话是历史与自然的混合体。他写道,神话"剥去了描述对象的任何历史色彩"[25]。人们普遍认为,神话隐藏甚或篡改了世界的某些方面。而巴特的观点与此恰恰相反,他认为神话让一些事物触手可及、不言而喻、清晰无比,这正是神话的力量所在。历史和文化事物也在神话中变得"自然",不证自明。神话揭露和歪曲的内容多于隐藏或篡改的内容,因此人们只需要"享受这美妙的故事,而不问其出处"[26]。

在证明神话这一概念时,巴特本可将奥运会作为例子,但他转而引用了全欧最负盛名的"环法自行车赛"。巴特提道:"环法赛展现了神话,也演绎了神话,集现实与理想于一体。"环法赛呈现了真实、具体的运动能力,也映射出(揭露了)"运动能力"内在的完美和极致。正如柏拉图的洞穴寓言,环法赛中的骑手既是真实的,也是穴壁上的影子,影子反映的不过是一个完美的真理和至上的现实。骑手们的行为则是人类至高运动能力的自然体现。

巴特强调:"环法赛用一出寓言诠释并解放了法国人民。"在此寓言中,被扭曲的现实形象同乌托邦式的世界形象混在一起,而这样就"完全厘清了人与自身、人与人、人与自然的关系"。环法赛这一神话扭曲的是比赛的现实基础,即"比赛的经济动机及严酷考验背后的最终利益",而这些经济动机却正是观众所见并崇尚的"思想形象的物质来源"。㉒ 作为神话,环法赛让人们永远敬畏骑手们真正的运动能力,而这也仅只是"环法赛"中"至高运动能力"的一瞥。

皮埃尔·顾拜旦在实现其奥运梦的过程中曾遭遇两个难以逾越且密不可分的阻碍。若想实现他的教育计划和所有理想,顾拜旦至少需要说服众人举办一场奥运会。顾拜旦利用他娴熟的公关技巧,精心宣传,引导公共舆论,并充分利用了所有能够企及的形象构建手段来为其奥运活动赢得支持。㉓ 为了让英国、美国、德国和法国官员感兴趣,为了避免赛事主办方以符合希腊民族主义利益为由直接篡夺他的努力成果,顾拜旦塑造了一个更广大且更普世的奥运会形象,以致任一个国家或国家代表团都无法独揽赛事。㉔ 顾拜旦的手段与巴特对环法赛神话的描述别无二致,他试图利用这一现代赛事构建古代奥运会及其延续的神话,其意义超越了项目本身的物质考虑。人们普遍将"体育"看作人类的社会文化活动,但顾拜旦颠覆了这一真理。他利用强有力的形象、符号以及现有的希腊神话,将奥林匹克运动会塑造成普世且纯洁的"体育"。奥运会的复兴可让全人类重获"本质上的纯洁"。

为了达成他的双重目标,顾拜旦利用精心设计的开闭幕式、赛事标志以及赛事艺术,令奥林匹克运动超越物质范畴,赋予其半宗教式的特性。不同于粗俗的唯物质主义与工业资本主义的庸俗偏好,顾拜旦向世人展示的赛事形象兼具崇高理想与普世恩惠。谈及个人目标与奥运会的潜力,顾拜旦如是写道,现实世界中的"宣传与吹嘘……都是为了获取物质利益,这样的情境下,体育竞技或被用于获取商业利益",而奥运会体现了美与纯洁,"令人肃然起敬。"庄严肃穆的参赛队伍、气势恢宏的比赛仪式、所有艺术的同台呈现、大众情感的宣泄、慷慨激昂的情绪定要以某种方式联结起来"。

顾拜旦成功的关键在于他决定将奥运项目与古希腊赛事相结合,这也让"体育"神话经久不衰,成为一个超越历史且承载着普世美德的实体。历史上曾有一段时期,欧洲人们十分崇尚古希腊,将古典时期的至高理想奉为防止欧洲堕入唯物主义滑坡的重要力量;在此背景下,古奥林匹亚的运动会能直接满足顾拜旦的需求。"在那(奥林匹亚)",顾拜旦写道,"几千年的时间里,各国与各城市的青年代表家乡在赛场相聚,满怀奥运所宣扬的高尚道德情操,带着近乎宗教式的崇敬之心参赛。"顾拜旦称,在奥林匹亚,运动是"纯洁和高尚"的化身。

顾拜旦塑造的奥运形象令人耳目一新,极具感染力和说服力。然而,作为古希腊数次体育盛会之一,奥林匹亚运动会尤其特殊。实际上,古代奥运会深植于当时的物质历史中,与顾拜旦鼓舞人心的文字和形象全然不同,那些"满怀奥运所宣扬的高尚道德情操"的青年,其实是为城邦利益、本人特权以及一辈子荣华富贵而拼搏的职业战士。这与宗教或任何"体育"的普世理想相距甚远。古希腊的体育赛事与军事操练密不可分,比赛常常是残酷的斗争,胜负往往决定生死。在古希腊,体育很可能是为战争做准备,而战争也为运动员在奥运会赛场上的战斗打下基础。

但是,神话常常篡改历史。所以,即便历史学家修正了许多古代奥运会的记录,顾拜旦的许多主张仍得以流传。原因在于,它们所呼吁的高尚无比,吸引人心,而当代体育领导人不断将其发扬光大,用以追求自己的政治目标。总体上,"体育",特别是奥运会所展现的"体育",是一种应当实现且可以实现的普世理想;而只要授予当今体育领导人权力与特权,就可达成这个理想。以上理念也是达成这些政治目标的关键。

第 6 章 伦理反思：体育精神、公平竞争和运动员的健康问题

现代奥运会力图让人坚信"体育"是一种超越历史的现实本体，这是顾拜旦在政界影响最为深远的精神遗产。[③] 相比其他想法，奥运神话最为有效地阻碍了人们认清事实，即只有依靠具体的史实才能真正地理解奥运会。19 世纪 90 年代末，顾拜旦面临一些亟待解决的小问题，他需要一个能恰如其分地鼓舞人心的形象来克服这些难题。因此，他创造了一个神话，刻意扭曲大众对奥运会本身及世界级高水平竞技现实的理解。此外，奥运史上各种禁令的支持者都曾将"体育"神话视作为一种超越历史的、纯洁的运动形式，将其作为颁布禁令不可动摇的根基。

第一章、第三章与第四章列举并证明了神话的谬误，神话误导人们相信自己能够脱离具体实例和历史背景来准确地理解"运动"，尤其是"奥林匹克运动"。古代奥运会、现代奥运会和当代高水平竞技都是由运动员、政府官员、政治家、观众共同构成的具有社会性、历史性和政治性的活动；在当代赛事中，参与者还包括广告商、制造商、媒体与其他角色。这样的竞技性赛事本身就是根植于庞大且复杂的活动与思想网络中的社会实践。这些活动与思想构成或重构成了一个极具竞争性、愈渐商业化和职业化且具有一定利用价值的国际体系。如今的高水平竞技仅仅是大的宏观体系中的一小部分，它是工业国家的实践活动，是不同民族国家形象建设、国家建设的战略，是全球性传媒界活动，也是跨国公司在世界范围内销售特定产品和提供特定服务的市场手段。不论好坏，在高水平竞技赛场上使用违禁药物提升成绩都是构成整个国际高水平竞技体系的人类活动中不可缺少的一部分。

尽管国际奥委会希望在国际高水平竞技赛场中杜绝违禁药物使用行为，但实际上现如今药物使用已与高水平竞技这一人类活动形式紧密交织在一起。任何有关"纯洁""真实""体育"的观点都只是将药物使用与最初导致运动员用药的构成性做法割裂开来。基于"纯洁"或"普世"的体育运动这一神话的模糊概念受到了药物使用的冲击；然而，如今这

些概念只会将公众的注意力从真正构成高水平竞技的活动中转移开来。只有认识到持续建构与重构高水平竞技的一系列活动的重要性，运动员和体育领导人才能以开放、具体和实用的方式去考虑世界级体育难题。世界级高水平竞技是一个复杂且多面向的体系。人们必须认识到它有不同形式、不同比赛地点、不同背景，以及不同赛事级别。在体育的定义、产生及再现中，高水平竞技的参与者扮演的角色不容忽视。需要明确不同类别社会性的特定体育形式的真实目标和目的。这些体育形式必须由以合理方式成立的领导小组来界定，以满足赛事参与者的需要。我们需要解决世界级高水平竞技中真实的"比赛规制"问题，而非纠缠于一些神话般的概念。

"体育精神"与"公平竞争"

支撑药物使用"与体育精神相悖"这一观点的第二个前提是"体育"与"体育精神"的实现有赖于一以贯之的"公平竞争"原则。这个前提是支撑特定药物禁令的核心理据之一，因为任何影响比赛公平性的行为都会直接冲击"体育的本质"。若无公平公正的比赛环境，"体育竞技"也就无从实现。此外，自国际奥委会制定首套方针起，有关公平竞争的争论就成了禁用药物相关讨论的核心问题。在1967年的年会上，国际奥委会首次将"使用兴奋剂"定义为"为在比赛中人为地提高成绩而使用任何形式、任何剂量与身体相斥或非自然地提升身体机能的药物或技术这一破坏比赛公平的行为"[⑤]。

公平和公正问题乍看简单明了，进一步审视后发现实则相当复杂。仔细研究，则会发现正式的药物禁令有助于构建赛事的公平和公正这一说法毫无说服力。若要将该问题阐释清楚，则必须厘清公平与公正的差异。

即使比赛公平，参赛者都遵守同样的正式与非正式规则，这也并不代表比赛是公正的。即便没有提高成绩类药物，国际高水平竞技赛场上仍旧充斥着竞技条件上的不平等。就连"不平等"的概念都不如世人想象的那般直截了当。

不平等是一个复杂概念。我们首先要区分机会上的不平等与条件上的不平等。机会上的不平等关注的是全社会参与某一特定活动时机会是否均等。机会不平等则可以通过任一活动来加以衡量，包括受教育机会、劳动参与、体育或娱乐活动的参与等。即便是在美国、德国或加拿大等发达国家，体育界也没有机会平等之说。比如，游泳池以及健身、田径等设施并非均匀地分布于全国各个地区。相应的，大部分生活在大型繁华都市中心的年轻运动员有充足的机会从事自己喜欢的体育活动，而那些在经济欠发达的小城市或是农村地区的运动员则没有同等的机会。即使是在经济发达、设施充足的大城市，机会平等仍然无法实现。即便在设施和机会充足的城市里，由于性别、民族、居住地、阶级和肤色等问题，潜力运动员的机会仍然受限。不论是英国还是俄罗斯、匈牙利和中国，或是任一其他国家，这些问题都普遍存在。

条件上的不平等指的则是一种更为根深蒂固的不平等。即便所有美国人、德国人或加拿大人均有参加体操、花样骑术、曲棍球或是雪橇比赛的机会，他们参与竞技的条件也有巨大差异。在介绍加拿大体育体系中最终联邦政府进行全面干预的项目时，卫生部和福利部部长约翰·蒙罗清楚地阐明了何谓条件上的不平等。在介绍加拿大首个致力于全面增加公民运动机会、提高体育活动参与度的计划时，约翰·蒙罗谈道：

> 就像在赛道上冲刺一样，要想实现公平，只有每个人的起点都一样，并且赛跑距离也相同，才公平。可不幸的是，由于设施、训练、晋级与规划方面的差异，如今的体育就像一个赛道，有些人只需要

跑25码，有些人需跑50码，有些人需要跑100码，还有些人则需要跑1英里或更远。㊱

遗憾的是，自蒙罗做此评述至今，体育中条件上的不平等现象毫无改善。㊲若说有何变化，也是贫富差距的日益扩大，确切地说是上层中产阶级与下层中产阶级间的差距正在扩大，正如针对各类社会不平等现象的最新学术文献所述。

若将考察范围扩大至整个世界，上述关于机会不平等与条件不平等的问题则更为凸显。例如，德国、波兰、美国、墨西哥和喀麦隆等国的体育机会和条件有霄壤之别。在上述国家，不平等现象十分普遍，而提高成绩类药物的使用与其毫无关联，亦未对其造成任何影响。药物使用只是导致不平等的众多条件之一。然而，在许多关于"公平竞争"的讨论中，人们普遍认为，在世界级国际赛事中，使用提高成绩类药物造成的不平等与参与国之间及一国之内既有的不平等因素大不相同。然而，情况并非如此。

公平竞争一说也假定违禁药物的使用违背了既定规则。用药绝对是作弊。这看起来很明了。但是正如安东尼·吉登斯所称，规则是极度复杂的实体。㊳比如，规则可以界定个人习惯（正如马丁·布洛德尔在冰球运动中是一名蝴蝶式守门员），指导行动（短跑运动员应牢记两点之间直线最短），或管理行为（按规定上午9点开始训练）。㊴吉登斯也证明了，虽然我们制定了形式上的规则来管控行为，如在足球比赛中，若"运动员以裁判看来不计后果、鲁莽暴力的方式铲球"，则必须接受处罚。但这些规则作为社会行为本体论的实体，源自人类行为，也在行为中加以阐释。㊵换言之，一旦规则成文，正式规则的真正含义就会在社会行为中体现，并由社会行为来决定。譬如，司法机关承担的重要任务就是解释《民事法典》，包括涉及民法和普通法惯例的法规；而司法机关的裁定又构成了普通法的案例。[41]同理,裁判根据国际足联的《足球比赛规则》解释并且决定比赛中不计后果、鲁莽暴力的铲球行为的构成特点。

吉登斯进一步阐明了该观点。

> 我们来看看社会生活的规则……它们可作为社会行为执行和模仿的手段或通用流程。已制定好的规则,例如那些已用语言进行表述的法律规范、政府规章、游戏规则等,都是对规则的成文阐释,并非规则本身。这些规则不应作为示范性的通则,而应视作特定种类的成文规则,它们因内容明确呈现出不同的特性。[42]

吉登斯的论述中有两个重要观点。

首先,大多数研究社会过程的学生在讨论规则时,都假定其为成文规则且可决定或解释行为,更不用说非专业人士了。然而,吉登斯认为,成文的规则仅仅只是"对规则的阐释,而非规则本身",这也是他的第二个重要观点。因此,构成社会行为的并不是"用语言表述的法律规范",而是社会行为的日常准则。这些日常准则不仅构成社会行为,还是正式成文规则的基础。实际上人类生活与我们的常规理解恰恰相反;并非正式的成文规则决定人类行为,相反,是人类行为促成了成文规则的制定。

吉登斯将两种规则做了重要的划分,他将更深层次、不言而喻、处罚较轻的不成文规则同浮于表层、覆盖较广、处罚较重的成文规则做了对比。吉登斯称,前者即日常生活中常见的深层规则。事实上,这些深层规则决定了人类日常生活的构造。例如,我们经常运用语言规则但会根据语境调整用语,我们遵循一定模式轮流发言或相互交流,这些都是更深层次、不言而喻的不成文规则。如上所述,这些不成文规则构成了"用语言表述的法律规范、政府规章、游戏规则等"的基础。

相反,正式成文规则使用范围虽广,但对大部分人类社会生活构造的影响很小。尽管成文规则条例清晰、内容正式、处罚较重,但实则对日常生活的影响并不深刻。吉登斯写道:"依我之见,生活中许多看上去微不足道的流程对社会普遍行为产生的影响(比正式规则)更深远。"㊸

查尔斯·勒麦特也对吉登斯提到的"微不足道的流程"进行了讨论和分析。他用的方式有些许不同。勒麦特解释道,人们的行为都基于其社会"能力",该能力使其能与错综复杂且常被忽视的日常社会规则进行协商,调整自己的行为。在协商的过程中,人们就建立起了一种或者多种处事方式。㊹

吉登斯与勒麦特关于人们生活处事以及理解日常生活规则的方式的论述与高水平竞技的公平概念直接相关,理由有三。首先,禁药清单是在运动员、教练、管理者以及医务人员持续使用相关药物后才拟定的。禁药清单出台之前,药物使用已被纳入训练计划,且更为重要的是,药物使用已影响了人们在日常生活中对高水平竞技工作世界的看法。虽然20世纪50年代中期已有用药现象,但直到1973年才发明检测合成类固醇的有效办法,1975年才正式禁用该类药物。直到1976年奥运会,国际奥委会才首次对该药物进行检测。㊺其结果是,至少在类固醇禁令出台前的20年里,类固醇在高水平竞技运动员的培养过程中根深蒂固、不可或缺。

同样重要的是,国际奥委会所制定的成文规则与高水平竞技中不成文的日常规则不相符;不仅如此,国际奥委会还试图彻底扭转高水平竞技体育中的不成文规则。为此,国际奥委会出台了惩罚相当严厉的正式规则,旨在废除20世纪70年代前在高水平竞技训练中根深蒂固的一套更深层次、不言而喻的不成文规则。对国际奥委会而言,不幸的是,除非社会行为改变,人们接受正式规则,承认其合法地位,否则监管性规则根本无法撼动传统规则。

其次,构成高水平竞技基本原理的核心行为以及对该原理的主流理解就默认了胜利与打破纪录是竞技的主要目标。如今,对高水平竞技运动员的赞助取决于其运动成绩,这一转向表明这一根牢蒂固的现实已获得了广泛且正式的认可。虽无成文规则,但是不可否认,在过去的半个世纪里,高水平竞技运动逐渐转向以不断突破人类运动极限为目的的运动,且为达此目的,不加掩饰地追求科学工具理性。[46]过去的25年里,提高成绩的创新科学手段层出不穷,这在高水平竞技中已成为常态。部分行为在发生后就被明令禁止;另一些则是暂时禁止使用;还有一些则并未受到质疑。一些提升成绩的做法甚至都不为公众所知。然而,问题在于,构成世界级高水平竞技的逻辑与实际行为都以成绩为导向,甚至无须掩饰。提升成绩是社会体制逻辑的核心,也是更深层次、不言而喻的不成文规则的核心。该社会体系的组成人员,包括运动员、教练员、运动科学家和管理人员,"在每天的活动中都会时常援引这些不成文规则"[47]。因此,基于遵守"游戏规则"之上的公平实则比仅仅遵守国际奥委会的成文条例更为复杂。认可度虽低但更为深刻、更加细化的日常规则给予了"公平"这一概念全然不同的视角。

最后,参与者本身会遵守构成其特殊生活世界的规则。查理·弗朗西斯在考虑加拿大短跑选手安琪拉·伊萨琴科是否应使用类固醇时,他重新审视了"公平公正的竞争环境"这一问题。他写道:

公平并非我们的现实难题。在加拿大,安琪拉已经把比赛远远甩在身后了;就算她再进步,排名也不会改变。放眼国际赛场,我们的类固醇项目会让赛场变得更加公平,而非更不平等。[48]

2004年弗朗西斯想起了自己担任世界级比赛教练的经历,他写道:"赛场是平等的;它只是并非你(大众)所想的那样罢了。"[49]

谈及安琪拉·伊萨琴科在高水平竞技领域的生活世界中面临的构

成性规则,弗朗西斯写道:

> 在田径赛场上,数字决定了运动员的名次。现在,我们的名次正在回落,我敢肯定这背后的原因。安琪拉并不是因为禀赋差异而丢掉名次。她落后于人的原因是药物没有到位,而用药的差距正不断扩大。我在追溯类固醇的使用历史时……总结出一个重要结论,这也是我在给安琪拉提供建议时的指导思想,**当我指导的其他顶级短跑男运动员面临同样抉择时,我也会告诉他们同样的道理:运动员如果不使用合成类固醇就别指望在顶级国际赛事中取胜。**(原文强调)[50]

在训练日志中,谈及塑造世界级高水平竞技领域根深蒂固的深层规则时,伊萨琴科字里行间透露出辛酸。她写道:"我的日志里一排排数字排列整齐,而这些数字背后是深刻的痛苦。"

> 在封面内页有一些简短的记录,这些是我的最佳成绩,包括1977年来我认为值得记下的成绩。这些数据有25.5,意思是200米跑耗时25.5秒,还有12.2,即100米跑耗时12.2秒。到了1982年,也就是表中的最后一年,短跑完成时间缩短至22.5秒与11.00秒。[51]

弗朗西斯以嘲讽的口吻准确地指出,国际高水平竞技中的公平竞争也包括遵守不言而喻、惩罚较轻的不成文规则;正是这些规则构成了人类在提升成绩领域的探索。这意味着,不同项目中下定决心赢得奖牌的众多运动员们巧妙地规避针对提高成绩类药物与行为的正式禁令,与此同时努力让自己在高水平竞技世界里站稳脚跟。运动员试图在日常生活的现实世界中寻求一个公平公正的竞争环境。

长期以来,这些更深层次、不言而喻的规则塑造了高水平竞技。即便国际奥委会想否认这些规则的基础性作用,仔细考量体育活动本身的构成性规则组成,你会发现在药物使用上的重大分歧。在针对提高成绩类药物的公众讨论和禁药政策中,首要的假设就是,药物使用违背了体育的基本规则。人们假定,使用药物提升成绩违背了体育比赛的本质;简单来说,那些使用药物的运动员参与的已不是体育活动本身,因为他们不遵守保障公平竞争的根本规则。

但是,正如吉登斯与勒麦特所述,社会生活规则纷繁复杂,而体育的正式规则同样也是复杂的实体。总体而言,规则是体育的重要组成部分,而哲学家伯尔纳德·舒兹区分了两类完全不同的规则,两者在体育建构中都不可或缺。在《蚱蜢:游戏、生命与乌托邦》一书中,舒兹揭示了既界定体育又作为基础构建体育的正式规则的实质。[52]

谈及体育界的规则,多数人都会想到禁令。举例来说,人们会想到冰球场上禁止绊人与挥杆打人的规则,任何违反规则的冰球运动员都会受到惩罚。然而,舒兹称,存在着一种"构成性"规则,体育活动不能脱离该规则而存在。在近代史上,要举办普遍意义上的体育活动必须满足四个条件。第一,必须要有规则规定该赛事特定目的或目标。第二,规则需阐明如何达成比赛目标,即该赛事需要利用何种技术手段或方法进行。第三,体育规则以及关于如何达成比赛目标的规定并不允许使用最高效的手段。第四,舒兹写道,人们能接受针对使用最高效手段达成目标的限制,因为这些限制是保障比赛顺利进行的基础。[53]

除构成性规则外,舒兹还指出,体育还受调节性规则的制约。调节性规则规定运动员在构成性规则的框架下进行体育活动的具体方式。构成性规则是主要规则,它界定了每个体育项目的基本组成部分。调节性规则次之,它在构成性规则所建立的框架下规范行为。[54]

谈到禁止特定提高成绩类药物使用的规则,一个最重要且最常见的错误是，认为禁止该类药物的原因在于药物使用违背了一条或多条构成性体育规则，破坏了高水平竞技的主要特征。事实上，若规则禁止部分药物的同时允许使用其他药物，那么该规则只属于调节性规则的范畴；出台较晚的类固醇禁令以及禁药清单的不断变化即可作为例证。若使用药物提高成绩违反的是构成性规则，则会产生深远影响：违规会动摇比赛的根基。然而，针对某些药物的禁令不足以"界定"体育，正如足球比赛中禁止暴力铲球行为的调节性规则不能定义足球一样。两类规则都意在规范行为，但它们的规范作用全然不在同一个层面，因为构成性规则事实上将体育塑造为一种活动。

针对这一区别，国际奥委会成员或将回应称，即便使用违禁药物违反的只是调节性规则而非构成性规则，这一行为仍然违反了规则，违规者仍应受惩罚。这一回应的问题在于，即便观点无误，它也承认了使用违禁药物并未破坏体育本质及其基本结构。问题症结在于该规则的最终高度。规则所规范的行为是否决定了高水平竞技的本质，或者它只是在构成体育的基本框架内规范行为。调节性规则是体育运动的辅助性规则。正因如此，必要之时，人们应不断审视这些规则，及时调整，使其服务于运动员以及其他体育参与者的最佳利益。

"体育"、健康，以及对运动员的危害

在 1998 年环法自行车赛促红细胞生成素丑闻发生之际，鼎鼎有名的前职业自行车选手罗伯特·米勒（他曾以第四名的成绩完成 1984 年"山地之王"环法赛）在《卫报》一篇流传甚广的文章中描述了环法赛对车手身体的损耗。[55]他写道："赛车手们认为每圆满完成一场环法赛都会折寿一年，如果比赛时恰逢状态不好，则会折寿三年。"

精神上的折磨与身体上的痛苦是分不开的；通常在身体垮掉之前，你就会在精神上放松懈怠。……环法赛中骑车上山时若感到不适，那就和生病一样。……腿上的疼痛与拿刀划自己那种感觉不同，这是一种疲惫感，是自愿承担的。……你无法向一个普通人描述自己有多累；你如何去形容自己累得不能入睡的那种疲惫感？……我能理解为什么那些环法赛车手忍不住去使用药物。……我认为自行车项目并非特例，人们只是期望体育能比现实生活更纯粹而已。㊻

米勒对高水平竞技中自行车骑手身体所受折磨的描绘的确重要，但最重要的是他认为有必要将此传达给公众。米勒清楚，那些真正知道内幕的人，那些参加过环法赛的选手，有必要做此解释：世界级高水平自行车竞技与人们周日下午在公园骑车健身是两种截然不同的体验。米勒曾是名高水平竞技运动员，也曾与许许多多自行车生活世界外的人打过交道，所以他明白，广大公众对高水平竞技近乎病态的现状浑然不知。他也知道，普通粉丝对运动员的实际体验所知甚少。即便运动员受伤的案例数不胜数，长期训练的制度对运动员身体造成的长期负面影响清晰可见，高水平竞技能强身健体的神话依然深入人心。

体育与健康是同一枚硬币的两面，这一观点可谓历史悠久；它根植于"体育"的概念中，成为证明药物禁令合理性的有力思想武器。体育与健康的关系如此深入人心，甚至连杜宾都认为，"体育的真正价值"之一是它在愉悦身心的同时能"强身健体，提升活力"。㊼

人们假定体育是为健康服务的，由此逻辑可推断，从运动员及体育的最佳利益出发，凡是有可能损害身体健康的药物和行为都理应禁止。事实上，在相当长的一段时间里，"运动员的最佳利益"都是禁止使用违禁药物的理由之一。再加上克努特·詹森在罗马奥运会上意外死亡的事件,这促使国际奥委会颁布了针对一些药物与行为的禁令。支持颁布禁令的逻辑非常简单:如果都走极端,都为了获胜不择手段,那么一些运动员就会采取对身体有害的行为与方式提升成绩,而对此有更深刻的认识与见解的人应当做出正确判断,杜绝这些行径。禁令旨在保护运动员的健康,维护体育与健康两者的基本统一。

米勒对环法赛车手经历的描述说明体育与健康的假定关系是不存在的。高水平竞技并不会带来健康,二者并非硬币的两面;世界级体育竞技是一项职业,它包含一些固有的职业危害,以及不可避免的健康风险。米勒并不认为药物就代表健康风险,相反他表示,体育竞技本身是不健康的。在审视支撑米勒观点的高水平竞技物质条件前,我们需要先厘清一些逻辑矛盾。

多数人想到竞技和损伤(与体育和健康恰恰相反)时,都认为体育本身似乎就是激烈异常、危险无比的活动。因此,我们需要从这些激烈危险的运动谈起,它有助于我们发现运动形式以外的原因,让人们关注到一个更为显著的事实,即损害运动员健康的罪魁祸首是当代高水平竞技本身的社会架构,而非某些能简单被归为激烈或危险的运动形式。

凯文·瓦姆斯利在他对体育竞技中暴力和攻击行为的分析中证明,恶意的攻击性行为不仅仅是"比赛的一部分"。瓦姆斯利的看法与贯穿全书的主题一致,他坚信,若要真正了解体育竞技中的暴力,就需要在国家社会和文化历史框架下,对历史上特定的体育行为进行定位。根据瓦姆斯利的记录,北美体育暴力事件大多有其历史文化渊源。在19世纪,上层人士以及新晋中产阶级渴望通过新兴的男子体育俱乐部来获得个人以及职业权利。温斯利写道:

> 以体育之名,参赛者在赛场以及条例所允许的范围内相互攻击,证明自己的男子气概,竞技参与者和观众都将男性体格与力量

权力联系起来,只有基督教的价值观和公平竞争的规则能让此现象得以缓和。[38]

人们将男性体格与力量、权力、男子气概以及看似自然的攻击行为联系在一起,究其原因,有两点最具影响力。

首先,在19世纪的身体对抗项目中,多数运动员依靠自然、天生的身体力量进行竞技。因此,在这些身体对抗项目中必然出现的身体攻击也自然成了比赛中的一部分。若仅从该类比赛的生物及自然基本维度考虑,我们则会忽略它的社会构成。人们将身体对抗视作比赛的必然结果,躯体暴力也成为竞技本身的一个自然要素。很快,人们将"规则允许的攻击"视作体育竞技中的"自然"组成部分。其次,体育形式代代相传,攻击和暴力是体育赛事中的自然构成要素这一思想在人们心中越来越深。随着时间的推移,体育比赛愈渐显现出自然且超历史的特征,而比赛的历史社会根源则完全被抛诸脑后。

加拿大的冰球运动是这一演变过程的极佳例证。许多加拿大人将冰球比赛中的暴力视作自然的一部分。理查德·格朗尼尔与大卫·惠特森在其著作中评述冰球文化历史时写道,不论是少儿联赛、青年联赛,还是小职业联赛或者是国家冰球联盟,球场暴力都可以追溯到19世纪的体育传统,即攻击性行为是男孩和男人在愈渐规则化、"文明化",甚至(在某些人看来)日渐女性化的世界中证明其男子气概及力量的方式。体育是男性的保护区,在那里,展现男人攻击性的"自然需求"得以满足。随时间流逝,仪式化的男性攻击行为自然而然成了冰球运动的一个基本组成部分,而此"不成文规则"的历史根源则从人们共同的文化记忆中慢慢褪去。[39]

瓦姆斯利的研究指出了另一个身体攻击与暴力被视为当代体育自然组成部分的原因。每天的体育报道中,媒体向观众展示的影像十分形象地将体育与暴力联系起来。瓦姆斯利提到："摔倒、击打以及重伤都是体育频道重点播送的内容,它们甚至成了网络电视的'新闻'故事。"橄榄球比赛中,头盔猛烈撞击,抱颈阻截,擒抱摔倒;HBO拳击大赛中的致命一拳;棒球赛中击中击球员者头部的投球;冰球场上引起脑震荡的身体阻截以及打斗;"高山滑雪中侧翻或翻滚摔落雪坡",以及自行车赛、赛车比赛中触目惊心的撞车情景等,都是电视节目重点播报、广告宣传常见的内容,甚至成为固定黄金时段电视栏目的片花和预告。场景越激烈越有视觉冲击力,播放次数就越多。[60]

瓦姆斯利、格朗尼尔以及惠特森的研究都表明某些运动是危险暴力的。然而,引起公众关注的仍然是某些违禁药物的使用而不是许多运动本身的性质。W. M. 布朗记录到,运动员因用药致死的案例屈指可数,而且其中很多运动员用药是为了娱乐而非提升运动成绩。然而在如橄榄球、拳击、自行车赛、速降滑雪以及其他包含激烈身体对抗或是身体以极快速度进行移动的运动中,重伤案例数不胜数,而死亡案例也有数百起。[61]

有些运动的确十分危险,但更值得注意的是"体育即健康"二元论的反面例子不仅只是那些包含自然风险、攻击和暴力的体育竞技。当今社会构建的高水平竞技形态潜在地摧残着运动员的健康。与某些仅仅是因特殊比赛目的而对运动员造成健康风险的运动项目相比,这个现实问题影响更为深远。

米勒的描述例证了这样一个事实,在有些运动中,即便运动员会因撞击或其他意外而有受伤的风险,人们仍然认为它是非暴力、非攻击性的运动。与跑步一样,骑行似乎是可供运动员选择的最为健康的运动了。但米勒写道,事实完全不是这样;参加要求极其严苛的环法赛,就算状态很好,也会对运动员的身体健康造成损伤。环法赛中的道理同样可适用于当今几乎所有高水平竞技运动的核心要求中。特里·罗伯茨与丹尼斯·亨普希尔在描述构成世界级高水平竞技的一般条件中提道：

> 不论这些风险与危险是本质性的还是偶然的，是潜在的还是已显现的，它们都存在于渐增超负荷训练之中，或许同时也存在于竞技行为本身的框架下，因为竞技中运动员须面对与克服运动项目特有的、自然的、人为的，抑或是操作上的阻碍和阻力。在一个追求最大努力和最高成绩的环境里，风险与危险是必不可少的元素，这已为大众所接受。[62]

风险与危险已成为高水平竞技的核心内容，因此对所有世界级运动员而言，训练环境中运动损伤的治疗与护理都已成了家常便饭。虽然以前运动损伤并不常见，但伊凡·沃丁顿的研究证明，自20世纪20年代德国高校设立首个运动医学课程起，运动医学已成为现代高水平竞技中毫无争议的组成部分。[63]随着1952年奥运会后对运动员的要求日益严苛，高水平竞技领域出现了一个难以动摇的理念，即"运动员进行定期医疗监护的需要并非出于明确的病理学考虑，而仅仅只因为他们是运动员"[64]。

如今，运动员接受治疗的需要更为广泛，运动损伤更为严重。鉴于此，高水平竞技与健康是同一硬币的两面这一说法就无法成立了。随着公众的认识觉醒，推翻"禁用某些违禁药物与行为就足以保证世界级高水平运动员的安全与健康"这一逻辑也成为必然。尽管已借"对运动员有害"之由，单单将提高成绩类药物挑出来进行特别审查，并施以禁令，但是，若想通过立法保护高水平运动员的健康，就必须审视高水平竞技本身暗含的更大危险和风险。[65]这一结论也直接引出了家长式作风问题，以及是否需要"比运动员认识更深刻"的人来设立规则保护运动员的健康，因为体育本身不再是一种健康的活动了。

家长式管理、保护以及运动员的福祉

家长式管理是指"以福祉、好处、幸福、需要、利益和价值为由干预一个人的行为自由"[66]。立法机构及有合法权力或权威的人员采取措施,保证那些没有权力的弱势群体及可能处于潜在危险中的人们受到保护,这样的家长式的保护是合乎情理的。例如,针对劳工标准的立法,以及颁布公共场所禁止吸烟的条令,这些都是正当合理的家长式保护法规。又比如,学校以及其他教育机构保障秩序、规范行为的规章制度,家长为了孩子的最大利益对其进行监督和引导的行为,都同样可看作正当合理的家长式管理。

就提高成绩类药物而言,国际奥委会曾经将保护运动员作为颁布禁药清单的原因。比方说,在 2000 年 1 月起实施的《奥林匹克运动反兴奋剂条例》(后被世界反兴奋剂机构的《世界反兴奋剂条例》取代)中,国际奥委会说明了颁布该条例的缘由,其中有两点明确指出实施该条例是出于"奥林匹克运动保护运动员健康的责任"以及奥委会"保障运动员最大利益"的义务。[67]

世界反兴奋剂机构的《世界反兴奋剂条例》措辞更为谨慎。这一新条例在文中删去了"保护运动员"这一理据。该条例的原则是"保障运动员在无药赛场上竞技的基本权利",同时该条例也旨在"保护全世界运动员的健康,促进运动公平公正"[68]。世界反兴奋剂机构成立后,国际奥委会改变了此前一贯的家长式管理作风。然而,由于家长式管理原则在众多违禁药物的道德讨论中都多有提及,因此分析该原则仍然非常重要,它能帮我们捋清该原则为何无法作为颁布违禁药物与行为禁令的合理根据。

家长式的人身自由限制只有在"一个人不完全知情、没有足够的行

第6章 伦理反思:体育精神、公平竞争和运动员的健康问题

为能力或受到某种胁迫而导致其违背意愿行事"之时才合理。因此,针对违禁药物的家长式禁令仅在以下前提下成立:1. 运动员在公然或潜在的强迫下做出危险行为;2. 经认定运动员无足够能力做此决定;或 3. 运动员无法获得提供家长式保护措施的机构所拥有的信息。如果实际情况与上述条件不符,那么出于合理的家长式管理考虑需保护运动员远离违禁药物的危害这一观点则无法成立。

首先,谈谈信息和能力问题。政策制定者从未以国际奥委会、国际奥委会医务委员会、世界反兴奋剂机构、任何国家的奥林匹克委员会、医疗界或是任何其他机构拥有运动员、教练员、体育管理人员或其他人士没有的信息为依据来证明药物禁令的合理性。相反,高水平竞技领域的体育管理者尊重运动员的知情权。比如说,《奥林匹克宪章》以及世界反兴奋剂机构的《世界反兴奋剂条例》都期望运动员能了解所有被禁药物的信息。并且,由于摄入这些药物的方式多种多样,该条例还要求运动员避免因疏忽而错用任一禁药。因此,即便是世界反兴奋剂机构的《世界反兴奋剂条例》颁布前,国际奥委会基于家长式管理原则所颁布的《奥林匹克运动反兴奋剂条例》的第二条与第三条就已指出信息并不是问题。"该条例对所有运动员适用","遵守本条例,保证不使用也不允许他人使用'违禁药物'或是采取任何'违禁行为',是每位运动员的责任。"国际奥委会颁布的该条例是以家长式原则作为框架的,让运动员掌握信息、拥有足够能力做决定成了天经地义的事。

世界反兴奋剂机构的《世界反兴奋剂条例》在信息与能力方面采取了同样的态度。第 2.1 条称只要运动员身体采样中检测出违禁药物、违禁药物的代谢物或其"标志物",那么该运动员就违反了《世界反兴奋剂条例》。第 2.1.1 条称:

保证不摄入违禁药物是每位运动员的个人责任。若身体采样

中出现任何违禁药、违禁药代谢物及标志物,运动员则需为此负责。若有上述情况,为了证明运动员违反第2.1条中的兴奋剂规则成立,无需再对运动员的意图、错误、疏忽或是运动员本身是否知晓用药违规进行说明。[72]

因此,即便在奥运会,部分体育项目中有未成年运动员参赛,但国际奥委会和世界反兴奋剂机构都未颁布任何条例来确保为未成年运动员做出行为决定的监护人具备决策能力。我们默认所有运动员都充分知情且有能力承担违反该条例的责任。

另一关注焦点则涉及公开或潜在的强迫。在强迫运动员使用提升成绩类药物的案例中,要数民主德国的例子最具说服力。

在对民主德国进行讨论前,有一点需要说明,即以客观的态度和分析的眼光去审视该体育体制万分困难,因为免不了要与敏感的政治、法律、道德以及情感问题挂钩。此外,众多法定证据记录了该体制下严重的信任滥用情况。最令人不安的是,该体育体制中许多犯罪行为的对象都是年轻运动员,是出于信任交于教练和体育界领导之手的未成年人。[73]接下来的讨论,无论如何都不是为民主德国的政治领导人或是民主德国体制下发生的犯罪活动所做的辩护。所述论点或许令人难以接受,但这些论述都是围绕与通过药物及行为禁令来保护高水平运动员这一家长式管理原则的合理性直接相关的问题展开。

以下论述并不试图质疑以家长式管理原则为由对未成年进行保护的行为。在民主德国体育体制下,最令人发指的犯罪行为就是胁迫未成年人。其他国家的儿童运动员同样缺乏保护。不幸的是,国际奥委会以及禁药清单并未对民主德国(及其他地区)的儿童运动员施以保护,新条例也仍未添加相关条例。这是高水平竞技领域的一个重大问题,也是众多政策制定者一直忽视的问题。

第6章　伦理反思：体育精神、公平竞争和运动员的健康问题

那民主德国的成年运动员呢？也需要通过欺骗或是胁迫的方式对他们进行家长式保护吗？是否所有（大部分或相当数量）的民主德国成年运动员受到教练、训练人员或管理人员的胁迫或欺骗，才服用提高运动成绩的药物？

虽然，事发之后，成年运动员或许会声称自己对服用禁药并不知情，我们仍有理由怀疑这些言论的真实性，进而质疑药物禁令体现出的家长式管理原则的合理性。首先，成年运动员声称自己疏忽大意与他们作为训练有素、经验丰富、精心打磨的竞技者身份不符。世界级高水平运动员十分了解自己的身体：这些对身体十分敏感的人绝不会忽视类固醇等药物对其身体机能的影响。况且，民主德国运动员断断续续使用类固醇。如此周期性地摄入类固醇，就算是低剂量，对身体机能的改变也是十分明显的，这进一步证实运动员应当知晓禁药使用情况。[74]此外，这些运动员在高水平竞技的亚文化中生活与成长。在此环境中，大批构成复杂、技术先进的成绩提升技术与药物的信息广泛普及。[75]以上证据有力证明了民主德国高水平运动员用药并非疏忽大意，"欺骗"或"缺少信息"都不能解释民主德国运动员使用药物提高成绩的普遍现象，也不能成为基于家长式管理原则禁用该类药物的理由。

如果，德国广泛存在的药物使用现象并非源于对体制内成年运动员的欺骗或个人疏忽，那么，药物使用就有可能是胁迫的结果。国家权力以及国家安全机构强迫运动员遵循国家计划，这或许能解释民主德国广泛使用药物提高成绩的现象。该结论下有三个重要观点与其密切相关。

第一，尽管有文件证明德国统一社会党曾通过斯塔西（前民主德国国家安全局）搜集民主德国公民的信息并分类列出；尽管有人将其归咎为民主德国人民消极被动、温顺易教、机械行事的性格，他们从未挑战国家权威，甚至就连最小型的反抗活动都没发生过；事实上，民主德国人民曾做出过选择。[76]德国民众并不需要像沃尔夫·比尔曼、斯蒂芬·海姆、

克里斯塔·沃尔夫一样高调,他们可以通过日常行为获取个人空间与活动的自由。不论是在工作还是在家里,在公共场合还是私人领域,民主德国的人民每天都有做出选择。

吉登斯曾称,人类最基本的典型特征在于,即使面对压迫势力和极大困难也能行使主观能动性。[17]没有可靠证据表明,民主德国人民缺乏行使这一人类基本特权的能力。很多人选择默许了占支配地位的权力结构,并且尽可能地遵循它,这也是人们做出的决定,虽然大多选择是以默认的形式做出的。

第二,德国统一社会党以及斯塔西成功控制了所有民主德国公民(包括运动员)的生活这一说法不仅否定了吉登斯关于人类主观能动性基本特征的观点,也高估了斯塔西和斯大林主义策略,与经验所证不符。一些反抗活动广为人知:1953年民主德国的暴动,对比尔曼等反抗者的流放,还有跨越柏林墙的企图(不论成功与否),这些活动清楚地展现了民主德国每天发生的个体行为。每天,无数民主德国人民都做出选择,并且以各种方式践行自己的决心。其中,有因拒绝加入德国统一社会党而无法将学校合唱队带出民主德国的学校教师;也有从西方国家收集美国抗议民谣歌手菲尔·奥克斯的唱片以及其他书籍和光碟的医生;同样,阅读鲁道夫·巴罗所著《东欧的另一种选择》的家庭成了东柏林生态运动的积极分子。1989年,为庆祝民主德国成立40周年,潮流眼镜青年在学校项目中洋洋洒洒写下民主德国成就,却在家里墙上挂满西方乐队的海报,收听"资本主义广播",观看联邦德国电视节目。[18]尽管民主德国人民的选择并不那么令人向往,但是他们的确做出过选择。

关于高水平竞技领域,两位最为严谨博知的民主德国体制观察者与评论员指出,尽管民主德国锲而不舍地追求奥运金牌,但实际上,高水平运动员也有选择余地:一些运动员曾选择不参加"合成类药物项目"。[19]运动员若拒绝执行已为其规定的训练计划,则可能会因政治而非技能原因

第6章 伦理反思：体育精神、公平竞争和运动员的健康问题

中断职业生涯。然而他们确实有选择拒绝的权利。无法计算究竟有多少运动员曾拒绝使用药物并因政治、成绩原因退出竞技领域，但可以肯定的是，的确有运动员因此选择退出。

根据弗兰克与博仁东克的记载，虽然有些运动员拒绝使用药物，而与此同时，民主德国的其他运动员却不顾国家规定做出了另一选择。德国统一社会党的最大问题在于，提升成绩的药物是在黑市中交易的，运动员用药不受监管，药物使用和流通都脱离了科学界与医学界的监督与保障。⑧违禁药物在黑市上的买卖活动表明，即便有斯塔西的监视与政府的压迫，民主德国人民也仍然有人身自由。因此，从历史经验来看，德国统一社会党与斯塔西完全掌控了民主德国人民的生活这一言论并不成立。虽然斯塔西以及其情报人员无处不在，但他们绝非无所不能。否则，柏林墙或许现在都仍未倒塌。

第三，有人假定，德国统一社会党、斯塔西，甚至是十分了解成年运动员的教练员，可以强迫运动员摄入任何药物，做任何事情，即便违背运动员自身意愿。这一假设并未考虑到高水平竞技及运动员的实际情况。一名运动员若被迫违背自己的最佳判断与意愿，使用自己不愿摄入的药物，那么他不会也不能在日后继续积极践行其运动承诺。在这个世界里，千分之一秒之差就可让运动员与金牌失之交臂，无法全身心投入意味着断送职业生涯。此外，在民主德国这样一个十分看中金牌的国家，为赢得金牌精心挑选大量年轻运动员进行培训，劝说或强迫不愿妥协的运动员去顺从既定方案的机会成本过于高昂。说"不"对运动员的前途影响巨大，而对这个体制而言，这仅仅意味着换下一位运动员上场而已。

综上所述，可以明确几点。首先，民主德国的成年运动员被迫使用类固醇或是无意中使用类固醇的说辞经不起仔细推敲。其次，也是更重要的一点，即便这些说法无误，由于1989年前国际奥委会的监督手段和资源的落后，以药物禁令为代表的家长式保护在完成禁药目标上毫无功

效。若民主德国存续至今，在世界反兴奋剂机构的监察之下，同样的现象照样会发生。即便颁布了药物禁令，为高水平竞技体制下的运动员提供家长式保护仍是十分困难的。

所幸施加的胁迫并非运动员使用违禁药物的首要原因，而且几乎没有人表示多数运动员面临此类胁迫。有关运动员"被迫"使用违禁药物的说法中最具说服力的案例就是，运动员别无选择，因为其他运动员也在用药。该说法称运动员"没有选择"或"选择余地小"，然而实际上运动员有充分的选择权，因此该论据不能成立。

即使我们承认，运动员要在世界竞技中名列前茅就必须使用特定药物，但运动员仍有一些选择余地。其中之一就是，不使用药物，接受靠后一些的排名。对于那些致力于为体育奋斗一生的运动员来说，这或许不是一个理想选择，但它仍是遵循自己意愿做出的自由选择。运动员的确可能也可以做出更多不同的选择。

运动员也可以衡量药物可能会对其健康造成的影响，以及这些负面影响能否大幅消减，来决定是否使用药物。如果负面影响难以抵消，运动员仍有权在充分考虑后选择承担风险，选择对身体影响最小的用药方式，选择追求世界竞技中的最高名次。或者，运动员也可选择更为保守的方式，在细致审查诸多可能性后决定不必为了国际排名而承担如此风险，但仍会通过其他方式努力提升自己的成绩。

即便我们知道运动员的确有选择余地，也可以做出选择，仍有很多人认为，这个困难的选择不应由运动员来做。关于此，谬误有三。第一，运动员无时无刻不在做选择，有的难以抉择，有的影响深远。罗伯特·西蒙称，对于世界级运动员而言，任何关乎自身健康、幸福的问题都要他们自己来做选择，小到训练计划，大到高风险战术的决议以及为了获胜追求机能极限的基本选择。

第二，体育竞赛以外的很多选择都不是运动员单独做出的。成年的世界级高水平运动员在训练计划、训练技巧或是生活方式上并不需要家长式的法律保护。若有需要，他们会找人咨询。

第三，许多高水平运动员都是在现行的国际奥委会规章制度下对药物使用做出决定和选择。不同的是，他们需要做出两个选择：要么选择使用违禁药物，要么选择避开国际奥委会规定的禁药。[31]

讽刺的是，以家长式保护为由禁止运动员使用特定药物提高成绩的做法都是建立在"世界级运动员没有足够能力决定自己的最佳利益"这样的假设前提之上的；涉及未成年运动员这样的特殊案例除外，针对所有儿童的立法保护应该适用于高水平竞技的方方面面，但这几乎从未实现过。在该论据中，运动员倍受赞赏的品质也被推翻了。在运动员的职业生涯中，他们都力图证明自己有采取果断行动、迅速准确地评估不同选择、制定目标并坚定地完成目标的能力。以家长式保护为由的药物禁令也否定了运动员具备并且在践行一些关键品质的事实，自力更生、不断进取、自主自律等令人钦佩的品质在兢兢业业的年轻运动员身上有很好的体现。[32]高水平竞技现实世界中从未有可靠证据表明运动员缺乏这些特性。事实恰恰相反。

家长式管理的重要依据在于特定行为和活动的危险性或风险性。基于这些原因禁止特定药物的使用实际上站不住脚，原因有四。第一，并不是所有违禁药物都会对健康造成威胁。在箭术、橄榄球、体操、空手道、现代五项运动、滑雪、铁人三项、摔跤等项目比赛中，运动员身上不允许出现超过一定水平的红酒、啤酒或是烈酒成分。而这些物质几乎不会对运动员造成直接的健康伤害，最多有酒精中毒或是醉酒的风险。2004年1月1日前，一些非处方药，如苯海拉明、克德拉尔、可立治、诺洛芬、速达菲仍在禁药之列。虽然国际奥委会将继续检测运动员体内假麻黄碱含量，并有意将此药物重新列入禁药清单，但是它并未声明此物质或任何一种含有假麻黄碱的药物对运动员健康有害。2004年3月前，禁药清单也包括咖啡因,被禁原因并非它对健康有害。⑬沙丁胺醇是哮喘药物中的β增效剂,糖皮质激素也用于哮喘治疗。这两类药物在检测时同样不能超过特定浓度,而且在特定情况下严禁使用,然而,国际奥委会并未认定其为运动员健康的主要风险因素。⑭

第二,违禁药物的危害有夸大之嫌,与实际不符。一些特殊情况除外,例如处于青春期前的儿童运动员,以及不愿意受同化雄性类固醇带来的雄性激素影响的女运动员。⑮詹姆斯·赖特称:

> 至少在成年男子群体中,滥用雄性激素或许不像大多数其他类药物滥用那样危险。一般情况下,男性中断摄入 AS(同化性雄性类固醇)会让几乎所有体内雄性及雌性特征中断或逆转。这些药物对肝脏产生影响以致危及生命的情况极少,长期使用该类药物对血脂变化的影响尚不明确。⑯

与所有药物一样,或许对运动员健康产生影响的是违禁药物的使用方式。

第三,药物禁令不仅未成功阻止人们用药,还可能给运动员健康带来比药物本身更严重的危害。⑰尽管有一套复杂先进、价格不菲的检测体系,加拿大、澳大利亚、美国和德国的调查委员会以及大量独立研究、媒体报道以及专业学术期刊上发表的详细研究报告都记载了提高成绩类药物在各类竞技中的广泛应用;在这些竞技领域中,特定药物或做法可提高成绩。⑱禁药清单起不了威慑作用。然而,禁药清单影响的是运动员的用药方式及药物选择,这将给运动员带来更大的健康威胁。

至于同化性雄性类固醇,长期使用的一个潜在危险就是肾功能损伤。类固醇有油性和水性两种形态,摄入方式分为注射和口服。通过注射方式摄入的油性类固醇在运动员体内的循环周期会更长,但它不会进入消化系统,也不会直接流经运动员肝脏。由于无须肝脏过滤,油性类固醇对运动员的机体影响更小,引发肝肾功能损伤的可能性更低。当然,问题在于,油性注射类固醇在用药很久后仍可检测出来。油性类固醇在提升成绩方面也十分有效,对运动员健康的影响较之于水性类固醇而言也更小。然而,从检测方面来讲,油性类固醇并非理想选择,原因在于用药很长时间后也能检测出来。

口服类固醇则直接进入消化系统,也必定以浓缩形态经过肝脏。因此,水性类固醇很容易集聚于肝胆系统中,造成生理损伤的风险更大。从提升运动成绩方面来看,许多运动员认为口服类固醇比油性注射型类固醇更有效。至于检测方面,口服类固醇在身体系统中代谢快,是更理想的选择。然而,就健康而言,长期口服类固醇引起肝肾功能损伤的可能性更大。[89]

在现行国际奥委会规章制度下,两种类固醇摄入方式的差异让运动员在使用同化雄性类固醇时进退两难。前美国奥运代表队首席医务官罗伯特·沃伊表示,若国际奥委会以潜在健康风险为由禁用类固醇,那么他们非但没有解决问题,反而让问题更棘手。

如今,兴奋剂检测部门采用的药物检测程序无意间带来了更大的健康风险,因为运动员现在只能使用效果更短、毒性更大的药物来规避检测。运动员已不再使用相对更安全的AAS(同化性雄性类固醇)诺龙,转而选择更危险的口服活性AAS药物,即C-17烷烃衍生物。此外,还有很多运动员已经开始使用最危险的第三类同化雄性类固醇:睾酮酯。[90]

有必要对口服类固醇与女性运动员健康做出重要说明。由于口服类固醇见效快,女运动员服用后会很快出现男性化特征。若效果超出了使用者的接受范围,使用者可立马减少摄入或停止服用,药物会很快在身体中代谢掉,不再改变运动员的生理特性。油性类固醇和口服类固醇不同,它不会有立竿见影的效果,然而一旦进入运动员身体,会持续产生作用。这对女运动员来说就会是一个问题。首先,油性类固醇见效慢,因此他们必须调试摄入剂量,使其既能满足改变身体机能的需求,又不会引发不利影响。其次,若女运动员因服用油性类固醇而变得男性化,效果超出其接受范围,她无法立即停止药物对其身体的影响;由于该药会在体内循环多次,它会持续作用于身体系统。女运动员必须做出权衡,是选择放弃口服类固醇以规避对其肝肾功能造成的严重影响,还是选择使用口服类固醇,以便更灵活地调整类固醇剂量,在出现不利影响时立即停药。

药物禁令也会导致运动员私底下使用药物,在出现问题时或将引发极端行为。1987年4月,比吉特·德雷泽尔的悲惨离世证明了这一危险。德雷泽尔是联邦德国的一名女子七项运动员,她死于免疫系统衰竭,有人将其死因归结为服用类固醇。然而,德国《明镜周刊》刊载的说明以及博仁东克等专家对德雷泽尔尸体的医学鉴定表明,她并非死于服用类固醇。[⑩]几年时间里,德雷泽尔口服了超过40种不同种类的化学药剂,注射了至少400支针剂,其中包括德国卫生局明令禁止的细胞制备剂。当德雷泽尔的髋臀部开始慢性疼痛,她从一些医疗专家那里寻求镇痛的办法。在去世前两天,德雷泽尔拜访了24名不同的内科医师,然而她并未向任何一位医生交代完整的病史。虽然不能断定她死亡的直接原因,但常年注射动物细胞制备剂(基本为异种蛋白)引发的生理反应似乎对其免疫系统造成了毁灭性的影响。追求比赛成绩的提高是导致其死亡的部分原因;但真正的原因在于,为提高运动成绩,她在没有医疗介入与监督的情况下私自服用能逃脱国际奥委会检测的药物。赖特的分析认为,为用药运动员提供可靠的医疗监督能大幅降低服药带来的健康风险。赖安、斯特劳斯等人,包括柯培拉,也对此看法表示赞同。[62]

第四,药物禁令对运动员健康带来危害,因为它导致了药物黑市的兴起。曾经,针对酒精、大麻和海洛因等娱乐性药物的禁令让利润丰厚的黑市迅速扩张。而今,提高成绩类药物禁令的出台,加之类固醇与合成人类生长激素等药物的非法化,同样让肆无忌惮的药贩经营的高利黑市迅速兴起。

关于运动员健康,还有两点应该说明。第一点,若国际奥委会将运动员的健康置于首位,则应当确保禁药清单清楚地说明哪些是危险药物,以及在何种情况下该药物会带来危险。世界反兴奋剂机构发布的现行禁药清单包括了数百种药物,分为兴奋剂、麻醉剂、同化剂、肽类激素、β2 激动剂以及掩蔽剂几类。清单中也列出了几种提升成绩的"方法"。这一复杂的列表并未区分"自然"与"非自然"的药物与用药方式,并将危险药物与相对缓和与安全的药物列在一起。结果,禁药清单中既包含了较为强效的生物化学制剂,一旦误用将产生不可逆转的不良副作用,也包含了酒精、血液兴奋剂等较温和的物质。清单并未区分危险与安全的药物,也并未明晰自然与非自然的界限。相对无害的药物与生理活性强的药物混在一起,导致运动员所处的冒险文化不减反增。[63]

第二点,关于因健康考虑禁止用药的最后一个观点是"滑坡谬误",这在伦理讨论中常被提及。在此我们不禁要问,若运动员接受了药物禁令能保护其健康,那这一滑坡的终点在哪呢?赛艇精英教练员查尔斯·埃尔利赫认为高水平竞技中不应出现提升成绩类药物。他反对药物使用,且不建议自己的运动员用药。然而,在 2000 年 10 月于瑞士苏尔赛举办的"小型趣味划船赛"中,他指导的双人团队却检测出了违禁物质。此后他问自己,体育竞技中"我们应在何处划定最终界线"?

如果我们以有损健康为由,禁用了提升成绩且损害身体的药物，那么下一步就会禁用那些仅仅只是提升运动成绩但对多数人而言尚无明确长期影响的药物，进一步我们就会禁用血液兴奋剂及其他欺骗身体的做法。那么，再下一步是什么呢？我们会停止高原训练吗？我们会限制运动员每周的训练时长吗？我们会限制运动员可用的装备吗？只允许运动员使用如木船筏和木桨这样用自然物质手工制成的装备吗？我认为这是一个滑坡谬误。[54]

只有完全理解了"健康"体育中的矛盾、悖论以及神话，才能对提高成绩类药物与行为（不论被禁与否）做出理性分析。从20世纪到21世纪发展起来的高水平竞技的本质特性必须得到承认。过去一百年里，奥林匹克运动框架下的一系列事件导致运动员对赢得胜利和打破纪录过于狂热；运动员成了全职职业，一年到头忙于参加各种各样的训练及竞赛。最重要的是，获得胜利以及打破纪录成了奥林匹克运动的基本原则。讨论药物禁令的"伦理"依据时须全面考虑其历史背景，并从奥林匹克运动中的新行为与原则出发对其重新加以审视。

结语

罗杰·班尼斯特爵士在国际体育界赫赫有名。班尼斯特称,"运动员"参赛,是为了寻求"身心完全协调、实现自我掌控"之时强烈的满足感和个人尊严。这一观点与顾拜旦的运动理想不谋而合。顾拜旦认为,理想中的运动员"享受努力的过程","喜欢对自己的肌肉和神经施加约束,即使最终没有取得胜利,这种约束亦能给人一种胜利感"①。

班尼斯特曾受19世纪末英国公学理想的熏陶。他最著名的事件就是在四分钟内跑完一英里,打破了体育界的终极壁垒。讽刺的是,这位来自牛津大学的中长跑运动员跑出"奇迹一英里"的重要意义并不是业余主义走向巅峰;相反,3分59秒4的新纪录意味着体育界转而迈向现代高水平竞技体育的新范式。班尼斯特自身也多少意识到了这一转折,毕竟自己亲身经历,甚至在不经意间,他本人还促成了这一转折。在他看来,20世纪50年代是"体育史上一段奇特的时期",而且"与顾拜旦男爵的设想大相径庭"②。

班尼斯特的评价有三点引人深思。首先,班尼斯特并未指出那些年所发生的转变何等重要。正是这些变化引发了高水平竞技体育的变革;此后,班尼斯特所畏惧的一些现象,如运动员的职业化、利用体育竞技提振国家形象和运动员薪酬等,都显得无足轻重。到20世纪50至60年代初,国家体育体制中的训练模式发生了根本性的变革,这加快了运动记录的刷新速度③;同时,训练的目标也不再仅止于运动员所追求的个人成就带来的"极大满足"和"人格尊严"了,班尼斯特的运动理想越发遥不可及了。

其次,近期历史研究也开始着手解开20世纪50年代"纯粹运动"之谜。为了打破四分大关,胜过他的两位主要竞争对手,即堪萨斯大学田径明星维·桑特和澳大利亚顶尖的一英里赛跑运动员约翰·兰迪,班尼斯特将最新的医学与科技成果融入了他的训练计划。④他利用心脏起搏器助其打破四分钟大关。许多人认为,用这种方式提升成绩"在严格意义上说是违规的"⑤。另外,班尼斯特在获得生理学学士与硕士学位之后又接受了医学教育,这一特殊背景使他能利用生理学实验文献中的知识,对运动员们(包括自己在内)进行富氧环境下的平板运动实验,来提高跑步成绩。除此之外,班尼斯特还应用了全新的"法特莱克训练法"和"间歇训练法"。这类训练模式包含精心设计的训练节奏,伴有休息间隔。班尼斯特尽一切可能,利用最前沿的技术,为他在牛津大学伊夫利路的煤渣跑道上的"奇迹一英里"赛跑提速。⑥例如,他设计了一双重量仅为四盎司(113.4克)的手工轻跑鞋,鞋底由石墨打造,另有锐利的鞋钉。简单来说,正如贝尔指出的,"若简单地将'业余'与'职业'对立,则会发现罗杰·班尼斯特不能归为其中任何一类。从某种程度上说,他是一名职业的业余选手"⑦。

最后,同样也是最重要的一点。对那些真正意义上的业余选手而言,每日的时间被各种社会活动及工作事务填得满满当当,他们只能在闲暇时间跑步。班尼斯特早期的训练方式对真正的业务选手是适用的。但即使是在1952年的奥运会上,这些训练方法都不足以让运动员具备夺金的耐力和力量。1952年之前,奥运会的赛制为预赛加决赛,两场中间还有一天的间隔。1952年后,奥运会赛场变大,赛制也发生了变化,包含了预赛、半决赛和决赛,而且比赛连续举行。"真疯狂",班尼斯特后来回忆道,"那些和我一样训练的人,没有一个能连续三天都跑出好成绩。"奥运会上的一英里跑已经变成了力量和耐力的比拼。仅靠充沛的精力和速度已不足以取胜了。真正意义上的业余选手顶多能在精力和速度上取胜。⑧

同样,大众十分迷恋首次打破一英里四分大关的那位运动员,这对20世纪50年代世界顶尖的一英里跑运动员产生了直接且显著的影响。兰迪差不到两秒就可以打破这个壁垒,但他叹息道:"当你站在跑道上,你会发现即使15码的突破都很难实现——就像要穿越一道水泥墙一样艰难。"卡尔文·舒尔曼指出,"这片希望之乡"是径赛运动员想象中的打破壁垒之后的世界,这也是高水平竞技的未来。"要取得数十年来都从未有过的突破,参赛者必须有坚如钢铁的意志力和丰富的想象力……(他)以内在力量和对自身的高度关注,将耐力和速度完美结合,推倒了这堵水泥墙,带领体育运动的未来进入了希望之乡。"⑨总之,"这片希望之乡"即当今的世界级高水平竞技时代,它在随后20年开始出现,更在其后30年里得到了全面发展。

本研究的中心主题为抽象概念上的"体育"。这个"体育"概念不仅满足了创造竞技神话的要求,也误导了当代所有关于世界高水平竞技的讨论。高水平竞技世界包含一系列带有历史特征的社会实践,因此,相关研究必须基于社会历史特征和现实经验。当今,高水平竞技无一例外都使用了工具理性以及系统的科技手段来提升成绩,追求胜利,不断打破纪录。因此,在二战后民族国家建立的体育体制中,违禁手段与违禁药物的广泛使用成了一个重要的普遍特征。若不能改变此现状,那么不论是对违禁药物及手段的管控,还是对运动员生活的管理,都无异于缘木求鱼。基于"体育精神"这一抽象理念的政策注定失败。而原因在于,这些政策与世界体育在过去60年间所走过的社会、历史和政治道路完全不符。

20世纪后期至21世纪的高水平竞技体制不同于人类历史上的任何一种体育体制。从本质上来看,各民族国家的政治结构、主流文化价值以及公私官僚体系各异,因此,相应的体育体制也不尽相同。即便如此,这些体育体制在一些本质特征上趋同。如今的世界级体育体制包括：系统运用纯粹科学与应用科学研究来提高运动员成绩；对体育人才进行早期发掘，并分不同方向进行专业化训练；训练专业化，聘请职业营养师、生物力学家、运动生理学家以及运动心理学家来辅助训练；精心打造训练设施，辅以尖端装备和教学技术；为运动员与体育协会设立奖金与激励机制。尽管大众只关注赛事结果和奖励，但当代高水平竞技是一个复杂的综合体，而提高运动成绩的做法也是其重要特征之一。

当代高水平竞技的工作世界

在第三章伊始，奥威尔就警告道，面对"体育"等抽象概念时，切勿为语言所束缚，切莫从一开始就使用语言。若你抵制住了使用"现有语言"的诱惑，并"在脑海搜寻"，试图找到"合适的词语"来描绘这一概念，你会用什么词汇来描述当代世界级高水平竞技呢？当然，可供选择的词汇有很多，其内涵应不仅限于过终点线前的冲刺或决定胜负的最后一球。在当今的高水平竞技时代，"胜利"一词或许是一个出发点。

金牌颁奖仪式光彩万分，它照亮了青年运动员的梦想，承载了体育教练的最大愿望，达成了各国体育领袖和政界人士的重要目标，体现了现代体育的核心意义。仪式上，国歌为获胜者奏响，当国歌进行到鼓舞人心的高潮，当国旗升至场馆上空，台下欢呼庆祝，金牌闪闪发光，此刻，民族自豪感高涨。安迪·沃霍尔曾宣称，我们成名都不过15分钟的热度，而奥运金牌颁奖仪式的光彩夺目让这一名言不攻自破；奥运金牌必须另当别论。在一个崇尚英雄的世界，奥运金牌的意义似乎更为深刻。事实也的确如此。问题是，光鲜外表背后存在多少谎言，鲜为人知。也很少有人知道，金牌成绩（或者说经训练提高的成绩）意味着什么。

约翰·伯格在《观看之道》中对艺术、广告和时尚业魅力做出了经典描述，他研究巴黎时装秀场表面光鲜背后的秘密，研究广告商如何营造出产品的诱惑力，如何赋予毫无新意的香水、口红、眼影和微风中飘拂的真丝衬衫以异域风情。[⑩]奥运金牌颁奖仪式为高水平竞技的现实世界涂上了神话般的色彩，营造了一个类似的假象。

为揭开时尚业的面纱，伯格聚焦于成千上万的车间工人单调乏味的工作世界，他们在千篇一律的装配线上辛苦劳作，或拧香水瓶盖，或用相同图案缝制一个又一个口袋，时复一时，日复一日，月复一月，年复一年，正是这些工作造就了时尚。[⑪]世界级高水平竞技也是如此，低收入运动员为不落后于对手，坚持训练，毫不松懈，而他们所面临的对手亦同样努力，只为突破人类运动表现极限。每一位赢得奖牌、登上新闻头条的运动员背后，都有成千上万名运动员努力训练，却籍籍无名。每一位成为百万富翁的奥运冠军背后，都有成百上千名奥运冠军，尽管曾甲冠天下，却仍难以过上舒适的生活。每一名世界级高水平竞技运动员，或已功成名就，或正不断努力达到奥运标准，他们的生活都充斥着严苛的重复性常规训练，年复一年，其间唯一的间隙是高强度、高消耗、胜者为王的体育赛事。[⑫]

在2004年夏季奥运会半决赛的双人皮艇项目中，加拿大桨手大卫·考尔德由于在比赛接近尾声之时误划入南非赛道，被取消了比赛资格。这一事件可谓高水平运动员真实生活的缩影。考尔德说道，"为了达到这个水平，我牺牲了很多。"

> 为了本周的比赛，我耗费数年之久，历经几千千米划行训练。我把生活中一切事情都搁置了。整个夏天我都在训练，女儿生命中一半的时间我都不在她身旁，结果现在却被取消比赛资格，这让我难以接受。[⑬]

虽然已有体育社会学家对引导儿童参与体育运动的社会化过程进行了研究,但大部分研究工作都浮于表面。若说人们对世界级高水平竞技的理解有何重大疏漏,那一定是对成为一名有竞争力的世界级运动员的过程中所需训练的描述仍旧不够充分。[14]在高水平竞技的真实工作世界中,运动员都必须经历对身心要求极高的长期训练才能成为世界级高水平运动员,不论性别,不论年龄。在所有职业中,运动员职业对儿童的技艺要求最高。[15]该现象导致了几个后果,其中最重要的是,运动员将训练视为常态,认为训练是世界级运动员养成过程中不可或缺的重要组成部分。

在高水平竞技的世界,运动员最重要的工具是其身体。一如所有技艺精湛的手艺人士,运动员打磨、调整、研究他们的手艺工具,打造出最佳人体性能。在柔道、摔跤、拳击和举重等按照体重划分等级的运动项目中,运动员在其整个国际比赛生涯中都必须控制体重,确保在称重时体重处于限值内,分毫不差,而几个小时后又能迅速增重几千克。对年轻女性体操运动员和游泳运动员而言,为了保持体重和力量的最佳平衡,训练任务越来越严苛,而饮食控制却越来越严格。[16]跑步运动员在世界各地的公路、跑道和郊外进行训练,每周完成数百千米的跑步训练,消耗数以千计的卡路里。世界级运动员坚持长期、专业的体重训练计划,致力于打造运动所需要的体格与理想优势。总之,为达到运动的严格要求,运动员对自己的身体不断进行塑造与再塑造。正如冰球运动员对冰球杆杆刃反复剪切、加热和塑形,直至理想状态;同样地,所有高水平运动员都要打造自己的身体,为其塑形,确保这台精密仪器能够产出世界级运动成绩。[17]

这一人生经历真实到不容辩驳,它也影响着运动员对现实体育世界的看法。此外,这也是运动员一进入体育系统就必须面临的现实,在体育系统内的20至30年的职业生涯里,这一现实与他们的关联越来越密切。在此期间,风险渐增,要求渐高,运动员的投入飞速攀升。因此,对于通过人类动因作用构成体育系统重要部分的运动员来说,高水平运动员所面临的首要核心现实是,他们需要不断打造自己的身体,精益求精,让这台特殊工作仪器不仅能达到人类潜能极限,甚至还能超越极限。

若论世界级高水平竞技,心志不坚者无以成。顾拜旦复兴奥林匹克运动会,期望在各国运动员间建立起骑士般的手足情谊。仅仅一个多世纪后,奥林匹克运动会已然成为金牌之争,运动员们穷其一生争夺奥运金牌。"只要奋斗,就能胜利!"1908年迪姆的这句名言似乎揭露了运动的真理。然而事实并非如此。在战前的普鲁士,这一名言有其特殊含义;20世纪60至70年代,在布伦戴奇试图建造的体育世界里,这一含义同样适用。而在当今特定背景下,各国高水平竞技体育体系高度发达,资源充足,细致规划其实验研究,运用最新技术提高成绩,经年累月持续投资;当来自这些体育体系的运动员彼此竞争,奋斗的概念则迥然不同了。通过日复一日的训练激发人体极限表现是现代才有的现象,史无前例。获胜动机所来源的世界环境也不同以往了。当今形势有其历史根源,它源于冷战、战后欧美的科学理性世界观、20世纪晚期的消费社会和特定民族国家的地缘政治目标。任何改革的建议都必须从这个现实情况出发。

政策启示

本研究阐述了自顾拜旦时代以来,世界级高水平竞技体育在性质与程度上所发生的巨大变化。20世纪,体育界迎来了一次范式转变,通过科学辅助与工具理性追求打破纪录成为国际竞技体育的主流。为攫取奥运金牌带来的政治以及意识形态上的利益,苏联、美国、民主德国与联邦德国等民族国家投入大量资源发展体育。同时,当提升成绩转而成为奥运会甚至世界级体育竞技的核心理念时，强大的商业与媒体利益团体也开始大力投资体育竞技，并从中获利。

在此转向下，各国开始运用多种方式来提升比赛成绩，譬如提高训练强度，聘请生物力学、运动生理学和心理学专家，聘用大量教练和训练专家等。在众多用于提升运动成绩的药物和手段中，遭到明令禁止的仅是少数。药物禁令有其伦理依据，它与"体育精神"这一哲学概念密切相关；尽管"体育精神"与国际奥委会面对的真实体育世界毫无关联，国际奥委会仍旧坚持提倡这一概念。本研究探讨了20世纪以来高水平竞技的历史发展历程。更重要的是，基于此历程，本研究对国际奥委会领导层禁用某些提高成绩类药物（而对其他同类做法放任不管）的决定提出疑问，认为其依据有待商榷。

鉴于当下针对特定提高成绩类药物的禁令政策毫无作用，体育界亟待建立新标准，从社会历史背景出发，公开探讨体育竞技中提升成绩这一做法。基于20世纪高水平竞技独特的历史发展轨迹，基于提升成绩手段成为高水平竞技领域重要内容这一现实，本书提出三大标准，用以规范相关讨论。

其一，任何有关提升运动成绩做法的政策，都必须从高水平竞技的现实世界出发，援引"体育精神"毫无意义。只有全面理解现代高水平竞技的现实世界，有关提升成绩类做法的讨论才能取得成效。本研究的主要目标是，基于运动员、体育管理者、政策制定者、商业利益团体和政界领袖所处的真实社会环境，围绕提高运动成绩的做法，开启一场开放民主的辩论。相关讨论需考虑1896年至今奥林匹克运动的社会史，以及该时期（特别是1933年至1974年间）更广泛的社会历史力量。任何从"体育精神"出发的讨论都必无功而返。

其二，鉴于世界级高水平竞技的现实情况、成绩至上原则以及以提升成绩为中心的奥林匹克体育理念与行为，我们必须坦率地探讨应采取何种措施保障运动员的健康。若讨论仅聚焦于提升成绩类药物,则会忽视两个极为重要的事实,进而无法针对影响运动员健康幸福的现实问题展开合理探讨。

第一,对某些药物的妖魔化致使运动员私下服用药物,用药前或未得到正规医学建议,甚至药品质量也无保障。第二,尽管对种种提高成绩类药物及做法仍有应解的重要疑惑没有得到解决,在当前背景下,全面公开且接受同行审议的系统性研究仍无法开展。提高成绩类药物的研究与使用遭受阻力,部分原因在于担忧相关信息可能用于不法行为。然而,公众对滥用技术的恐慌一直存在。干细胞、生殖技术、基因工程等技术的研究与应用所带来的恐慌即为例证。然而,以上三个领域若要取得进展,其最大阻碍莫过于管中窥豹,武断地颁布禁令,叫停相关做法、程序与研发活动。而在体育界,无法对提高成绩类药物展开全面研究将给运动员带来长远影响,尽管如此,提高成绩类药物的研究与应用却远不及上述三个领域。然而,由于类固醇这个妖怪分散了人们的注意力,那些切实存在、亟待探寻的未解之谜并未得到足够重视。

一味聚焦于特定提高成绩类违禁药物会产生另一个后果。它让人们忽视了一个更普遍的问题,即高水平竞技是一系列社会行为。当民族国家、商业人士、体育管理者、教练、体育科学专家以及运动员都在不懈追求打破纪录,将人类运动成绩推向极限,这些行为本身就值得质疑。这些行为是否安全,是否健康,是否值得?

当今的高水平竞技与伟大艺术惊人地相似。天才与疯子间也仅一线之隔。要划清这一界限并非易事,往往只能就某一时刻某一事件而论。大众欢呼高水平竞技的成就,认定其大多行为都有益身心健康,值得赞赏;而事实上,这些行为与大众眼中病态的形象与做法直接相关。对于那些完全按照高水平竞技要求生活的运动员而言,健康与病态更难区分,因为在整个职业生涯内,大众的接受度每日都在悄然变化,不觉间变化已翻天覆地。

对于许多高水平运动员而言,若每日训练四至六小时也无法达到理想的瘦体重,那么,从2500卡路里的每日摄入量中减少100卡路里也并无不可。而一些其他运动员通过贪食行为,得以在每周五和周日享用晚餐后,再减掉500克多余的重量,达到重量级要求。相比于参与朋友聚会,运动员宁可选择每月增加1200千米的训练来提高耐力,在国际上获得理想排名。此外,兼职赚取最低工资和接受国家补贴的差异十分明显:国家补贴让运动员有更多自由时间接受训练,从而更能满足家长、学校、社区、省级体育组织、国家体育组织、政界领袖、国家媒体以及国内群众的期望。然而,不论做何种选择,运动员的生活水准都远低于贫困线。在高水平竞技体系内,运动员追求世界奖牌的时间越长,离领奖台越近,健康和病态的界限就越难以分辨。[18]相较于服用感冒药、利尿剂、大麻、合成代谢类药物,以上问题对世界级运动员健康与幸福的影响更大。对这些问题的聚焦正是本研究的一项直接的政策建议。

其三,第一章提到,合法权力职位上的领导人有权制定政策,并制裁违规者。即便政策与机构的实际原则和惯例大相径庭,领导人甚至仍认为他们的做法有其道德与伦理依据。然而,也存在另一可能,由于政策制定过程脱离其现实世界,且多数重要参与者都被排除在政策制定过程之外,政策制定流程本身存在漏洞,缺乏合理性。

由于二战后奥运会变革,运动员为获得奥林匹克荣誉,不得不加倍投身于体育事业。虽然在决策与政策制定过程中,运动员的角色相对并无变化,但他们与奥运会的关系性质已不同以往。尽管在奥林匹克运动中,世界级运动员扮演的角色十分关键;尽管运动员的劳动为国际奥委会、商业利益集团及各大媒体巨头带来数百万美元的收入,运动员们仍是这个劳动过程中被剥夺权利的参与者。与其他领域的直接生产者不同的是,高水平竞技领域有效机制的缺失,让运动员们无法谈工作条件。

"(高水平竞技)体育政策,"巴里·霍利亨称,"总体上是代表运动员为运动员制定的,但制定过程中未与运动员磋商,更未与其展开合作。"霍利亨的研究显示,在运动员确有发言权的管理机构中,运动员通过"确保不涉及任何重要决策"的运动员委员会行使权力,但会员比例与涉及事务都十分有限。[19]总而言之,霍利亨认为,即便有运动员代表,这种代表也"总处于家长式管理之下,是象征性的,且其目的更多在于保障国家(体育)管理机构的合法性,而非在决策过程中给予运动员更大发言权和参与度"[20]。

21世纪高水平竞技的本质、构建高水平竞技的运动体制,以及提升成绩作为不断打破纪录的关键,这三者构成了一个与运动员及其支持者都密切相关的工作世界。因此,鉴于20世纪高水平竞技领域发生了翻天覆地的变革,鉴于当代运动员面临的要求更严苛,本研究的第三个政策建议为,在任何涉及训练与工作条件的政策中,运动员都必须处于中心地位。

与顾拜旦时期和顾拜旦理想相比,今天的世界级高水平竞技的确是一个全新的世界。它悄无声息地出现,人们对这些变化往往浑然不觉或未足够重视。然而,特定药物禁令政策背后的理据却是所谓的"体育精神"。禁药政策并不成功,因为政策并未考虑到塑造如今高水平竞技发展的社会历史因素。本研究旨在强调此社会历史现实的重要性,所有有关世界级竞技体育前景的讨论都应以此现实为基础。若对奥运会历史缺乏了解,既未充分深刻地认识到塑造奥运会的力量,又未批判性地鉴别运动员的真正利益与需求,那么奥林匹克变革只会重演以往的闹剧。

注　释

引言

① "Aujourd'hui: TVM-Profis nahmen Dopingmittel und Drogen [Today: TVM-profes-sionals take doping substances and drugs]," (November 10, 1998), http://www.radsport-news.com/news/tvm-drog.htm and "TVM Trial Scheduled for May," (March 28, 2001), http://www.cyclingnews.com/results/2001/mar01/mar28news.shtml.

② "Chronology of 1998 Tour de France Drug Scandal," (September 22, 1998), http://sportsillustrated.cnn.com/cycling/1998/tourdefrance/news/1998/08/02/drug_chronology/ and John Hoberman, "A Pharmacy on Wheels: The Tour de France Doping Scandal," http://www.thinkmuscle.com/articles/hoberman/tour.htm.

③ "Two More Charged with Tour Doping," (July 31, 1998), http://news.bbc.co.uk/2/hi/special_report/1998/07/98/tour_de_france/142958.stm.

④ 2000年10月23日,十名与费斯蒂纳有关的人,包括法国自行车明星理查德·维伦克,被带上法庭受审;参见"Cyclists in Spotlight as Tour Trail Begins," (October 23, 2000), http://news.bbc.co.uk/sport2/hi/other_sports/986272.stm,法庭宣判维伦克无罪,另有8人因

参与分发违禁药物而被罚款并判处缓刑；参见 "Court Acquits Virenque in Tour de France Doping Trial," (December 22, 2000), http://sportsillustrated.cnn.com/cycling/news/2000/12/22/france_doping_trial_ap/，三名 TVM 事件涉事官员被兰斯法院处以罚款及缓刑；参见 Nicholas Marrill, "Cycling Dope Cheats Sentenced," (October 24, 2001), https://lists.calyx.net/archives/urine-test/2001-October/000017.html。

⑤ "A Call for Doping Changes," *New York Times* (July 27, 1998), C2；另见"La polémi-cia propuesta de Samaranch [Samaranch's Polemical Proposal]," *El Mundo* (July 27, 1998), 4; Jeremy Whittle, "Tour Trips Through Drugs Haze," *The Times* (July 27, 1998), 32; "Samaranch Seeks to Clarify Rules Governing Drug Use," The *Washington Post* (July 27, 1998), C2; "Kürzung der Dopingliste [Reducing the Doping List]," *Süddeutsche Zeitung* (July 27, 1998), 23; "Zu viele Mittel verboten? -Samaranch fordert Kürzung der Dopingliste [Too Many Substances Banned? -Samaranch Proposes a Reduction of the Doping List]," *Frankfurter Allgemeine Zeitung* (July 27, 1998), 20; "M. Samaranch veut réduire la liste des produits interdits [Samaranch Wants to Reduce the Banned List]," *Le Monde* (July 28, 1998), 18; "IOC President Denounced for Comments on Drug List," *Globe and Mail* (July 28, 1998), S3; Steve Keating, "Il Pirata Captures Tarnished Tour," *Globe and Mail* (August 3, 1998), S1; and Steve Rushin, "Throwing in the Towel: Beating a Hasty Retreat in the War on Drugs," *Sports Illustrated* (August 10, 1998), 17。

⑥ 公众对萨马兰奇声明的第一反应是怀疑和愤怒，可参见 "Drugs Stance Stirs Outrage," (July 27, 1998), http://news.bbc.co.uk/1/hi/sport/140315.stm。

⑦ 关于洛桑会议，参见 http://www.wadaama.org/asiakas/003/wada_english.nsf/11b5c75053a82e11c225694c005450aa/97742b7ffe72c4e8c2256bb90037d408? Open Document。关于1999年5月7日至9日的杜克大学会议，参见 http://www.law.duke.edu/sports center/conference.html。2002年8月，世界反兴奋剂机构宣布将于2003年3月3日至5日举行第二次世界体育反兴奋剂大会，参见 http://www.wada-ama.org/asiakas/003/wada_english.nsf/。

⑧ John MacAloon, "Doping and Moral Authority: Sports Organizations Today," in Wayne Wilson and Edward Derse, eds., *Doping in Elite Sport: The Politics of Drugs in the Olympic Movement* (Champaign, Il.: Human Kinetics Press, 2001), 225-40; John Hoberman, "How Drug Testing Fails: The Politics of Doping Control," in *Doping in Elite Sport* and John Hoberman, "Learning from the Past: The Need for Independent Doping Control"(1999年5月7日北卡罗来纳州达勒姆举行的杜克大学兴奋剂大会上的发言)，http://www.law.duke.edu/sportscenter/hoberman.pdf。

⑨ 加拿大兴奋剂和违禁行为调查委员会对世界高水平竞技体育的调查最为彻底，但委员查尔斯·杜宾对加拿大体育体制的理解也存在严重缺陷（参见引言至第3章）。杜宾参考的材料是时任体育部副部长助理莱尔·马科斯基提供的。马科斯基的材料只是重申了政策文件，并向杜宾提供了加拿大体制示意图。他的观点与唐·麦金塔、汤姆·贝德奇、C. E. S.弗兰克斯和大卫·哈雷特的观点相同，参见 Don Macintosh, Tom Bedecki, and C.E.S. Franks, *Sport and Politics in Canada: Federal Government Involvement Since 1961* (Kingston and Montreal: McGill-Queen's University Press, 1987)和David Hallett, The History of Federal Government Involvement in the Development of Sport in Canada 1943-1979 (doctoral dissertation, University of Alberta,

1981)。在杜宾委员会的听证会上,无任何证词涉及以运动员为中心的加拿大高水平竞技体育体制现象学分析。参见 Rob Beamish and Bruce Kidd,"A Brief to Mr. Justice Charles Dubin,"(January,1990)。另参见 Rob Beamish,"Major Omissions in the Dubin Commission of Inquiry,"(a paper presented at the annual meeting of the Canadian Association of Sociology and Anthropology, Victoria B. C., May 26 – 30, 1990) 或 Rob Beamish,"Zur Professionalisierung des Hochleistungssports in Kanada [On the Professionalization of High-Performance Sport in Canada]," *Sportwissenschaft* [Sport Science] 21:1 (1991), 70 – 8。

⑩ 参见世界反兴奋剂机构网站:http://www.wada-ama.org/en/t1.asp。关于首任主席理查德·庞德阐述世界反兴奋剂机构的创立,参见 Richard Pound, *Inside the Olympics: A Behind-the-scenes Look at the Politics, the Scandals, and the Glory of the Games* (Canada: John Wiley & Sons Canada Ltd, 2004), 49 – 86。

⑪ World Anti-Doping Agency, "World Anti-Doping Code", (March, 2003), http://www.wada-ama.org/docs/web/standards_harmonization/code/code_v3.pdf.

⑫ James Christie, "New Code Secures Control," *The Globe and Mail* (Thursday March 6, 2003).

⑬ World Anti-Doping Agency, "Code Acceptance," (September 5, 2005), http://www.wada-ama.org/en/dynamic.ch2? pageCategory_id=161.

⑭ World Anti-Doping Agency, "The World Anti-Doping Code: The 2004 Prohibited List, Internatio-nal Standard" (updated March 17, 2004), http://www.wada-ama.org/docs/web/standards _ harmonization/code/list_standard_2004.pdf. See also Fédération Internationale de Football, "Medical Matters," http://www.fifa.com/en/devel-opment/

medical/index/0,1233,52502,00.html? articleid=52502.

⑮ New Zealand Sports Drug Agency, "Summary of Key Changes to the WADA Prohibited List 2004," http://www.touchnz.co.nz/content/Policy/General/530/ banned_list_summary.pdf; Paralympics New Zealand, "Explanation re: WADA Changes," http://paralympicsnz.org.nz/Default.aspx? instanceId=4138; Sports-drugs.com, "WADA Announces New (And Much Improved) Drugs List for 2004," http://www.sports-drugs.com/asp/ss_news29.asp.

⑯ James Christie, "Some Stimulants May Be Allowed," The Globe and Mail (September 18, 2003), S5; "Caffeine, Sudafed Removed From Doping List," The Toronto Star (September 17, 2003).

⑰ 《水星报》"兴奋剂丑闻"网页上有大量关于湾区实验合作社(BALCO)被指控的实证信息,参见 http://www.mercurynews.com/mld/mer-curynews/sports/special_packages/doping_scandal/。有关湾区实验合作社的关键报道参见 Elliott Almond, Mark Emmons and Pete Carey, "The Speed Demons of Balco: How Firm at Centre of U.S. Drug Scandal Built Tim Montgomery into the World's Fastest Man," San Jose Mercury News, reprinted by The Toronto Star (May 27, 2004)。

⑱ 大陪审团传唤的运动员包括田径运动员玛里安·琼斯、蒂姆·蒙哥马利、克莱斯特·加尼斯和雷吉娜·雅各布斯,铅球选手凯文·托斯,游泳运动四枚金牌得主艾米·范·戴肯,职业棒球手杰森·吉安比、巴里·邦兹、A.J.皮尔辛斯基、鲍比·埃斯特拉、贝尼托·圣蒂亚哥和阿曼德·里奥斯,以及美国橄榄球联盟球员蒂龙·惠特利、克里斯·海瑟林顿、达娜·斯塔布菲尔德、克里斯·库珀和约翰尼·莫顿。参见 Richard Sandomir, "Stiff Penalties are Proposed to Rein in U.S. Drug Cheats," New York Times (October 23, 2003), D8; "U.S. Track

Stars Testify in Supplements Lab Inquiry," *New York Times* (October 31, 2003), D3; "Tim Montgomery Testifies in Balco Case," *New York Times* (November 7, 2003), D4; "A Photographer Says Wheatley Hit Him Outside Courthouse," *New York Times* (November 14, 2003), D4; Jere Longman, "Drugs in Sports Creating Games of Illusion," *New York Times* (November 18, 2003), D1, D2; "Baseball Players Testify," *New York Times* (November 21, 2003), D3; Van Dyken Testifies in Balco Case," *New York Times* (November 28, 2003), D10; Jere Longman, "Inquiry on Steroid Use Gets Bonds Testimony," *New York Times* (December 5, 2003), D1, D3。

⑲ Sara Brunetti, "THG: The Hidden Steroid," (November 26, 2003), http://www.cbc.ca/news/background/steroids.

⑳ Gregory Strong, "Quebec League to Test for Drugs," *The Toronto Star* (January 22, 2004); reproduced as Gregory Strong, "Quebec Midget Hockey League to Begin Drug Testing in March," http://www.canoe.ca/Slam040121/hky_que-cp.html.

㉑ 青少年冰球评论员指出,冰球运动的主要问题不是类固醇,而是兴奋剂的使用。运动员长时间乘坐巴士、进行训练,漫长赛季的消耗,赛后又通过酒精来快速恢复,为了克服身体上的不适感,运动员使用了各种兴奋剂。正如球员经纪人吉勒斯·卢皮恩所说的那样,"我们不能责怪这些(魁北克职业青年冰球联盟的)小运动员。你看看他们旅行的方式、距离和频率。从蒙特利尔(乘巴士)到布雷顿角就像从蒙特利尔到温尼伯或佛罗里达一样远"。引自 David Naylor, "Drug Use Rife in QMJHL: Report," (December 9, 2003), http://www.the-globeandmail.com/servlet/story/RTGAM.20031209.wjrhky9/BNStory/Sports.

㉒ See Naylor, "Drug Use Rife in QMJHL."

㉓ MLB press release, "MLB to Launch Dominican Republic Drug-

Testing Program," (April 30, 2004), http://mlb.mlb.com/NASApp/mlb/mlb/news/mlb_press_release.jsp? ymd=20040430&content_id=732525&vkey=pr_mlb&fext=.jsp. Steve Fainaru and Christine Haughney, "Pataki Urges MLB on Testing,"*Washington Post* (July 16, 2003), D1 or *The Globe and Mail* (May 1, 2004), S6.

㉔ See "Millar dans la tourmente [Millar inside the storm]," *L'Équipe* (June 25, 2004), http://www.lequipe.fr/Cyclisme/20040625_091924Dev.html; Randy Starkman, "More Drug Bombshells Revealed," *Toronto Star* (June 25, 2004); William Fotheringham, "Millar's Tale of Life on the Edge Makes Sad Reading," *The Guardian* (July 21, 2004), http://sport.guardian.co.uk/cycling/story/0,,1265606,00.html.

㉕ James Pope, ed., "Investigation Official Statement," on the David Millar website (July 2, 2004), http://www.itsmillartime.com/; Agence France Presse, "Millar Sacked, Likely to Lose World Title," *VeloNews* (July 20, 2004), http://www.velonews.com/news/fea/6619.0.html; "Millar, Poised to Lose World Title, Opens Up," *VeloNews* (July 26, 2004), http://www.velonews.com/news/fea/6682.0.html.

㉖ Pierre Coubertin, *Olympism: Selected Writings*, ed. Norbert Müller (Lausanne: International Olympic Committee, 2000), 552.

第 1 章

① C. Wright Mills, *The Sociological Imagination* (New York: Oxford University Press, 1959), 6.

② 有关体育运动中提高成绩药物禁令的详细历史，请参见 Wayne

Wilson and Edward Derse, eds, *Doping in Elite Sport: The Politics of Drugs in the Olympic Movement* (Champaign, Il.: Human Kinetics Press, 2001) and Charles Yesalis, ed., *Anabolic Steroids in Sport and Exercise* (Champaign, Il.: Human Kinetics Publishers, 1993)。

③ Pierre Coubertin, *Olympism: Selected Writings*, ed. Norbert Müller (Lausanne: International Olympic Committee, 2000), 571。

④ 出处同上, 559。

⑤ 出处同上, 294-295, 308, 531-532, 533-534, 543-546, 552, 564-565, 580-583, 592-593。另参见 John MacAloon, *This Great Symbol* (Chicago: University of Chicago Press, 1981), 43-112 and D. Brown, "Modern Sport, Modernism and the Cultural Manifesto: Coubertin's *Revue Olympique*," *International Journal of the History of Sport* 18:2 (2001), 79, 101。

⑥ Coubertin, *Olympism*, 532, see also 308. 有趣的是,大卫·杨最近对"身心结合"这一概念提出了疑问,在整个希腊历史上,与"身心结合"同样有名的拉丁语格言"有健康的身体才有健康的精神"反映了同一个哲理。随着古希腊的发展,越来越多的人认为精神应凌驾于身体之上,运动员也因此受到越来越多的诋毁,这一观点在基督教早期呼声最高。尽管如此,顾拜旦和其他人认为,古人坚信身体对性格的培养很重要。参见 David C. Young, "*Mens Sana in Corpore Sano*? Body and Mind in Ancient Greece," *The International Journal of the History of Sport* 22:1 (2005), 22-41。

⑦ 出处同上, 534, 536。

⑧ 出处同上, 536-567, 557, 543。1908 年,顾拜旦在回顾他复兴古代奥运会之举时指出,他已经"清楚地认识到","在广告和虚张声势的气氛中"进行体育运动所带来的危险。在这样一个社会里,努力的导向通常是对物质利益的追求,而体育的"商业价值被公开赛事的组织者开

发利用"。他认识到,奥运会只有"以最纯粹的体育精神,自豪、快乐、忠诚地实现对体育运动的最高奉献",才能达到他的教育目标,第543－544页。

⑨ 出处同上,552。顾拜旦对节日的兴趣以及对奥运会的宏伟构想源自他对音乐和美学的品位。"从(顾拜旦对盛会的偏爱)不难理解顾拜旦对瓦格纳音乐的喜爱,这也是他多次参加拜罗伊特音乐节的原因,"诺伯特·穆勒写道,"然而,顾拜旦的艺术作品不是"尼伯龙根指环"(The Rings of Nibelungen),而是"奥林匹克运动会"(the Olympic Games)。"

⑩ 出处同上,559。

⑪ 出处同上,654,588。"古代奥林匹克主义和现代奥林匹克主义的主要基本特征是,现代奥林匹克主义可以说是一种宗教信仰",第580页。

⑫ 出处同上,581;原文强调。

⑬ 出处同上,593。

⑭ Barrington Moore, *The Social Origins of Dictatorship and Democracy* (Boston: Beacon Press, 1966), 488。讽刺的是,法国贵族顾拜旦并不赞同欧洲贵族的世袭制度。顾拜旦更赞同古典希腊,因为那里除了奴隶,家族的传承并不是决定统治贵族阶层身份的重要方面。

⑮ Coubertin, *Olympism*, 545.

⑯ 出处同上,654。

⑰ 出处同上,546。在顾拜旦的各大著作中,始终都提及荣誉在决定奥运会参赛资格时所发挥的重要作用,以及奥林匹克运动中宣誓的重要性;例如,参见同上出处,557,645,647－648。

⑱ Allen Guttmann, *The Olympics: A History of the Modern Games* (Urbana and Chicago: University of Illinois Press, 2002), 16－17.

⑲ Richard Gruneau and Hart Cantelon, "Capitalism, Commercialism, and the Olympics," in Jeffrey O. Segrave and Donald Chu, eds, *The Olympic Games in Transition* (Champaign, Il.: Human Kinetics, 1988), 352.

⑳ Guttmann, *The Olympics*, 15-16.

㉑ Gruneau and Cantelon, "Capitalism, Commercialism," 353.

㉒ Robert K. Barney, Stephen R. Wenn, and Scott G. Martyn, *Selling the Five Rings: The International Olympic Committee and the Rise of Olympic Commercialism* (Salt Lake City: The University of Utah Press, 2002), 28-9.

㉓ 出处同上,31-49。

㉔ Alfred Senn, *Power, Politics and the Olympic Games* (Champaign, Il.: Human Kinetics Press, 1999), 9-11, 45-6.

㉕ Eberhard Hildenbrandt, "Milon, Marx und Muskelpille-Anmerkungen zur Kulturgeschichte des sportlichen Trainings [Milon, Marx and Muscle Pills-Notes on the Social History of Training in Sport]," in Hartmut Gabler and Ulrich Göhner, eds, *Für einen besseren Sport...: Themen, Entwicklungen und Perspektiven aus Sport und Sportwissenschaft* [For a Better Sport...: Themes, Developments and Perspectives from Sport and Sport Science] (Schorndorf: Verlag Karl Hofmann, 1990), 270-3.

㉖ 引自 Senn, *Power, Politics and the Olympic Games*, 61。

㉗ 有趣的是,国际奥委会主席顾拜旦的三位继任者——亨利·巴耶·拉图尔(1925—1942)、西格弗里德·埃德斯特伦(1942—1952)和艾弗里·布伦戴奇(1952—1972)都有田径背景。

㉘ Coubertin, *Olympism*, 543.

㉙ Lord Michael Killanin, "Eligibility and Amateurism," in Lord Michael Killanin and John Rodda, eds, *The Olympic Games: 80 Years* of People, Events and Records（Don Mills：Collier-Macmillan，1976），150.

㉚ 同上。

㉛ 同上。

㉜ 引自 Allen Guttmann, The Games Must Go On：Avery Brundage and the Olympic Movement（New York：Columbia University Press，1984），116；see also Killanin,"Eligibility and Amateurism,"150. 关于业余精神的详细描述,参见国际奥委会第68次会议(华沙,1969年)上的论文 Avery Brundage,"On Amateurism,"以及 Guttmann, The Games Must Go On, 110-13。

㉝ James Riordan, Sport in Soviet Society（Cambridge：Cambridge University Press，1977），161-2。

㉞ 出处同上，162-164. Senn, Power, Politics and the Olympic Games，85。

㉟ 出自 Brundage Archive，University of Illinois；以注释形式载于 Senn, Power, Politics and the Olympic Games，87。

㊱ 出处同上,84-90. Riordan, Sport in Soviet Society，205-87，336-47。

㊲ Guttmann, The Games Must Go On，136-9；Riordan, Sport in Soviet Society，162-82，205-87，336-47.

㊳ 引自 Guttmann, The Games Must Go On，115-16。

㊴ Terry Todd,"Anabolic Steroids：The Gremlins of Sport,"Journal of Sport History 14：1（1987），93.

㊵ John Ziegler,"Forward,"in Bob Goldman, Death in the Locker Room：Steroids and Sports（South Bend，Indiana：Icarus Press，1984），1-3；see also Goldman, Death in the Locker Room，73 and Todd,"Anabolic Steroids,"93-4。

㊶ John Ziegler, "Forward," in Goldman, Death in the Locker Room, 1; see also Todd, "Anabolic Steroids," 93-4; John Fair, "Bob Hoffman, the York Barbell Company, and the Golden Age of American Weightlifting, 1945-1960," *Journal of Sport History* 14:2 (1987), 164-88; John Fair, "Isometrics or Steroids? Exploring New Frontiers of Strength in the Early 1960s," *Journal of Sport History* 20:1 (1993), 1-24; Ivan Waddington, "The Development of Sports Medicine," *Sociology of Sport Journal* 13:2 (1996), 176-96.

㊷ Bob Goldman, *Death in the Locker Room*, 94; A. J. Ryan, "Athletics," in Charles Kochakian, ed., *Handbook of Experimental Pharmacology* (Vol. 43, *Anabolic-Androgenic Steroids*) (New York: Springer-Verlag, 1976), 516-17.

㊸ Goldman, *Death in the Locker Room*, 94.

㊹ Charles E. Yesalis and Michael S. Bahrke, "History of Doping in Sport," *International Sports Studies* 24:1 (2002), 53.

㊺ Bruce Woolley, "History and Evolution of Drugs in Sport," in Ray Tricker and David L. Cook, eds, *Athletes at Risk: Drugs and Sport* (Dubuque, IA.: WMC Brown Publishers, 1990), 18. 关于詹森之死的全面报道,参见 Verner Mølher, "Knud Enemark Jensen's Death During the 1960 Rome Olympics: A Search for Truth?" *Sport in History* 25:3 (2005), 460-70。

㊻ 1962年《宪章》第26条,《业余主义准则》规定如下:业余爱好者是指从事体育运动而从不索取物质利益的人。要取得业余资格,必须符合下列条件:1. 有能够保障现在和未来生活的正式职业;2. 从未因参加任何体育比赛而获得任何报酬;3. 遵守有关国际联合会的规则;4. 遵守本规定的官方解释。参见 Killanin, "Eligibility and Amateurism," 150。

㊼ Jan Todd and Terry Todd, "Significant Events in the History of

Drug Testing and the Olympic Movement: 1960 – 1999," in Wilson and Derse, *Doping in Elite Sport*, 67.

㊽ 出处同上，68。

㊾ 引用出处同上。

㊿ 第 4 章和第 5 章将详细论述民主德国体育体制的历史和结构。

㊶ 昂纳克后来利用他作为自由德国青年领袖的地位，以及他后来建立起来的关系，在 1971 年接替乌布利希出任德国统一社会党中央委员会总秘书长一职。

㊷ Giselher Spitzer, Hans Joachim Teichler, and Klaus Reinartz, eds, "Das Staatliche Komitee für Körperkultur und Sport übernimmt die wesentliche Funktionen des Sportausschusses (1952) [The State Committee for Physical Culture and Sport Takes Over the Essential Functions of the Sport Committee (1952)]," *Schlüsseldokumente zum DDR-Sport. Ein sporthistorischer Überblick in Originalquellen. Schriftenreihe: Sportentwicklungen in Deutschland* [Key Documents in GDR Sport. A Historical Overview of Sport through Original Sources: Sport Development in Germany], Vol. 4 (Aachen: Meyer & Meyer Verlag, 1998), 38 – 43.

㊸ 曼弗雷德·埃瓦尔德在 1988 年之前一直担任民主德国体育部主管。1985 年，国际奥委会主席萨马兰奇授予埃瓦尔德奥林匹克勋章——奥运会最高荣誉奖项。2000 年，德国法院裁定，埃瓦尔德对因指导运动员使用兴奋剂，此做法对 142 名女运动员造成身体伤害，罪名成立。埃瓦尔德于 2002 年去世。参见 James Christie, "Drug Lord of Cold War Olympics," The *Globe and Mail* (November 1, 2002), R17 and Peter Kühnst, Sportführer Manfred Ewald-Eine mentalitäsgeschichtliche Annärung zum Tod des ehe-maligen DDR-Sportpraesidenten [An Attempt to Understand the Death of the Former DDR Sport President in

Terms of the History of Mentalities], Das Sportgespräch [Sport Talk], DeutschlandRadio, Berlin [German Radio, Berlin] (February 27, 2002), http://www.dradio.de/cgi-bin/es/neu-sport/27.html。

㊴ Doug Gilbert, *The Miracle Machine* (New York: Coward, McCann & Geoghegan, 1980) and John Hoberman, *Sport and Political Ideology* (Austin: University of Texas Press, 1984), 201-7.

㊵ Riordan, *Sport in Soviet Society*, 341, 211-12.

㊶ Klaus Lehnertz, *Berufliche Entwicklung der Amateurspitzensportler in der Bundesrepublik Deutschland* [Occupational Development of Elite Amateur Athletes in the Federal Republic of Germany] (Schorndorf: Karl Hofmann, 1979), 50.

㊷ Lehnertz, *Berufliche Entwicklung der Amateurspitzensportler*, 37-52; Karl-Heinrich Bette, *Strukturelle Aspekte des Hochleistungssports in der Bundesrepublik* [Structural Aspects of High-performance Sport in the Federal Republic] (St. Augustin: Verlag Hans Richarz, 1984), 25-8.

㊸ Rob Beamish, "Labor Relations in Sport: Central Issues in Their Emergence and Structure in High Performance Sport," in Alan Ingham and John Loy, eds, *Sport in Social Development: Traditions, Transitions, and Transformations*, (Champaign Il.: Human Kinetics Publishers, 1993), 187-201; Rob Beamish and Jan Borowy, *Q: What Do You Do For A Living? A: I'm An Athlete* (Kingston: Sport Research Group, 1989); Mick Green and Ben Oakley, "Elite Sport Development Systems and Playing to Win: Uniformity and Diversity in International Approaches," *Leisure Studies* 20 (2001), 247-67.

㊹ 达斯勒兄弟的历史丰富多彩;参见"Dassler Legacy" (2002), http://adidas.freehomepage.com/dassler_legacy.html. Adidas 这个名字

来自阿道夫,由阿道夫的昵称(Adi)和姓氏(Das)组成。

⑥ Killanin, "Eligibility and Amateurism," 151; Senn, *Power, Politics and the Olympic Games*, 136; Don Macintosh, Tom Bedecki and C.E.S. Franks, *Sport and Politics in Canada* (Montreal：McGill-Queen's University Press, 1987), 48 - 52.

⑥ J. Gould, "Nobody Was First," *New York Times* (December 9, 1959), Section 2, 15; Stephen Wenn, "Lights! Camera! Little Action：Television, Avery Brundage, and the 1956 Melbourne Olympics," *Sporting Traditions* 10：1 (1993), 38 - 53.

⑥ Barney, Wenn and Martyn, *Selling the Five Rings*, 69.

⑥ 出处同上,84。

⑥ 出处同上,153 - 273。

⑥ Killanin, "Eligibility and Amateurism," 151.

⑥ 出处同上;原文省略。

⑥ 出处同上。

⑥ 引用出处同上,152。值得注意的是,顾拜旦以同样的方式处理了许多同样的问题;参见 Coubertin, *Olympism*, 641 - 3, 646 - 7, 647 - 8。尽管安德鲁·斯特兰克对业余主义的历史方面提出的问题有事实根据,他仍认为国际奥委会在1971年就已经摆脱了业余主义的束缚。但情况并非如此,虽然当时《业余主义准则》被重新命名为《参赛资格准则》。事实上,正如基拉宁所述,尽管国际奥委会自己的董事会成员了解奥林匹克运动中的主要趋势,1971年《宪章》第26条的限制相较之前只多不少,而且肯定与奥林匹克运动中的主要趋势相抵触。参见 See Andrew Strenk, "Amateurism：The Myth and the Reality," in Seagrave and Chu, *The Olympic Games in Transition*, 303 - 27。

⑥ Todd and Todd, "Significant Events," 68.

⑦ Todd, "Anabolic Steroids," 97; Todd and Todd, "Significant

Events," 70 – 3.

⑦ 参见 Pat Connolly, *Hearings on Steroids in Amateur and Professional Sports: The Medical and Social Costs of Steroid Abuse* (testimony before Committee on the Judiciary, United States Senate, One Hundred First Congress, first session, April 3 and May 9, 1989); Charlie Francis, *Speed Trap: Inside the Biggest Scandal in Olympic History* (Toronto: Lester & Oppen Dennys, 1990); Charles Dubin, *Commission of Inquiry Into the Use of Drugs and Banned Practices Intended to Increase Athletic Performance* (Ottawa: Canadian Government Publishing Centre, 1990); Todd and Todd, "Significant Events"; Werner Franke and Brigitte Berendonk, "Hormonal Doping and Androgenization of Athletes: A Secret Program of the German Democratic Republic Government," *Clinical Chemistry* 43: 7 (1997), 1264. Franke and Berendonk cite Wader and Hainline, *Drugs and the Athlete* (Philadelphia: FA Davis Co., 1989); Charles Yesalis, *Anabolic Steroids*; J.R. Biden, "Steroids in amateur and professional sports-the medical and social costs of steroid abuse," *US Senate Committee on the Judiciary Hearing*, J101 – 2 (Washington, DC: Government Printing Office, 1990); Breo, "Of MDs and muscles-lessons from two 'retired steroid doctors'," *Journal of the American Medical Association* 263 (1990), 1697 – 705; Dubin, *Commission of Inquiry*; and Robert Voy, *Drugs, Sport, and Politics* (Champaign, Il.: Leisure Press, 1991). 此外，以下文献也记录了类固醇在西方的广泛使用：John Hoberman, *Mortal Engines: The Science of Performance and the Dehumanization of Sport* (Don Mills: Maxwell Macmillan Canada, 1992), 229 – 65, John Hoberman, "Sports Physicians and the Doping Crisis in Elite Sport," *Clinical Journal of Sport Medicine* 12 (2002), 203 – 8 and Ivan Waddington, *Sport, Health and Drugs* (New York: E & F Spon, 2000), 135-52。

⑫ Todd and Todd, "Significant Events," 69; see also Yesalis and Bahrke, "History of Doping in Sport," 53-4.

⑬ Franke and Berendonk, "Hormonal Doping and Androgenization of Athletes."

⑭ Frank Pfetsch, Peter Beutel, Hans-Martin Stork, and Gerhard Treutlein, *Leistungssport und Gesellschaftssystem: Sozio-politische Faktoren im Leistungssport* [Performance Sport and the Social System: Socio-political Factors in Performance Sport] (Schorndorf: Karl Hofmann Verlag, 1975), 40-52.

⑮ Lehnertz, *Berufliche Entwicklung der Amateurspitzensportler*, 12-13.

⑯ L.P. Matwejew, "Periodisierung des Sportlichen Trainings [Periodization of Athletic Training]," *Trainerbibliothek* [Coaches' Library] 2 (Berlin: Bertels & Wernitz, 1972).

⑰ Tomasz Lempart, "Die XX. Olympischen Spiele München 1972-Probleme des Hochleistungssports [The Twentieth Olympic Games of Munich 1972: Problems in High-performance Sport]," *Trainerbibliothek* [Coaches' Library] 5 (Berlin: Bertels & Wernitz, 1973); see also Lehnertz, *Berufliche Entwicklung der Amateurspitzensportler*, 14-18.

⑱ Avery Brundage, cited in Barney, Wenn and Martyn, *Selling the Five Rings*, 105.

⑲ 布伦戴奇还试图以"职业运动员身份"为由禁止其他40名运动员参加札幌冬奥会；然而，由于少数服从多数的规则，国际奥委会否决了他的请求。参见 Barney, Wenn and Martyn, *Selling the Five Rings*,

105 – 6。

⑧⓪ 出处同上，105. Strenk,"Amateurism: The Myth and the Reality," 315 – 17。

⑧① 引自 Killanin, "Eligibility and Amateurism," 143; see also International Olympic Committee, *The Olympic Charter*: 1989 (Lausanne: International Olympic Committee, 1989), 18, 43 – 4.

⑧② Coubertin, *Olympism*, 581.

⑧③ Richard Pound, "Never Give In, Never," The *Globe and Mail* (August 9, 2001).

第 2 章

① John MacAloon, "Steroids and the State: Dubin, Melodrama and the Accomplishment of Innocence," *Public Culture* 2:2 (1990), 41 – 64.

② 引自 John MacAloon, *This Great Symbol* (Chicago: University of Chicago Press, 1981), 171。

③ 出处同上。关于顾拜旦眼中奥林匹克运动象征意义的重要性, 参见 Alan Guttmann, *The Games Must Go On: Avery Brundage and the Olympic Movement* (New York: Columbia University Press, 1984), 14 – 15 and John Slater, "Modern Public Relations: Pierre Coubertin and the Birth of the Modern Olympic Games," in Kevin Wamsley, Robert Barney and Scott Martyn, eds, *The Global Nexus Engaged: Past, Present, Future Interdisciplinary Olympic Studies* (Proceedings for the Sixth International Symposium for Olympic Research, The University of Western Ontario, London, Ontario, 2002), 149 – 60。

④ 关于第二次世界大战对大众情感的影响, 参见 Gabriel Kolko,

The Politics of War (New York: Pantheon Books, 1990)。科尔克写道:"此后数年,第二次世界大战对全世界人民日常生活节奏和意识产生的影响甚至超过了军队的直接成功或失败所带来的影响。"(第 17 章)

⑤ 近期研究清楚地记录了 1933 年至 1945 年间德国人民对纳粹的意识形态和世界观的接受程度。另特别参见 Omer Bartov, "Jews as Germans: Victor Klemperer Bears Witness," in *Germany's War and the Holocaust: Disputed Histories* (Ithaca: Cornell University Press, 2003), 198 - 200, 206; Victor Klemperer, *The Language of the Third Reich. LTI-Lingua Tertii Imperii: A Philologist's Notebook* (London: Athone Press, 2000), and Victor Klemperer, *I Will Bear Witness: A Diary of the Nazi Years* (2 vols) (New York: The Modern Library, 1998, 1999)。即使从纳粹最可怕的目标——消灭欧洲犹太人来看,大屠杀也是由一种既存"消除主义者"的反犹太主义所引发的,这与丹尼尔·戈尔德哈根的观点不同;参见 Daniel Goldhagen, *Hitler's Willing Executioners: Ordinary Germans and the Holocaust* (New York: Random Books, 1997), especially 14, 27 - 48。相反,正是对新兴宣传手段、庞大国家资源和特定的历史环境的过度使用让"普通人"犯下这些暴行;参见 Christopher Browning, *Ordinary Men: Reserve Police Battalion* 101 *and the Final Solution in Poland* (New York: HarperCollins, 1992), especially 177 - 89; Omer Bartov, *Hitler's Army: Soldiers, Nazis, and War in the Third Reich* (New York: Oxford University Press, 1991), especially 4 - 11; Edward B. Westermann, "'Ordinary Men' or 'Ideological Soldiers'? Police Battalion 310 in Russia, 1942," *German Studies Review* 21:1 (1998), 41 - 68; Eric Johnson, *Nazi Terror: The Gestapo, Jews, and Ordinary Germans* (New York: Basic Books, 2001), 481 - 7 and passim; Omer Bartov, "Germans as Nazis: Goldhagen's Holocaust and the World," in

Germany's War and the Holocaust，especially 147 - 8，156 - 60；and Robert Shandley，ed.，*Unwilling Germans? The Goldhagen Debate* (Minneapolis：University of Minnesota Press，1998)，especially 55 - 73。

⑥ Sigfried Kracauer，*From Caligari to Hitler：A Psychological History of the German Film* (Princeton：Princeton University Press，1947)，6，52 - 3. 克拉考尔认为："通过对德国电影的分析可以揭示1918年至1933年在德国占主导地位的深层心理倾向，这种倾向影响了当时的事件进程，在后希特勒时代必须加以考虑。"（第5章）

⑦ 出处同上，63 - 65。

⑧ 出处同上，66。

⑨ 括号内为克拉考尔的原话，出处同上，66。

⑩ 出处同上，67。

⑪ 参见 Ian Kershaw，*Hitler*，1889 - 1936：*Hubris* (New York：Norton Books，1999)；Brigitte Hamann，*Hitler's Vienna* (New York：Oxford University Press，1999). 尤其是哈曼，她阐述了希特勒在维也纳居住的六年里，如何从泛德国人、日耳曼至上主义者和肖尼安人，从北欧神话和古日耳曼历史，以及从如圭多·冯·里斯特和休斯顿·斯图尔特·张伯伦等民族主义理论家（的雅利安至上主义观点）那里窃取思想的，这些思想在当时广为流传。她还阐述了希特勒如何通过第一次世界大战的经历将这些思想建构成预示德国在历史上所扮角色的末日启示。

⑫ Adolf Hitler，*Mein Kampf* [My Struggle]，trans. Alvin Johnson (New York：Reynal and Hitchcock，1939)，243 - 69，303 - 88，389 - 455，116 - 62. 关于德国人民优越性的观念和一个英雄领袖扩展深入19世纪德国思想和知识的需要，另参见 Ian Kershaw，*The Hitler Myth：Image and Reality in the Third Reich* (New York：Oxford

University Press，1987），13 – 47 and Richard J. Evans，*The Coming of the Third Reich* （New York：The Penguin Press，2004）。关于这些主题在希特勒掌权期间纳粹宣传中所起的作用，另参见 David Welch，*The Third Reich：Politics and Propaganda* （New York：Routledge，1993），50 – 89。

⑬ Mordis Eksteins，*Rites of Spring* （Toronto：Lester & Orpen Dennys，1989），316 – 17 and Klaus Fischer，*Nazi Germany* （New York：Continuum Books，1996），3 – 18，356 – 8.

⑭ Eksteins，*Rites of Spring*，321. See also Hitler，*Mein Kampf*，107 – 8，227 – 42，696 – 716，846 – 67.

⑮ 例如，Peter Adam，*Art of the Third Reich* （New York：Harry N. Abrams，1992） and Stephanie Barron，"1937：Modern Art and Politics in Prewar Germany" in Stephanie Barron，ed，*"Degenerate Art"：The Fate of the Avant-Garde in Nazi Germany* （Los Angeles：Harry N. Abrams Publishers，1991），9 – 24。关于纳粹法西斯主义对妇女的色情性描写，参见 Klaus Theweleit，*Male Fantasies*，Vol. Ⅰ：*Women，Floods，Bodies，History* （Minneapolis：University of Minnesota Press，1987） and Maria-Antonietta Macchiocchi，"Female Sexuality in Fascist Ideology," *Feminist Review* 1 （1979），67 – 82。

⑯ Richard Mandell，*The Nazi Olympics* （Urbana and Chicago：University of Illinois Press，1987） or Arnd Krüger，*Die Olympischen Spiele 1936 und die Weltmeinung：Ihre aussenpolitische Bedeutung unter besonderer Berücksichtigung der USA* [The 1936 Olympic Games and World Opinion：Their Importance in Foreign Politics with Special Reference to the USA] （Frankfurt：Bartels & Wernitz，1972）。

⑰ Toby Clark，*Art and Propaganda in the Twentieth Century* （New York：Calmann and King，1997），49. See also Albert Speer，

Erinnerungen [Memoirs] (Berlin: Verlag Ullstein, 1969), 103-11.

⑱ 关于莱尼·里芬施塔尔作为纳粹宣传者的角色,参见 Susan Sontag, "Fascinating Fascism," *Under the Sign of Saturn* (New York: Farrar, Straus & Girous, 1980), 73-105。

⑲ 在对两部电影中的事件进行比较评论时,我们参考了克拉克在《二十世纪的艺术与宣传》(*Art and Propaganda in the Twentieth Century*)第51页中对《意志的胜利》(*Triumph of the Will*)电影里象征主义的分析。《奥林匹亚》(*Olympia*)在很多关键方面不同于纽伦堡大会上严厉的军国主义。为缓和国际社会对军国主义纳粹政权的恐惧,希特勒被塑造成一个积极参与其中的显要人物,和普通旁观者一样对这些事件有着强烈的兴趣——一个真正的人民公仆。有关奥林匹亚的各种理论观点,请参见 Maria Rodríguez, "Behind Leni's Outlook: A Perspective on the Film *Olympia*," *International Review for the Sociology of Sport* 38:1 (2003), 109-16。

⑳ Mandell, *The Nazi Olympics*, 277. See also Speer's almost identical description of the effect created at the 1934 Nuremberg Party rally; Speer, *Erinnerungen*, 96-7.

㉑ 关于1933年1月30日火炬游行,参见 Kershaw, *The Hitler Myth*, 48。

㉒ William Shirer, *The Rise and Fall of the Third Reich* (Greenwich, Conn.: Fawcett Crest Books, 1959), 322. 奥林匹克历史学家阿尔弗雷德·赛恩对此观点表示赞同。"大多数当代观察员倾向于认为,为利用国际体育竞赛,尤其是奥运会,来达到其政治目的,纳粹政权创造了一个非凡的模式。"Alfred Senn, *Power, Politics and the Olympic Games* (Champaign, Il.: Human Kinetics Press, 1999), 62.

㉓ Speer, *Erinnerungen*, 363-79; Peter Padfield, *Himmler: Reichsführer-SS* (London: Papermac Books, 1990), passim; Anthony

Beevor, *The Fall of Berlin*, 1945 (New York: Viking Penguin, 2002). 基塔·瑟伦利在《愈合的伤口：1938—2001 年德国的经历与反思》[Gitta Sereny, *The Healing Wound: Experiences and Reflections on Germany*, 1938 - 2001 (New York: W.W. Norton, 2001)]第 138 - 146 页中指出区分集中营与灭绝集中营的重要性；否认大屠杀的人经常利用集中营的信息来"否认"对犹太人进行的大屠杀。刻意在集中营之外设立灭绝营，这一行为反映了大屠杀背后的算计。关于广岛和长崎，参见 ohn Hersey, *Hiroshima* (New York: A. A. Knopf, 1946); Laurence Yep, *Hiroshima* (New York: Scholastic Books, 1995); Committee for the Compilation of Materials on Damage Caused by the Atomic Bombs, *Hiroshima and Nagasaki: The Physical, Medical and Social Effects of the Atomic Bombings* (New York: Basic Books, 1981)。

㉔ Speer, *Erinnerungen*, 522. 关于斯皮尔在纽伦堡审判上的忏悔，更多内容请参见 Gita Sereny, *Albert Speer: His Battle with Truth* (New York: A. A. Knopf, 1995); Joachim Fest, *Speer: The Final Verdict*, trans. Ewald Osers and Alexandra Dring (London: Weidenfeld and Nicolson, 2001); Matthias Schmidt, *Albert Speer: The End of a Myth*, trans. Joachim Neugroschel (New York: Macmillan Publishing Company, 1984)。

㉕ 这种恐惧是两次世界大战期间开始的反乌托邦文学的延续。参见 Aldous Huxley, *Brave New World* (Markham, Ontario: Penguin Books, 1955) or Evgenii Zamiatin, *We*, trans. Gregory Ziboorg (New York: Dutton, 1952)。反乌托邦文学一直延续到冷战时期，参见 Eugene Burdick, *Fail-Safe* (New York: Dell, 1963)。也可参阅本章第 4 条注释。

㉖ Kolko, *The Politics of War*.

㉗ 引自 Senn, *Power, Politics and the Olympic Games*, 98。

㉘ Nicholas Wade, "Anabolic Steroids: Doctors Denounce Them, But Athletes Aren't Listening," *Science* 176 (1972), 1400.

㉙ Herbert Haupt and George Rovere, "Anabolic Steroids: A Review of the Literature," *The American Journal of Sports Medicine* 12:6 (1984), 469-84 and Robert Windsor and Daniel Dumitru, "Anabolic Steroids," *Postgraduate Medicine*, 84:4 (1988), 41. 特里·托德所发表的《合成代谢类固醇:体育运动界的小魔怪》[Terry Todd, "Anabolic Steroids: The Gremlins of Sport," *Journal of Sport History* 14:1 (1987)]第93页第25条注释注明内容引自弗雷德·西弗尔曼的《斗志不断:纳粹军队睾丸激素的秘密》[Fred Silvermann, "Guaranteed Aggression: The Secret of Testosterone by Nazi Troops," *Journal of the American Medical Association* (1984)]第129-131页,然而尽管我们对该刊进行了细致审查,却一直未能找到这一参考文献。托德还写道,"威廉·泰勒推测,由于希特勒使用了睾丸激素,这可能是这位德国元首情绪激动和好斗的原因之一"(第93页),注释25中注明参考了威廉·泰勒的文章《反对给予正常儿童生长激素的案例》("The Case Against the Administration of HGH to Normal Children"),该文章发表于1986年4月26日在美国德克萨斯大学奥斯汀分校举行的"人类生长激素治疗儿童和运动员的伦理问题(*Ethical Issues in the Treatment of Children and Athletes with Human Growth Hormone*)"研讨会上。托德·泰勒写道,信息来源于丹尼斯·布莱欧的《希特勒的最后时光之医生回忆录》[Dennis Breo, "Hitler's Final Days Recalled by Physician," *American Medical News* (1985), 1, 34-43(托德指出,并非第1页和第58-69页)],但布里奥采访希特勒自杀时唯一一位在世的医生恩斯特·冈瑟·申克时,申克并不支持这种说法。恩斯特·冈瑟·申克曾在柏林地堡里研究过希特勒的私人医生西奥多·莫雷尔大量的日记。文章指出,莫雷尔曾经"使用标准治疗药物颠茄滴剂来平息(帕金森氏症的)震颤,他还

使用了一种不合理的睾丸激素衍生物"(40)。当时没有记录睾丸激素引起的情绪波动。日记中提到,莫雷尔曾给希特勒服用兰可欣(一种"包含所有男性荷尔蒙"的药物),以对抗疲劳和抑郁;并在1943年的一段时间内给希特勒服用prostakrimum,一种"精囊和前列腺提取物",预防抑郁情绪。参见Theodor Morell, *The Secret Diaries of Hitler's Doctor*, ed. David Irving (New York: Macmillan Press, 1983), 162. 同样,在莫雷尔的日记中,也没有提到由于使用睾丸激素而引起的情绪波动或攻击性。

㉚ Virginia Cowart, "Steroids and Sport: After 4 Decades Time to Return Genie to the Bottle," *Journal of the American Medical Association* 257 (1987), 423.

㉛ J. E. Wright, "Anabolic Steroids and Athletics," *Exercise and Sport Science Review* 8 (1980), 149-202.

㉜ Brigitte Berendonk, *Doping Dokumente: Von der Forschung zum Betrug* [Doping Documents: From Research to Deceit] (Berlin: Springer-Verlag, 1991), 227. 布特南特、哈尼思和大卫等人的文献涉及睾酮的化学识别和合成。他们没有记录纳粹使用兴奋剂的情况。参见A. Butenandt and G. Hanisch, "Über Testosterone. Umwandlung des Dehydro-Androsterons in Androstendiol und Testosteron; ein Weg zur Darstellungs des Testosterons aus Cholesterin [On Testosterone. Transformation of Dehydro-Androsterons in Androstendiol and Testosteron; a Means for the Separation of Testosterone from Cholesterin]," *Zeitschrift Physiologische Chemie* [Journal of Physiological Chemistry] 237 (1935), 87-9, and K. David, E. Dingemanse, J. Freud, and E. Lacqueur, "Über kristallines männliches Hormon aus Hoden (Testosteron), wirksamer als aus Harn oder aus Cholesterin bereitetes Androsteron [On the more Effective Preparation of the Crystalized Male

Hormone Androsteron from Testicles (Testosterone) than from Urine or Cholesterin]," *Zeitschrift Physiologische Chemie* 233 (1935), 281-2。

㉝ 关于这些指控的传播之广泛,可参阅 H. Haupt and G. Rovere, "Anabolic Steroids: A Review of the Literature," 469; Lawrence Surtees, "Paying the Price ... Later," The *Globe and Mail* (April 1, 1989), D1; Jorge Gomez, "Performance-Enhancing Substances in Adolescent Athletes," *Texas Medicine*, Symposium on Adolescent Health, (February 2002), www.texmed.org/ata/nrm/tme/texmedfeb02_performance_enhancers.asp; "Steroids," (2003), www.electronicreferences.com/view.php/English/Steroids.htm; "RAW REMARKS: Steroids-Wonder Drug of Wrestling," (May, 2003), http://www.wrestlingdotcom.com/columns/55482600.php。

㉞ Steven Ungerleider, *Faust's Gold: Inside the East German Doping Machine* (New York: St. Martin's Press, 2001), 45. 昂格莱德没有提供任何证据来证实自己的说法。对德国军队东线行动进行如实报道的学术作品,参见 Bartov, *Hitler's Army*, Anthony Beevor, *Stalingrad* (London: Penguin Books, 1999),以及 Beevor, *The Fall of Berlin*。

㉟ 霍伯曼争辩说,这项指称没有事实根据。参见 John Hoberman, *Mortal Engines: The Science of Performance and the Dehumanization of Sport* (Don Mills: Maxwell Macmillan Canada, 1992), 214. 鉴于对指控相关合法证据的广泛调查及我们列举的文件记录,很显然我们认同霍伯曼的看法——纳粹使用类固醇一说子虚乌有。

㊱ Tomas Laqueur, *Making Sex: Body and Gender from the Greeks to Freud* (Cambridge and London: Harvard University Press, 1990). See also John Hood-Williams, "Goodbye to Sex and Gender,"

The Sociological Review 44:1 (1996), 1 - 16 and John Hood-Williams, "Sexing the Athletes," *Sociology of Sport Journal* 12 (1995), 290 - 305; and Ritchie, "Sex Tested, Gender Verified."

㊲ Cheryl Cole, "Resisting the Canon: Feminist Cultural Studies, Sport, and Technologies of the Body," in Susan Birrell and Cheryl Cole, eds, *Women, Sport, and Culture*, (Champaign, Il.: Human Kinetics, 1994), 15.

㊳ 引自 Ellen Gerber, "Chronicle of Participation," in Ellen Gerber, Jan Felshin, Pearl Berlin and Waneen Wyrick, eds, The American Woman in Sport, (Reading, MA: Addison-Wesley, 1974), 137。也可参阅 Pierre Coubertin, *Olympism: Selected Writings*, ed. Norbert Müller (Lausanne: International Olympic Committee, 2000), 447, 583, 711 - 13, 746。有关同一时期新兴科学领域中性别归化的历史,参见 Cynthia Russett, *Sexual Science: The Victorian Construction of Womanhood* (Cambridge: Harvard University Press, 1989)。

㊴ John Hoberman, "Toward a Theory of Olympic Internationalism," *Journal of Sport History* 22:1 (Spring 1995), 9 - 10.

㊵ 关于加拿大、美国和英国的案例,分别参见 Helen Lenskyj, *Out of Bounds: Women, Sport and Sexuality* (Toronto: The Women's Press, 1986) and Margaret Ann Hall, *The Girl and the Game: A History of Women's Sport in Canada* (Peterborough, Ontario: Broadview Press, 2002); Susan Cahn, *Coming on Strong: Gender and Sexuality in Twentieth-Century Women's Sport* (New York: The Free Press, 1994); Jennifer Hargreaves, *Sporting Females: Critical Issues in the History and Sociology of Women's Sports* (London: Routledge, 1994)。

㊶ Susan Cahn, "Crushes, Competition, and Closets: The Emergence of Homophobia in Women's Physical Education," in Birrell and Cole, *Women in Sport and Culture*, 329.

㊷ 出处同上，329 - 330。

㊸ 出处同上，327 - 339。

㊹ 参见 Jennifer Terry, "Lesbians Under the Medical Gaze: Scientists Search for Remarkable Differences," *The Journal of Sex Research* 27:3 (1990), 317 - 39。

㊺ Cahn, *Coming on Strong*, 23 - 6.

㊻ 引自 Cahn, "Crushes, Competition, and Closets," 334。

㊼ 关于民族主义和民族建设的历史建构，参见 Benedict Anderson, *Imagined Communities: Reflections on the Origin and Spread of Nationalism* (New York: Verso, 1995)。关于冷战意识形态的性别化表现的例子，参见 Elaine Tyler May, *Homeward Bound: American Families in the Cold War Era* (New York: Basic Books, 1988); Mary Louise Adams, *The Trouble With Normal: Postwar Youth and the Making of Heterosexuality* (Toronto: University of Toronto Press, 1997); Andrew Parker, Mary Russo, Doris Sommer and Patricia Yaeger, eds, *Nationalisms and Sexuality* (New York and London: Routledge, 1992); Susan Jeffords, *The Remasculinization of America: Gender and the Vietnam War* (Bloomington and Indianapolis: Indiana University Press, 1989) and Susan Jeffords, *Hard Bodies: Hollywood Masculinity in the Reagan Era* (New Brunswick: Rutgers University Press, 1994)。

㊽ May, *Homeward Bound*, 11.

㊾ 出处同上，32。

㊿ 出处同上，16 - 19。

(51) 出处同上。苏珊·古巴尔对二战期间妇女劳动量增加挑战了大众对性别的普遍看法这一观点提出疑问。同盟国和轴心国都发起了广泛的"性别宣传"项目,利用了家长式思想之下人们对敌人攻击妻子和女儿的担忧,从而强化男人保护"他们的"女人的家长式思想。参见 Susan Gubar, "'This Is My Rifle, This Is My Gun': World War II and the Blitz on Women," in Margaret Randolph Higonnet, Jane Jenson, Sonya Michel and Margaret Weitz, eds, *Behind the Lines: Gender and the Two World Wars* (New Haven and London: Yale University Press, 1987), 227-59。

㊾ Denise Grady, "Olympic Officials Struggle to Define What Should Be Obvious: Just Who is a Female Athlete," *Discover* 13:6 (1992), 80; Alison Carlson, "Chromosome Count," *Ms Magazine* 17:4 (1988), 42; Gail Vines, "Last Olympics for the Sex Test?" *New Scientist* 135:1828 (1992), 39.

㊿ M.A. Ferguson-Smith and Elizabeth Ferris, "Gender Verification in Sport: The Need for Change?" *British Journal of Sports Medicine* 25:1 (1991), 17.

㊾ Lenskyj, *Out of Bounds*, 87.

㊾ Ritchie, "Sex Tested, Gender Verified," 91.

㊾ 出处同上。

㊾ Lenskyj, *Out of Bounds*, 89.

㊾ R.G. Bunge, "Sex and the Olympic Games," *Journal of the American Medical Association* 173:12 (1960), 196.

㊾ 关于兴奋剂测试与性别测试之间的相互关系,参见 Cheryl Cole, "Testing for Sex or Drugs?" *Journal of Sport & Social Issues* 24:4 (2000), 331-3; Ian Ritchie and Rob Beamish, "The Forgotten History of Drug Prohibition in High Performance Sport," 于 2002 年在印第安纳波利斯举行的北美体育社会学会年会(the annual meeting of the

North American Society for the Sociology of Sport)上发表; Laurel R. Davis and Linda C. Delano, "Fixing the Boundaries of Physical Gender: Side Effects of Anti-Drug Campaigns on Athletics," *Sociology of Sport Journal* 9 (1992), 1 - 19 and Ian Ritchie, "'Gender Doping': Sex and Drug Tests in the Age of Containment," 于 2004 年亚利桑那州图森市北美体育社会学会年会(the annual meeting of the North American Society for the Sociology of Sport)上发表。

⑥ Charles Dubin, *Commission of Inquiry Into the Use of Drugs and Banned Practices Intended to Increase Athletic Performance* (Ottawa: Canadian Government Publishing Centre, 1990), 341, 347; see also Michael Janofsky, "Doctor Says He Supplied Steroids to Medalists," *New York Times* (June 20, 1989), B12; Goldman, *Death in the Locker Room*, 80 - 1。

⑥ 引自 Goldman, *Death in the Locker Room*, 81; 原文强调。

⑥ 关于广岛和长崎, 参见第 23 条注释。关于古巴导弹危机, 参见 Robert Beggs, *The Cuban Missile Crisis* (Harlow: Longman Press, 1971) or Mark J. White, *The Cuban Missile Crisis* (Basingstoke, Hampshire: Macmillan, 1996)。

⑥ 关于蒙格勒和其他医生在大屠杀期间的恐怖活动, 参见 Gerald Posner and John Ware, *Mengele: The Complete Story* (New York: McGraw-Hill Books, 1986) and Alexander Mitscherlich and Fred Mielke, *Doctors of Infamy: The Story of the Nazi Medical Crimes* (New York: H. Schuman, 1949)。关于纽伦堡审判, 参见 Eugene Davidson, *The Trail of the Germans* (New York: Collier Books, 1966), Richard Overy, *Interrogations: The Nazi Elite in Allied Hands, 1945* (New York: Penguin Putnam Inc., 2001), Bradley Smith, *Reaching Judgment at Nuremberg* (New York: Basic Books, 1977), Robert Gellately, ed., *The Nuremberg Interviews Conducted by Leon Goldensohn* (New York: A. A. Knopf, 2005) and Gustav Gilbert, *Nuremberg Diary* (New York: Signet Books, 1947)。

第3章

① Richard Pound, *Inside the Olympics: A Behind-the-Scenes Look at the Politics, the Scandals, and the Glory of the Games* (Toronto: Wiley Canada, 2004), 54.

② George Orwell, "The Politics of the English Language," *Inside the Whale and Other Essays* (Markham Ontario: Penguin Books, 1962), 156.

③ *The Oxford English Dictionary* (Vol. XVI) (Oxford: Clarendon Press, 1989), 315-18.

④ Charles Dubin, *Commission of Inquiry Into the Use of Drugs and Banned Practices Intended to Increase Athletic Performance* (Ottawa: Canadian Government Publishing Centre, 1990), xxii.

⑤ World Anti-Doping Agency, *The World Anti-Doping Code* (Version 3.0, February 20, 2003), www.wada-ama.org/docs/web/standards_harmonization/code/code_v3.pdf, 7.

⑥ 例如，哈乔·巴涅特在1972年至1977年为《体育科学词典》[*Sportwissenschaftliches Lexikon* (Sport Science Lexicon)]编写的条目中，试图为关键词"体育"提供一个精确定义；参阅"Sport," *Sportwissenschaftliches Lexikon* [Sport Science Lexicon], first edition, ed. Peter Röthig, (Schorndorf: Hofmann Verlag, 1972), 212。至1980年，人们认识到这种做法不仅没多大意义，实际上也是不可能实现的；参见 Peter Röthig, "Sport," *Sportwissenschaftliches Lexikon* [Sport Science Lexicon], 5th newly revised edition, ed. Peter Röthig (Schorndorf: HofmannVerlag, 1983), 338。另参见 Wissenschaftlicher Beirat des Deutschen Sportbund [Scientific Advisory Board of the German Sport Federation], "Zur Definition des Sports [Towards a Definition of Sport]," *Sportwissenschaft* 10:4 (1980), 437-9。

⑦ Bruce Kidd, *The Struggle for Canadian Sport* (Toronto: University of Toronto Press, 1996), 12. 这部著作表明，基德只讨论工业资本主义社会中体育的塑造和重塑，这过于局限。非资本主义的东方集团社会在塑造现代世界级高水平竞技运动方面也发挥了重要作用，这点基德会很乐于认同。也可参阅 Lois Bryson, "Sport, Drugs and the Development of Modern Capitalism," *Sporting Traditions* 6:2 (1990), 135-53。

⑧ 这三个例子没有什么独特之处；它们是从众多例子中随机挑选的。挑选德国的案例仅仅是为了保持一致性，亦可换其他国家作为讨论对象。

⑨ Gerd Steins, *Wo das Turnen erfunden wurde... Friedrich Ludwig Jahn und die 175jährige Geschichte der Hasenheide* [Where the Turners were Founded: Friedrich Ludwig Jahn and the 175 Year History of the Rabbit's Heath], (Berlin: Kupijai & Prochnow, 1986).

⑩ 引自 Michael Krüger, "Ruhmsucht und Rekordfimmel-Zur Geschichte der Leistung im Sport [Thirst for Glory and Record Crazy-on the History of Performance in Sport]," in Hartmut Gabler and Ulrich Göhner, eds, *Für einen bessern Sport ...* [For a Better Sport ...] (Schorndorf: Verlag Hofmann, 1990), 346。

⑪ Krüger, "Ruhmsucht und Rekordfimmel," 345-7.

⑫ Arnd Krüger and James Riordan, eds, *The Story of Worker Sport* (Windsor, On.: Human Kinetics Press, 1996); Herbert Dierker, *Arbeitersport im Spannungsfeld der Zwanziger Jahre* [Worker Sport in the Cross Currents of the Twenties] (Essen: Klartext Publishers, 1990); Herbert Dierker and Gertrud Pfister, eds, "*Frisch heran! Brüder, hört ihr das Klingen!*" *Zur Altagsgeschichte des Berliner Arbeitersportvereins Fichte* ["This way Brothers! Hear the Call!" Towards a History of Everyday Life in Berlin's Fichte Worker Sport Association] (Duderstadt: Mecke Printers and Publishers, 1991); Helmut Wagner, *Sport und Arbeitersport* [Sport and Workers' Sport] (Cologne: Pahl-Rugenstein Publishers, 1973) and Pierre Arnaud, ed., *Les origins du sport ouvrier en Europe* [The Origins of Worker Sport in Europe] (Paris: Harmattan, 1994).

⑬ Hajo Bernett, "Sport zwischen Kampf, Spiel und Arbeit-Zum Perspektivwechsel in der Theorie des Sports [Sport Among Struggle, Play and Work-On the Perspective Changes in the Theory of Sport]," in Gabler and Göhner, *Für einen bessern Sport*, 163–85.

⑭ 出处同上，166。

⑮ 1919年，德国国家体育委员会执行委员安东·斯金格表示，体育纪律是"新德国学派"对待体育的核心主题。引用迪姆的话，体育是"与对手和异见者的斗争"，是"男性在斗争和胜利中收获的喜悦"。同样，1925年，德国体育学院院长奥古斯特·比尔认为体育可以练就"钢铁般的意志"，产生"无拘无束的热情"、铸造"真正的承诺"，形成"强大的男子气概"。出处同上，第169页。

⑯ 出处同上，171。

⑰ George Eisen, "The Voices of Sanity: American Diplomatic Reports from the 1936 Berlin Olympiad," *Journal of Sport History* 11:3 (1984), 58 and note 7.

⑱ 出处同上，172。

⑲ 出处同上。

⑳ 一体化(Gleichschaltung)，是一个官方术语，用以描述让所有德国机构符合国家社会主义原则的过程。

一体化沿着两条道路前进：针对所有政府机构的同化，针对所有公民的国家社会主义事业大动员。第一种办法消灭了一切政治对手及政党，第二种办法建立了管控群众的群众组织。

引自 Klaus Fischer, *Nazi Germany*: *A New History* (New York: Continuum Publishing Company, 1996), 278; 278–84。

㉑ 出处同上，174。

㉒ 出处同上。

㉓ 第四章论述了宣告"全面战争"的意义及背景。也可参见 Iring Fetscher, *Joseph Goebbels im Berliner Sportpalast* 1943 [Joseph Goebbels in the Berlin Sports Palace 1943] (Berlin: Europäische Verlagsanstalt, 1998); Ralf Reuth, *Goebbels* (New York: Harcourt Brace & Company, 1993), 293–330; and Albert Speer, *Erinnerungen* [Memoirs] (Berlin: Verlag Ullstein, 1969), 269–86。

㉔ 参见 Fischer, *Nazi Germany*, 176–7。

㉕ 出处同上，179。

㉖ Arnd Krüger, "Viele Wege führen nach Olympia. Die Veränderungen in den Trainingssystemen für Mittel-und Langstreckenläufer (1850–1997) [Many Paths Lead to Olympia: the Changes in Training Systems for Middle and Long Distance Runers (1850–1997)]," in Norbert Gissel, ed., *Sportliche Leistung im Wandel* [Athletic Performance in Transition], (Hamburg: Czwalina, 1998), 41–56.

㉗ Thomas S. Kuhn, "Energy Conservation as an Example of Simultaneous Discovery," in Marshall Clagett, ed, *Critical Problems in* the History of Science（Madison，Wisconsin：University of Wisconsin Press，1962），321 - 56。

㉘ 参见 Yehuda Elkana，*The Discovery of the Conservation of Energy*（Cambridge，Massachusetts：Harvard University Press，1974）；Kuhn，"Energy Conservation；"Cynthia Eagle Russett，*Sexual Science：The Victorian Construction of Womanhood*（Cambridge，Massachusetts：Harvard University Press，1989），106 - 7。

㉙ 朱利安·德·拉·美特利写于1748年的《人体机器》(*L'Homme machine*)于1912年再版，因为该书与当时对人类的科学认识一致。参见 Julien de la Mettrie，*Man a Machine*（La Salle，Il.：The Open Court Publishing Company，1912）；see also Russett，*Sexual Science*，108 - 116。

㉚ 出处同上，107。

㉛ 关于体育教育，参见 Paul Atkinson，"The Feminist Physique：Physical Education and the Medicalization of Women's Education，"in James Anthony Mangan and Roberta J. Park，eds，*From "Fair Sex" to Feminism：Sport and the Socialization of Women in the Industrial and Post-Industrial Eras*（London：Frank Cass，1987），38 - 57。这一学说甚至被用来理解思想和灵魂间的关系，以及身体本能的神秘"生命力"。参见 Kenneth L. Caneva，*Robert Mayer and the Conservation of Energy*（Princeton，New Jersey：Princeton University Press，1993），79 - 125。

㉜ Eberhard Hildenbrandt，"Milon，Marx und Muskelpille-Anmerkungen zur Kulturgeschichte des sportlichen Trainings〔Milo，Marx，and Muscle Pills-Observations on the Cultural History of Training in Sport〕，"in Gabler and Göhner，*Für einen bessern Sport*，264。

㉝ 关于克罗托纳的米洛，参见 Edward Gardiner，*Athletics of the*

Ancient World（Oxford：Clarendon Press，1955），6 or David Willoughby，*The Super-Athletes*（New York：A.S. Barnes，1970），29 - 30。

㉞ 参见 F. Hoole，*The Science and Art of Training. A Handbook for Athletes*（London：Trubner，1888），3，引自 Arnd Krüger，"Viele Wege führen nach Olympia." Similarly, see Montague Shearman，*Athletics and Football*（London：Longman，Green & Co.，1889），7："没有理由让一个渴望健康的运动员过着非自然的生活。"

㉟ 引自 Arthur Steinhaus，"Chronic Effects of Exercise," *Physiological Reviews* 13：103（1933），110。

㊱ 出处同上，104。

㊲ 参见 Steve Bailey，"The Evolution of International Organisations in Physical Education and Sport," *Science in the Service of Physical Education and Sport*（Toronto：John Wiley & Sons，1996），16。

㊳ Alison Wrynn，"The Grand Tour：American Exercise Science and Sports Medicine Encounters the World，1926 - 1966," *International Sports Studies* 24：2（2002），6 - 7. See also Thomas Neville Bonner，*Becoming a Physician：Medical Education in Britain，France，Germany，and the United States*，1750 - 1945（New York：Oxford University Press，1995）.

㊴ Thomas Levenson，*Einstein in Berlin*（New York：Bantam Books，1994），4 - 7.

㊵ Alison Wrynn，"The Grand Tour." 1924 年，德意志帝国的运动和体育科学研究委员会（Deutsche Reichskomitee zur wissenschaftliche Erforschung der Leibesübungen）更名为德国医师体育训练促进联合会（Deutscher Artzbund zur Förderung der Leibesübungen）。

㊶ John Hoberman，"Prophets of Performance," *Mortal Engines*：

The Science of Performance and the Dehumanization of Sport（Don Mills：Maxwell Macmillan Canada，1992），98．

㊷ Hildenbrandt,"Milon, Marx und Muskelpille," 268。这是由自然禀赋原则向优生学及纳粹种族优越论思想迈出的一小步。正如田径界的至理名言所述："长着轻盈、瘦长脑袋的北欧种族，斯堪的纳维亚人和盎格鲁-撒克逊人的主要种族，统治着整个竞技体育领域。"（出处同上，第269页）另参见 Ian Hacking, *The Taming of Chance*（New York：Cambridge University Press，1990），184－7 及 Janine Marchessault，"David Suzuki's *The Secret of Life*：Informatics and the Popular Discourse of the Life Code," in Janine Marchessault and Kim Sawchuk, eds, *Wild Science*（New York：Routledge，2000），57－9。

㊸ 泰勒的主要著作是《科学管理的原则》[*The Principles of Scientific Management*（New York：Harper and Brothers，1911）]，而吉尔布雷斯一家的著作包括：Frank Gilbreth, *Bricklaying System*（New York and Chicago：The Myron C. Clark Publishing Co.，1909）；Frank Gilbreth, *Motion Study*（New York：D. Van Nostrand Co.，1911）；Frank Gilbreth, *Primer of Scientific Management*（New York：D. Van Nostrand Co.，1912）；and Frank Gilbreth and Lillian Gilbreth, *Applied Motion Study*（New York：Sturgis & Walton Co.，1917）。

㊹ Taylor, *Principles of Scientific Management*，43－74。See also Daniel Bell, "Work and its Discontents：The Cult of Efficiency in America," *The End of Ideology*（Glenco, Il.：The Free Press，1960），223－36 and Harry Braverman, *Labor and Monopoly Capital*（New York：Monthly Review Press，1974），85－121。

㊺ 参阅 Arnd Krüger, "Viele Wege führen nach Olympia," 50。鲁米将他的指导原则描述为："当你与时间赛跑时，不必冲刺。其他人将速度定得太高，很难匀速跑至终点，也无法保持节奏。"引自"Paavo Nurmi

100 Years,"（1997）http：//www. urheilumuseo. org/paavonurmi/life. htm。

㊻ 德国研究人员主导了当时的生理学研究，这点不足为奇。斯坦豪斯的《运动的慢性影响》(Steinhaus, "Chronic Effects of Exercise")一文引用的266篇论文中有179篇来自德国期刊，78篇来自英语期刊，其余9篇主要来自法语期刊。在阿奇博尔德·希尔对肌肉生理学前沿研究的综述中，虽然来自德国的文献不如前者多，但也占到了一半以上。参见 Archibald Hill, "The Revolution in Muscle Physiology," *Physiological Reviews* 12 (1932), 54 - 66。

㊼ 参阅上引，以及 Alison Wrynn, "The Grand Tour," 8。

㊽ S. Hoogerwert, "Elektrokardiographische Untersuchungen der Amsterdamer Olympiakämpfer [Electrocardiographic Studies of the Amsterdam Olympic Competitors," *Arbeitsphysiologie* [Physiology of Work] 2：61 (1929); W.W. Siebert, "Untersuchungen über Hypertrophie des Skelettmuskels [Studies on the Hypertrophy of Skeletal Muscle], *Zeitschrift der klinischen Medizin* [Journal of Clinical Medicine] 109 (1929); A. Vannotti and H. Pfister, "Untersuchungen zum Studium des Trainiertseins [Investigations on Studies of Being Trained], *Arbeitsphysiologie* [Physiology of Work] 7 (1934); and T. Petrén, T. Sjöstrand, and B. Sylvén, "Der Einfluss der Trainings auf die Haftigkeit der Capilaren in Herz-und Skelettmuskulatur [The Inflence of Training on the Absorption of Capillaries in the Heart and Skeletal Musculature]," *Arbeitsphysiologie* [Physiology of Work] 9 (1936).

㊾ L. Pikhala, "Allgemeine Richtlinien für das athletische Training [General Rules for Athletic Training]," in C. Krümel, ed., *Athletik：Ein Handbuch der lebenswichtigen Leibesübengen* [Athletics：A Handbook of Essential Physical Exercises] (Munich：J. F. Lehmanns,

1930), 185 - 90.

(50) E. H. Christensen, "Beiträge zur Physiologie schwerer körperlicher Arbeit [Contributions to the Physiology of Heavier Physical Work]," *Arbeitsphysiologie* [Physiology of Work] 4:1 (1931).

(51) 参阅 Steven Horvath and Elizabeth Horvath, *The Harvard Fatigue Laboratory: Its History and Contributions* (Englewood Cliffs: Prentice-Hall, 1973), 18 - 24, 74 - 9。同样值得注意的是,疲劳实验室是哈佛商学院"人为因素"研究方法的领导者之一埃尔顿·梅奥(Elton Mayo)与L. J. 亨德森共同创建的。

(52) 出处同上,第3页;也可参阅第52页、106 - 117页。

(53) 在对健康水平的研究中,该实验室在健康、工作量及最大摄氧量的改善方面得出与克里斯滕森相同的结论(同上引,第116页)。该实验室研究乳酸对运动的影响,以及主动从肌肉中去除乳酸的机制及其重要性——"如果受试者不休息,继续在低代谢水平下运动,乳酸的清除可能加速",本实验室的研究相比在体育训练中的应用早了几十年;出处同上,见108 - 112。

(54) 出处同上,104 - 122。关于运动的实验论文参考书目,也可参阅122 - 126页。虽然精英运动员的运动表现并不是疲劳实验室研究的重点,但运动员的整体健康水平是该实验室的研究兴趣之一。正是这个实验室发明了著名的哈佛台阶测试,作为一种简单、廉价、有效的整体健康状况评估方法,并被一些教练用来衡量运动员的健康水平。

(55) Walter Cannon, *The Wisdom of the Body* (New York: W.W. Norton and Company, 1932), 25, see also vii - viii, 19 - 26 and Hildenbrandt, "Milon, Marx und Muskelpille," 278.

(56) 引自 Wrynn, "The Grand Tour," 7。

(57) George Stafford and Ray Duncan, *Physical Conditioning: Exercises for Sports and Healthful Living* (New York: A.S. Barnes and

Company, 1942).

(58) 出处同上，2。

(59) 关于训练及奥运会运动员生理适应的专项性原则，参阅 Steinhaus, "Chronic Effects of Exercise," 104。

(60) Stafford and Duncan, *Physical Conditioning*, 11.

(61) 出处同上，11－12。

(62) 出处同上，15。

(63) Tudor Bompa, *Periodization: Theory and Methodology of Training*, fourth edition (Champaign, Il.: Human Kinetics, 1999), 27－52 and William Kraemer and Ana Gómez, "Establishing a Solid Fitness Base," in Bill Foran, ed., *High-Performance Sports Conditioning* (Windsor: Human Kinetics Press, 2001), 3－18.

(64) 亚瑟·斯坦豪斯的《运动的慢性影响》(Steinhaus, "Chronic Effects of Exercise")第 103－140 页讨论的主题包括运动的专项性、超负荷、心输出量、血液组成、肺活量、呼吸和运动代谢。斯坦豪斯总结道：

"训练可以增加机体的工作能力。林哈德认识到，运动能让力量与耐力的可靠性和完美性得到改善，林哈德将其归因于肌肉系统、呼吸循环系统及神经系统的变化。进一步的分析也揭示了各系统功能之间的相关性。"

出处同上，137。

(65) George Bresnahan and Waid Wright Tuttle, *Track and Field Athletics*, second edi-tion (St. Louis: C.V. Mosby Company, 1947); Dean Cromwell and Al Wesson, *Championship Technique in Track and Field*, Olympic Games Edition (Toronto: McGraw-Hill Book Company, 1949); and V-Five Association of America, *Track and Field*, revised edition (Annapolis, Maryland: United States Naval Institute, 1950).

㊻ Bresnahan and Tuttle, *Track and Field Athletics*, 20.

㊼ 出处同上, 21。

㊽ 出处同上, 31。

㊾ 出处同上, 38 - 51。

⑺ Cromwell and Wesson, *Championship Technique*, 14, see 3 - 14; 关于国情和传统对田径运动成功的影响,参阅第 3 - 14 页。

⑺ 出处同上, 21, 24, 28。

⑺ V-Five Association of America, *Track and Field*, ix, 6.

⑺ 出处同上, 8 - 9。另参阅"Basis of Conditioning," 14 - 17。

⑺ Roger Bannister, "The Meaning of Athletic Performance," in Ernst Jokl and Emanuel Simon, eds, *International Research in Sport and Physical Education* (Springfield, Il.: Charles C. Thomas Publishers, 1964), 71 - 2.

⑺ 出处同上, 72 - 73。

⑺ Adolf Henning Frucht and Ernst Jokl, "The Future of Athletic Records," in *International Research in Sport and Physical Education*, 436.

⑺ Calvin Shulman, "Middle-Distance Specialists Committed to Chasing that Elusive Dream,"（May 4, 2004）, http://www.timesonline.co.uk/article/0,,13849 - 1097363, 00.html.

⑺ Neal Bascomb, *The Perfect Mile: Three Athletes, One Goal, and Less Than Four Minutes to Achieve It* (Boston and New York: Houghton Mifflin, 2004), 91. 关于班尼斯特对自己和其他人进行的缺氧实验,另参阅第 90 - 94 页。

⑺ John Bale, *Roger Bannister and the Four-Minute Mile* (London and New York: Routledge, 2004), 23 - 4, 54 - 5, 112 - 13.

⑻ John Fair, "Bob Hoffman, the York Barbell Company, and the

Golden Age of American Weightlifting, 1945 – 1960," *Journal of Sport History* 14:2 (1987), 180.

⑧ John Ziegler, "Forward," in Goldman, *Death in the Locker Room*, 1 – 3; Goldman, *Death in the Locker Room*, 94.

⑧ Donna Haraway, "The Biological Enterprise: Sex, Mind and Profit from Human Engineering to Sociobiology," *Radical History Review* (Summer, 1979), 206 – 37.

⑧ Joseph Stalin, *Dialectical and Historical Materialism* (London: Lawrence and Wishart, 1943).

⑧ Friedrich Engels, *Dialectics of Nature* (New York: International Publishers, 1940).

⑧ Trofim Lysenko, *Heredity and its Variability* (New York: Kings Crown Press, 1946) and Helena Sheehan, *Marxism and the Philosophy of Science: A Critical History* (Atlantic High Lands, NJ: Humanities Press, 1985).

⑧ Paul E. Nowacki, "Vergangenheit, Gegenwart und Zukunft der deutschen Sportmedizin [Past, Present and Future of German Sport Medicine]," presented at the 37th German Congress for Sports Medicine and Prevention, Rotenburg, (September 28, 2001), http://www.uni-duesseldorf.de/awmf/fg/dksp/dksppr15.htm and http://www.dgsp.de/ueber_dgsp/historie/.

⑧ Per-Olaf Åstrand and Kaare Rodahl, *Textbook of Work Physiology* (Toronto: McGraw-Hill Book Company, 1970) see especially 375 – 430; Albert Taylor, *The Scientific Aspects of Sports Training* (Springfield, Illinois: Charles C. Thomas, 1975), especially ix, 5 – 45.

⑧ 参见 http://www.csep.ca。

⑧ 参见 http://www.casm-acms.org。

⑨⓪ 参见 http://www.dvs-sportwissenschaft.de。

⑨① 参见出处同上，http://www.hofmann-verlag.de/sw/index.php。

⑨② 参见 http://journal.but.swi.uni-saarland.de/index.asp? lang=1。

⑨③ Patrick Mignon, "The Tour de France and the Doping Issue," in Hugh Dauncey and Geoff Hare, eds, *The Tour de France*, 1903-2003 (London: Frank Cass, 2003), 232.

⑨④ 出处同上，233。

⑨⑤ 许多国家（出于财政原因）将资格标准提高至国际奥委会最低标准之上，确保能"区分谁是真材实料，谁是虚有其表"。如，加拿大只派排名前12位的运动员参加2004年奥运会。结果，尽管国际田联鼓励各国派更多马拉松选手参赛，加拿大最出色的马拉松运动员尼科尔·史蒂文森仍错过了雅典盛会。加拿大的队伍是几十年来规模最小的；见 Dave Feschuk, "Olympic Committee Raises Bar Impossibly High," *Toronto Star* (July 21, 2004), C3. 另见第5章，注释39。

第4章

① 很大程度上，联邦德国的体育体系成了20世纪70年代加拿大体育体系、20世纪80年代澳大利亚体育体系和20世纪90年代英国体育体系的蓝图。20世纪80年代，美国借鉴了联邦德国、加拿大和澳大利亚的经验，试图集中化管理美国高水平体育竞技体系并使其合理化，但美国必须将这些经验与深植于美国教育体系中的体育传输系统（sport delivery system）相结合，再适当参考地方俱乐部或地方体育组织的经验。

② 贝克尔等人也持同样观点，他们将尼塔默尔的观点视为研究德国苏占区体育发展的指导原则。尼塔默尔写道："民主德国的社会史不能仅从民主德国的社会制度中得出；相反，还必须考虑其作为第三帝国继承者、德国分裂后的一部分及苏联帝国主义前哨等具体情况。"引自

Christian Becker, Wolfgang Buss, Sven Güldenpfenning, Arnd Krüger, Wolf-Dieter Mattausch, Lorenz Peiffer and Günther Wonneberger, "Die Vorund Frühentwicklung der Sportentwicklung in der SBZ/DDR (1945 – 1956) [The Pre-and Early Development of Sport Development in the Soviet Occupied Zone/German Democratic Republic (1945 – 1956)]," *Bundesinstitut für Sportwissenschaft Jahrbuch* 1998 (Karlsruhe: Präzis-Druck GmbH, 1999), 197。

③ Reinhard Rürup, ed., *Der Krieg gegen die Sowjetunion, 1941 – 1945: Eine Dokumentation zum 50. Jahrestag des Überfalls auf die Sowjetunion* [The War Against the Soviet Union, 1941 – 1945: Documentation on the 50th Anniversary of the Attack on the Soviet Union] (Berlin: Argon Publishers, 1991), 7; see also Omer Bartov, *Hitler's Army: Soldiers, Nazis, and War in the Third Reich* (New York: Oxford University Press, 1991), 120 – 30 and Anthony Beevor, *Stalingrad: The Fateful Siege*, 1942 – 1943 (Toronto: Penguin Books, 1999), 15.

④ Beevor, *Stalingrad*, 33 – 40.

⑤ 苏德战争从闪电战转变为全面战争,其造成的重大人员伤亡及该转变的主要原因,可参见 Bartov, *Hitler's Army*, 28 and passim,也可参见 Rürup, *Der Krieg gegen die Sowjetunion* and Omer Bartov, "Savage War: German Warfare and Moral Choices in World War Ⅱ," and "From Blitzkrieg to Total War: Image and Historiography," *Germany's War and the Holocaust: Disputed Histories* (Ithaca: Cornell University Press, 2003), 3 – 32, 33 – 78。

⑥ Beevor, *Stalingrad*, 379.

⑦ 塞莫皮莱战役(公元前479年)中,一支由列奥尼达率领的1万人的希腊军队(其中300人斯巴达人)抵抗由薛西斯率领的庞大的波斯军

队的攻击。波斯军在狭窄的关口屡攻不克,死伤甚众。直到希腊叛徒埃菲亚提斯给薛西斯引路绕开防守的路线。列奥尼达只能将大部队撤回希腊,留下 300 斯巴达人殿后,这些勇士战斗至全军覆没,成功地拖住了波斯军队。公元前 480 年,波斯人进入希腊中部并占领了雅典。戈林将第六军比作斯巴达人之时,大概没想到此类比竟预示了德国的命运。

⑧ Beevor, *Stalingrad*, 380.

⑨ 参见 Rürup, *Der Krieg gegen die Sowjetunion*, 198; Bartov, *Hitler's Army*, 83。该书详细地记录了苏联战争的关键信息,包括纳粹对斯拉夫人的妖魔化(11 - 30 页)、纳粹对东欧和苏联的占领与压迫(80 - 139 页)、整个战役中德国和苏联士兵的生活(155 - 167 页)以及战争期间德国士兵的生活(181 - 217 页)。关于战争伤亡的数据有系统的统计,见 Matthew White, "Source List and Detailed Death Tolls for the Twentieth Century Hemoclysm," http://users.erols.com/mwhite28/warstat1.htm#Second。

⑩ 演讲全文见 http://www.nazi-lauck-nsdapao.com/gerbon.htm (参见 Joseph Goebbels, Wollt Ihr den totalen Krieg? See also Iring Fetscher, *Joseph Goebbels im Berliner Sportpalast* 1943 [Joseph Goebbels in the Berlin Sports Palace 1943])(Berlin: Europäische Verlagsanstalt, 1998)。书内附带的 CD 包含引用内容。艾伯特·斯皮尔回忆道:"继希特勒最成功的那次演说之后,我从未见过观众如此狂热。'你注意到了吗?'[戈林对斯皮尔说道,]'他们能体会到每一句话语气上的细微差别,在该鼓掌的时候鼓掌,这是德国政治素养最高的观众。'"参见 Albert Speer, *Erinnerungen* [Memoirs](Berlin: Verlag Ullstein, 1969), 269。而理查特详细分析了戈培尔在演讲中的艺术所在,参见 Wolfgang Richardt, "Joseph Goebbels: Rede im Berliner Sportpalast am 18. Februar 1943 [Joseph Goebbels' Speech at the Berlin Sports Palace on February 18, 1943]," http://www.wolfgang.richardt.info/2 - 4.htm。

⑪ David Goldhagen, *Hitler's Willing Executioners: Ordinary Germans and the Holocaust* (New York: Knopf, 1996) and Christopher Browning, *Ordinary Men: Reserve Police Battalion 101 and the Final Solution in Poland* (New York: Harper Collins, 1992). On DORA and the use of slave labor in building German rockets, see Speer, *Erinnerungen*, 375-86; Klaus Fischer, *Nazi Germany: A New History* (New York: Continuum Publishing Company, 1995), 529-35; William Shirer, *The Rise and Fall of the Third Reich* (Greenwich, Conn.: Fawcett Publications, 1959), 1234-92.

⑫ 恐惧是有根据的;安东尼·比弗尔记述了苏联军队入侵之时对妇女(不仅是德国妇女)的残忍暴行,见 Anthony Beevor, *The Fall of Berlin* 1945 (Toronto: Penguin Books, 2002), 27-32, 426-7。另参见 Anonymous, *A Woman in Berlin: Eight Weeks in the Conquered City*, trans. Philip Boehm (New York: Henry Holt and Company, 2005)。

⑬ Beevor, *The Fall of Berlin*, 41-2.

⑭ Bartov, *Hitler's Army*, 76. 安东尼·比弗尔在《柏林的陷落(1945)》(Beevor, *The Fall of Berlin*)一书 22-23 页叙述了纳粹实施的数次极其恶劣的破坏行为。1945 年 1 月 17 日,苏军进军,夷平华沙;"除了白雪下的废墟和灰烬,什么都不剩了。人民极度饥饿,精疲力竭。"关于希特勒的"焦土"政策,参见 Speer, *Erinnerungen*, 409-15。斯皮尔与纳粹的观点一致,但他更关心希特勒在德国西部地区的计划,并试图破坏该计划,却没有采取任何措施阻止对东部的破坏。

⑮ Bartov, *Hitler's Army*, 94-5.

⑯ Beevor, *The Fall of Berlin*, 4-6.

⑰ Smyser, *From Yalta to Berlin*, 27-56.

⑱ 克劳塞维茨最初的声明是:"战争不是一种政策行为,而且是一种真正的政治工具,是政治交往另一种形式上的延续。战争的特殊性就是

其手段的特殊性。"Carl von Clausewitz, *On War*, trans. M. Howard and P. Paret (Princeton, NJ: Princeton University Press, 1976), 87. 正因为1939—1945年战争(尤其是东线战役)可怕的"特殊性",人们开始刻意篡改克劳塞维茨的这一名言。

⑲ Office of the Chief of Staff, Supreme Headquarters, Allied Expeditionary Force, *Handbook for Military Government in Germany Prior to Defeat or Surrender* (1944), http://www-cgsc.army.mil/carl/download/books/handbkmilgov.pdf.

⑳ Gerd Weißpfening, "Der Neuaufbau des Sports in Westdeutschland bis zur Gründung des Deutschen Sportbundes [The Rebuilding of Sport in West Germany up to the Founding of the German Sport Association]," in Horst Ueberhorst, ed., *Geschichte der Leibesübungen* [History of Physical Education] 3/2 (Berlin: Bartels and Wernitz, 1972), 765. 并非所有运动都像足球要求的那么简单,所以需要更长的时间才能重建——见怀滋菲宁关于体操的讨论(765 - 766页)。

㉑ 法国不愿意批准占领区内体育俱乐部的组建,例子参阅Franz Nitsch, "'Berlin ist einer Bresche wert': Sportentwicklung unter geteilter Kontrolle [Berlin Will Lead the Way: Sport Development under Divided Control]," in Hartmut Becker and Giselher Spitzer, eds, *Die Gründerjahre des Deutschen Sportbund* [The Founding Years of the German Sport Association] (Vol. 1) (Schorndorf: Hofmann Verlag, 1990), 106 - 7. 书中提到即使在1947年,美国在柏林批准了45个体育俱乐部,而法国仅批准了1个网球俱乐部。

㉒ Wolfgang Buss, "Sport und Besatzungspolitik [Sport and Occupation Politics]," in Hartmut Becker and Giselher Spitzer, eds, *Die Gründerjahre des Deutschen Sportbund* [The Founding Years of the German Sport Association] (Vol. 2) (Schorndorf: Hofmann Verlag,

1991), 9 – 10.

㉓ 出处同上, 11。

㉔ Christian Becker et al., "Die Vor- und Frühentwicklung der Sportentwicklung in der SBZ/DDR," 197 – 207.

㉕ 顾拜旦在接受法国媒体采访时说:"柏林奥运会取得了巨大的成功,完美地体现了奥运的理念。"引自 Hans Joachim Teichler, "Coubertin und das Dritte Reich: Zur Vorgeschichte eines unveröf-fentlichten Coubertin-Briefs an Hitler aud dem Jahr 1937 [Coubertin and the Third Reich: On the Background of an Unpublished Coubertin Letter to Hitler in 1937]," *Sportwissenschaft* 12 (1982), 35。另参见 Hajo Bernett, "Die innenpolitische Taktik des nationalsozialistischen Reichssportführers. Analysen eines Schlüsseldokuments [The Inner Political Tactics of the National Socialist Reich's Sport Officer: Analyses of a Key Document]," *Stadion* 1 (1975), 140 – 78。

㉖ Christine Peyton, "Sportstadt Berlin [Sport-City Berlin]," in Gertrud Pfister and Gerd Steins, eds, *Sport in Berlin: Vom Ritterturnier zum Stadtmarathon* [Sport in Berlin: From Jousting Tournaments to the City Marathon] (Berlin: Verlag Forum für Sportgeschichte, 1987), 96 – 123; Franz Nitsch, "Berlin is einer Bresche wert," 99.

㉗ 出处同上, 100 – 103。

㉘ Wolfgang Buss, "Sport und Besatzungspolitik," 5 – 11.

㉙ 关于西方盟国关于教育的政策,参阅 *Handbook for Military Government*, 195 – 7。

㉚ Control Council Directive Number 23, "Limitation and Demilitarization of Sport in Germany," http://www.loc.gov/rr/frd/Military_Law/Enactments/01LAW06.pdf, 140. 同盟国曾有一些早期的临时体育管理制度,但这些规定并不成体系。如,参见"Anweisung Nr. 2 der brit. MilReg., Erziehungskontrolle: 'Physical Training', July 18, 1945 [Instruction No. 2 of the British Military Government, Control of Education: 'Physical Training', July 18, 1945]," "Anordnung Nr. 221 der Alliierten Kommandantur Berlin: 'Betrifft: Sport-Organisationen in Berlin', 19. Nov. 1945 [Order No. 221 of the Allied Commander Berlin: 'Concerning: Sport organizations in Berlin,' Nov. 19, 1945]," "Anweisung Nr. 17 der brit. MilReg., IA & C Division: 'Sportvereine und Versammlungen', 3. Dez. 1945 [Instruction No. 17 of the British Military Government, IA & C Division: 'Sport Associations and Meetings,' Dec. 3, 1945]," in. Lorenz Peiffer, ed., *Die erstrittene Einheit: Von der ADS zum DSB (1948-1950). Bericht der 2. Hoyaer Tagung zur Entwicklung des Nachkriegssports in Deutschland* [The Disputatious Unity. From the ADS to the German Sport Association (1948-1950). Reports from the Second Hoya Seminar on the Development of Post-War Sport in Gemany] (Duderstadt: Mecke 1989), 87-150。同盟国规章制度同时发表于 http://www.rrz.uni-hamburg.de/sport/infodoc/digitale publikationen/tiedemann/AlliierteRechtsdokumente44-50.pdf。

㉛ Control Council Directive Number 23, 140-1。

㉜ 出处同上, 141。

㉝ 虽然美占区和英占区允许德国特纳工作委员会(Deutscher Arbeitsausschuß Turnen)在1947年9月以后继续运作,法占区的特纳人却没能在获得任何认可。直到1950年9月2日,德国体操联合会(Deutsche Turner-Bund)才在联邦德国成立,另见 Gerd Weißpfening, "Der Neuaufbau des Sports in Westdeutschland," 770-1。

㉞ Deutscher Sportbund, ed., *Sport in Deutschland* [Sport in Germany], http://www.dsb.de/fileadmin/fm-dsb/arbeitsfelder/wiss-ges/Dateien/Sport_in_Deutschland.pdf, 5.

㉟ Ommo Grupe, "Der neue Weg im deutschen Sport: Über Sinn und Organisation des Sports [The New Direction in Geman Sport: On the Basic Ideas and Organization of Sport]," in *Die Gründerjahre* (Vol. 1), 17 - 18.

㊱ 以下文章反映了西方盟国战后在占领区内塑造德国体育所施加的影响:Julius Bohus, "Die Entwicklung in der amerikanischen Zone: München [Development in the American Sector: Munich];" Reiner Fricke, "Paul Keller (1884 - 1957);" Claus Tiedemann, "Die Entwicklung in der britischen Zone: Hamburg [Development in the British Zone: Hamburg];" Michael Joho, "Hamburger Sportverein gegen Lorbeer 06-Bürgerlicher und Arbeiter-Fußball in Hamburg 1945 [Hamburg Sport Association Versus Lorbeer 06-Bourgois and Worker Football in Hamburg];" and Gabi Langen and Giselher Spitzer, "Köln [Cologne]" in *Die Gründerjahre* (Vol. 2), 13 - 20, 21 - 24, 28 - 32, 42 - 8。

㊲ Gerd Weißpfening, "Der Neuaufbau des Sports in Westdeutschland," 766 - 73。

㊳ 威斯特伐利亚州人民体育协会就是统一多项体育协会的一个很好的例子。其创始人雨果·戈默曾在战前参与工人体育运动,并将在战后重塑德国体育运动的辩论和决策中发挥重要作用。

㊴ 举个例子,下萨克森州省级体育协会共有 290 万会员,隶属于 9500 多个体育俱乐部,尼德萨森省级体育协会由 4 个区域级体育联合会以及 48 个地区和城市体育联合会组成。除此之外,还有 57 个省级单项体育协会。体育俱乐部都是区级和市级体育联合会的会员。详见 http://www.lsbniedersachsen.de/。

㊵ Gerd Weißpfening, "Der Neuaufbau des Sports in Westdeutschland," 766-7; see also the BLSV website, http://www.blsv.de/blsv/.

㊶ 1946年11月在一次区域体育会议上,有人提出军事政府对体育体制的建设的限制过多,对此,约翰·迪克森回答说:体育官员可以批准区域体育协会。我会尽我所能帮助体育俱乐部获得批准……让我们等到各个独立的俱乐部批准过程完成。那么从下往上,该建的都要建起来。造成目前不平衡现状的原因是俱乐部还没有获得重建的许可。引自 Gerd Weißpfening, "Der Neuaufbau des Sports in Westdeutschland," note 47, 787. 原文为德语。

㊷ 参阅 http://www.hamburger-sportbund.de/,导航栏选择"我们是谁[Who we are]"下的"历史[Geschichte]"。

㊸ 例如,下萨克森州省级体育协会组织架构,参阅 http://www.lsbniedersachsen.de/;黑森州省级体育协会组织架构,参阅 http://www.landessportbund-hessen.de/de/ueberuns/struktur/;萨克森-安哈尔特州省级体育协会组织架构,参阅 http://www.lsb-sachsen-anhalt.de/o.red.c/home.php(在"Vereinsinformationssystem"下选择"Strukturen des Sports",再选"Management");或巴伐利亚体育协会组织架构,参阅 http://www.blsv.de/blsv/(导航栏选择"Verband")。

㊹ 1990年后,有16个省级体育联合会(包括柏林体育联合会),见 Deutscher Sportbund, *Sport in Deutschland*, 13-14。

㊺ Deutscher Sportbund, *Sport in Deutschland*, 15. 1952年,考虑到德国历史,将德国体育联合会改名为民主德国体操和体育联合会的提议未被采用,投票结果为53:31(德国体育联合会:民主德国体操体育联合会)。德国体育联合会章程的第一句话改为:"德国体育联合会是德国特纳和体育协会以及体育机构的自由协会。"参见 Deutscher Sportbund, *Sport in Deutschland*, 16。

㊻ Gerd Weißpfening, "Der Neuaufbau des Sports in Westdeutschland," 775; see 773 - 6.

㊼ 参见 Deutscher Sportbund, "Organisation des Sport in der Bundesrepublik Deutschland [Organization of Sport in the Federal Republic of Germany]," http://www.dsb.de/fileadmin/fm-dsb/arbeitsfelder/wiss-ges/Dateien/Organisation_des_Sports_in_Deutschland.pdf。成立时,共有19,874个俱乐部,会员320万人;2001年,共有88,531个俱乐部,2680万名会员(*Sport in Deutschland*, 77)。由于Spitzenverbände(顶级单项体育协会)一词,人们更习惯于用Spitzensport(顶级运动)来表达Hochleistungssport(高水平竞技体育)的意思。顶级单项体育协会独立于德国国家奥林匹克委员会,负责省际赛事和世界和欧洲冠军队工作,给德国运动员确定排名,并与德国体育援助基金会合作。

㊽ 党的执行委员会的文化委员会下设了一个运动委员会,成员包括战前中央工人体育委员会的阿道夫·巴克和红色运动统一联合会的赫尔穆特·贝伦特。其他参与苏占区运动发展的工人运动提倡者包括罗伯特·里德尔、赫伯特·曼克、鲁道夫·弗里德里希、埃里希·里德伯格、约瑟夫·肖普和奥斯卡·齐默尔曼。参见 Günther Wonneberger, "Sport im gesellschaftlichen Umbruch der Nachkriegszeit in der Sowjetischen Besatzungszone Deutschlands (1945 - 1949) [Sport during the Social Upheaval of the Post-War Period in the Soviet Occupied Zone of Gemany]," in André Gounot, Toni Niewerth and Gertrud Pfister, eds, *Spiele der Welt im Spannungsfeld von Tradition und Moderne* [Games of the World and the Tension between Tradition and Modernity] (Vol. 2), (St. Augustin: Academic Verlag, 1996), 209 - 14。

㊾ 1946年,德国共产党和社会民主党被迫合并,建立了统一社会党。20世纪90年代苏联档案馆发布的文件表明,此次合并引发了一些冲突;现有的德国共产党成员认为,他们应成为德国唯一中央政党。例

如,参见 Major General Sergei Tiulpanov's "Report at the Meeting of the Commission of the Central Committee of the CPSU to Evaluate the Activities of the Propaganda Administration of SVAG [Soviet Military Administration in Germany]," stenographic report (September 16, 1946), http://www. wilsoncenter. org/index. cfm? topic _ id = 1409&fuse action=library.document&id=251。

㊾ Gerald Carr, "The Involvement of Politics in the Sporting Relationships of East and West Germany, 1945 – 1972," *Journal of Sport History* 7:1 (1980), 40 – 1. See also Waldemar Borde, "Die Aufgaben unserer Demokratischen Sportbewegung [The Mission of our Democratic Sport Movement]," *Deutsches Sport-Echo* [German Sport Echo] (October, 1948), 3; Günther Wonneberger, *Die Körperkultur in Deutschland von* 1945 *bis* 1961 [Physical Culture in Germany from 1945 to 1961] (East Berlin: Sportverlag, 1967).

㊶ Gerald Carr, "Involvement of Politics in the Sporting Relationships of East and West Germany," 41.

㊷ Ommo Grupe, "Der neue Weg im deutschen Sport: Über Sinn und Organisation des Sports [The New Path in German Sport: About Meaning and Organization of Sport]," in Hartmut Becker, Wolfgang Buss, Franz Nitsch and Giselher Spitzer, eds, *Die Gründerjahre des deutschen Sportbundes: Wege aus der Not zur Einheit* [The Founding Years of the German Sports Federation: Paths from Need to Unity] (Schorndorf: Karl Hofmann, 1990), 17 – 20. See also Franz Nitsch, "Traditionslinien und Brüche: Stationen der Sportentwicklung nach dem Zweiten Weltkreig [Traditions and Breaks: Stations in Sport Development in the post World War II Period]," in *Die Gründerjahre des deutschen Sportbundes*, 29 – 64.

第 5 章

① George Orwell, *Animal Farm* (Harmondsworth, Middlesex: Penguin Books, 1945), 5 - 23.

② 参见 Giselher Spitzer, Hans Joachim Teichler, and Klaus Reinartz, eds, "Das Staatliche Komitee für Körperkultur und Sport übernimmt die wesentlichen Funktionen des Sportausschusses (1952) [The State Committee for Physical Culture and Sport Takes Over the Essential Functions of the Sport Committee (1952)]," *Schlüsseldokumente zum DDR-Sport. Ein sporthistorischer Überblick in Originalquellen. Schriftenreihe: Sportentwicklungen in Deutschland* [Key Documents in GDR Sport. A Historical Overview of Sport through Original Sources: Sport Development in Germany] (Vol. 4) (Aachen: Meyer & Meyer Verlag, 1998), 38 - 43。

③ 出处同上, 40。

④ 出处同上, 41。

⑤ 参见 I. Boywitt, "Kindersportschulen-auch für unsere Jungen und Mädchen [Children's Sport Schools-Also for Our Boys and Girls]," *Körpererziehung in der Schule* [Physical Education in Schools] 4 (1952). 截至 1959 年,民主德国共有 23 所青少年体校。

⑥ 1956 年,科尔蒂纳丹佩佐冬奥会上,民主德国 18 名队员参赛,联邦德国参赛队员 58 名。1956 年,墨尔本夏季奥运会上,民主德国 37 名队员参赛,联邦德国 138 名队员参赛。参见 Gerald Carr, "The Involvement of Politics in the Sporting Relationships of East and West Germany, 1945 - 1972," *Journal of Sport History* 7:1 (1980), 27。德国联合队伍参加了 1956 年、1960 年和 1964 年的夏季和冬季运动会;参见

Deutscher Sportbund, ed., *Sport in Deutschland* [Sport in Germany], http://www. dsb. de/ fileadmin/fm-dsb/arbeitsfelder/wiss-ges/ Dateien/Sport_in_Deutschland.pdf, 5。

⑦ Hans-Joachim Teichler, ed., "Dokument 39: 'Entwicklung der Kinder-und Jugendsportschulen der DDR zu Spezialschulen des sportlichen Nachwuchses, 06.06.1963 [Document 39: Development of Children and Youth School of the German Democratic Republic to Special Schools for Developing Athletes]'," *Die Sportbeschlüsse des Politbüros: Eine Studie zum Verhältnis von SED und Sport mit einem Gesamtverzeichnis und Dokumentation ausgewählter Beschlüsse* [The Polit Bureau's Sport Resolutions: A Study of the Relationship Between the Socialist Unity Party and Sport with a Complete Listing and Documentation of Selected Resolutions] (Köln: Sport und Buch Strauß, 2002), 432 – 47.

⑧ Horst Röder, *Von der 1. zur 3. Förderstufe* [From the First to the Third Stage of Development], http://www.sport-ddr-roeder.de/frame10.htm, cites "Maßnahmen zur Entwicklung der Kinder-und Jugendsportschulen der DDR zu Spezialschulen des sportlichen Nachwuchses. Vorlage an das Sekretariat des ZK der SED vom 6.6.1963 [Measures for the Development of Elementary and Intermediate Level Schools of the GDR to Special Schools for the Athletically Talented. A Bill for the Secretariat of the Central Committee of the SED, June 6, 1963]," 50 – 65.

⑨ Röder, *Von der 1. zur 3. Förderstufe*, cites "Beschluß des Politbüros der SED vom 10.8.1965 über die 'Weitere Entwicklung des Leistungssports bis 1972' [Resolution of the Politbureau of the SED on August 10, 1965 concerning the 'Further Development of High-Performance Sport into 1972'],"16.

⑩ Röder, *Von der 1. zur 3. Förderstufe*, cites "Information über die Durchführung des Beschlusses vom 6.6.1963 vor der LSK der DDR," internes Material vom 5.5.1969 ["Information on the Execution of the Resolution of June 6, 1963 by the LSK of the GDR," internal material from May 5, 1969]. 罗德称,截至 1974 年,民主德国有 1820 个训练中心,共有 69,000 名年轻运动员在训练中心接受训练。此外,还有 820 个训练支持中心,为其他儿童与青少年提供体育服务。另有 121 个区域培训中心,涉及 22 个运动项目,培训中心的运营主要依赖志愿劳动,志愿者和兼职教练超过 8000 名。

⑪ 引自 Asmuss Burkhard, "Die XX. Olympischen Sommerspiele in München 1972 [The 20th Olympic Summer Games in Munich, 1972]," German Historical Museum, http://www.dhm.de/~jarmer/olympiaheft/olympi11.htm。

⑫ Gesellschaft zur Förderung des olympischen Gedankens in der DDR, ed., *Spiele der XX. Olympiade, München* 1972 [Games of the 20th Olympiad, Munich 1972] (East Berlin: GDR, 1972), 16.

⑬ 引自 Peter Kühnst, "Sportführer Manfred Ewald-Eine mentalitäsgeschichtliche Annärung zum Tod des ehemaligen DDR-Sportpraesidenten [An Attempt to Understand the Death of the Former DDR Sport President in Terms of the History of Mentalities]," *Das Sportgespräch* [Sport Talk], DeutschlandRadio, Berlin [German Radio, Berlin] (February 27, 2002), http://www.dradio.de/cgi-bin/es/neu-sport/27.html。

⑭ Franke and Berendonk, "Hormonal Doping and Androgenization of Athletes," iden-tify K-H Bauersfeld, J. Olek, H. Meißner, D. Hannemann, and J. Spenke, "Analyse des Einsatzes u[nterstützende]

M[ittel] in den leichtathletischen Wurf-/Stoßdisziplinen und Versuch trainingsmethodischer Abteilungen und Verallgemeinerungen [Analysis of the Use of 'Supporting Means' in Track and Field Throwing and Putting Disciplines and An Assay of the Methods of Training Divisions and Generalizations]," Scientific Report, German Athletic Association (DVfL) of the GDR, Science Center of the DVfL, 1973. 以上文献为术语"unterstützende Mittel"及"u.M"的出处，意指合成代谢类固醇。弗兰克和博仁东克曾在第3页脚注第1条提到，"我们用 u.M 来指代合成代谢类固醇。"

⑮ 参见 Werner Franke and Brigitte Berendonk, "Hormonal Doping and Androgenization of Athletes: a Secret Program of the German Democratic Republic Government," *Clinical Chemistry* 43:7 (1997), 1264. 为了证实使用广泛这一说法，弗兰克和博仁东克引用以下文献: Gary Wader and Brian Hainline, *Drugs and the Athlete* (Philadelphia: FA Davis Co., 1989), Charles Yesalis, ed., *Anabolic Steroids in Sport and Exercise* (Champaign, Il.: Human Kinetics Publishers, 1993), Joseph Biden, "Steroids in Amateur and Professional Sports-the Medical and Social Costs of Steroid Abuse," *US Senate Committee on the Judiciary Hearing*, J 101 – 102 (Washington, DC: Government Printing Office, 1990), D.L. Breo, "Of MDs and Muscles-Lessons from Two 'Retired Steroid Doctors'," *Journal of the American Medical Association* 263 (1990), 1697 – 705, Charles Dubin, *Commission of Inquiry Into the Use of Drugs and Banned Practices Intended to Increase Athletic Performance* (Ottawa: Canadian Government Publishing Centre, 1990), and Robert Voy, *Drugs, Sport, and Politics* (Champaign, Il.: Leisure Press, 1991). 在脚注第1至6条中，弗兰克和博仁东克引用了涉及体育运动中药物使用的特定法院案件。其中包括奥运

会举重冠军卡尔·海因茨·拉德斯基(Karl-Heinz Radschinsky)1984年因大规模贩运处方药获罪,贩运药物包括22万片合成代谢类固醇;约琛·斯皮克(Jochen Spilker),200米和400米女子短跑国家教练,因在其运动员身上使用氧甲氢龙(Anavar)于1994年定罪;卡尔海因茨·斯坦梅茨(Karlheinz Steinmetz),因使用类固醇,并在兴奋剂对照试验中用自己的尿液替换投掷运动员的尿液,于1994年被判刑;德国铅球冠军卡尔曼·科尼亚(Kalman Konya),因在合成代谢类固醇使用方面涉嫌作伪证而被判入狱,处以缓刑。另请参阅第一章,到20世纪60年代,提高成绩类药物已广泛使用。

⑯ 参见John Hoberman, "A Conspiracy So Vast: The Politics of Doping," *Mortal Engines* (New York: The Free Press, 1992), 229 - 65; John Hoberman, "Sports Physicians and the Doping Crisis in Elite Sport," *Clinical Journal of Sport Medicine* 202:12 (2002), 203 - 8; and Ivan Waddington, "The Other Side of Sports Medicine," *Sport, Health and Drugs* (New York: E & F Spon, 2000), 135 - 52。以上文献表明,虽然民主德国有一个涉及多个组织和个人的系统性计划,民主德国的所作所为并非特立独行。另请参阅第1章第43条注释。

⑰ 沃纳·弗兰克和布里奇特·博仁东克写的《激素类兴奋剂的使用和运动员的雄性激素作用》(Franke and Berendonk, "Hormonal Doping and Androgenization of Athletes")一文中提到,不论是1989年柏林墙倒塌后公开的文件,还是20世纪90年代法庭案件中公开的文件,都证实了民主德国男运动员从20世纪60年代初就开始服用类固醇,而民主德国女运动员从1968年开始服用类固醇。在他们引用的文件中,有以下曾别列为机密文件的文献: W. Schäker, *Verbesserung des zentralnervalen und neuromuskulären Funktionsniveaus sowie sportartspezifischer Leistungen durch Oxytozin* [Improvement of the Level of Function of the Central Nervous and Neuromuscular Systems as well as Sport

Specific Performance through Oxytocin], doctoral dissertation submitted to the Faculty for Military Medicine, Ernst-Moritz-Arndt-University, 1980, (论文于 1981 年在德国巴德萨罗市军事医学院作为机密材料保存); H. Riedel, *Zur Wirkung anaboler Steroide auf die sportliche Leistungsentwicklung in den leichtathletischen Sprungdisziplinen* [On the Effect of Anabolic Steroids on the Development of Athletic Performance in the Track and Field Jumping Disciplines], doctoral dissertation submitted to the Military Medical Academy, Bad Saarow, GDR, 1986; G. Rademacher, *Wirkungsvergleich verschiedener anaboler Steroide im Tiermodell und auf ausgewählte Funktionssysteme von Leistungssportlern und Nachweis der Praxisrelevanz der theoretischen und experimentellen Folgerungen* [A Comparison of the Effects of Various Anabolic Steroids in Animal Models and on Selected Functional Systems of High-Performance Athletes and Demonstration of the Practical Relevance of the Theoretical and Experimental Inferences], a doctor of science medical thesis submitted to the Military Medical Academy, Bad Saarow, GDR, 1989.

⑱ Franke and Berendonk, "Hormonal Doping and Androgenization of Athletes," 1263.

⑲ 出处同上。

⑳ John Hoberman, "The Transformation of East German Sport," *Journal of Sport History* 17:1 (1990), 63.

㉑ Franke and Berendonk, "Hormonal Doping and Androgenization of Athletes," 1265. 此前,许多人误以为民主德国所有运动员都被迫服用类固醇,而弗兰克和博仁东克反对这一观点,他们指出,在民主德国,所有提高成绩类药物都受到严格控制。因此,售卖口服类特力补和其他化合物的"黑市"出现了。这些药品的需求量非常大,以至于:配给

剂量无法满足顶尖水平的运动员及其教练的需求。此外,训练中心里的二级运动员及少儿运动员的教练(甚至包括 9—12 岁的儿童运动员)都想尽一切办法在黑市上私下购买"这个东西"。(1269 - 1270 页)

㉒ 出处同上,1267 - 1268。

㉓ 出处同上,1264。译文由该书作者提供。

㉔ 出处同上,1264,第 4 条注释。弗兰克和博仁东克表示,通过 G. 霍贝的著作,参见 G. Hobe, "Untersuchungen zur Pharmakokinetik und Biotransformation von Oral-Turinabol im Vergleich zur Substanz XII und STS 646 beim Menschen〔Investigations into the Pharmokinetic and Bio Transformation of Oral-Turinabol in Comparison to Substance XII and STS 646〔mestanolone〕in Humans〕," *Abschlußbericht*〔Final Report〕(Jena: ZI-MET, 1988),民主德国官员也意识到了美他诺龙的雄性化作用更强。

㉕ Giselher Spitzer, *Doping in der DDR: Ein historischer Überblick zu einer konspirativen Praxis*〔Doping in the GDR: An Historical Overview of a Conspiratorial Practice〕(Köln: Sport und Buch Strauß, 1998).

㉖ Brigitte Berendonk, *Doping Dokumente*〔Doping Documents〕(Berlin: Springer Verlag, 1991),474 - 84。该书列举了民主德国 130 项秘密研究。另参见 Franke and Berendonk, "Hormonal Doping and Androgenization of Athletes," 1277 - 8。例如,机密研究包括:E. Kämpfe, *Untersuchungen zur Wirkungsdifferenzierung von Steroidhormonen am Trainingsmodell der unbelasteten und belasteten Ratte*〔Investigations on the Differences in Effects of Steroid Hormones on the Model of Training in Stressed and Unstressed Rats〕, doctoral dissertation sub-mit-ted to the Military Medical Academy, Bad Saarow, GDR, 1989; A. Müller, *Der Einfluß von Oral-Turinabol und einer Belastung auf das mischfunktionele Monooxygenasesystem der Rattenleber* [The Influence of Oral Turinabol and Stress on the Mixed Function of the Monooxygenase System of the Rat Liver], Lecture text, Z.I.M.E.T., (Jena, GDR 1987); W. Schäker, F. Klingberg, and R. Landgraf, "Wirkungsvergleich von Neuropeptiden im eletrophysiologischen Laborexperiment an männlichen Ratten [Comparison of Effects of Neuropeptides in Electrophysiological Laboratory Experiments on Male Rats]," in W. Schäker, ed, *Überprüfung weiterer u.M. auf ihre Anwendbarkeit in Training und Wettkampf* [Examination of Further Support Means Regarding Their Utility in Training and Competition] (F.K.S., Leipzig, 1981), 14–21. 其中 1989 年后发表的研究包括：A. Müller, K. Hoffmann, E. Kämpfe and A. Barth, "Zur Beeinflussung des misch-funktionalen Monooxygenasesystems der Rattenleber durch koerperliche Belastung und Steroide [On influencing the mixed functions of the mono oxygenase system of the rat liver with bodily loads and steroids]," in R. Häcker and H. De Marees, eds, *Hormonelle Regulation und psychophysische Belastung im Leistungssport* [Hormonal Regulation and Psycho-Physical Stress in High-Performance Sport] (Köln, F.R.G.: Deutscher Aerzte-Verlag, 1991), 71–6. 值得注意的是，这项研究现在科学界广为人知，甚至在各种互联网公告栏或讨论组中转发和引用；另见国际生物力学学会下的 Bioch-L 新闻集团官网：http://isb.ri.ccf.org/biomch-l/archives/biomch-l-1996-08/00015.html。

㉗ Hermann Bausinger, "Etappen des Sports nach den Gründerjahren [Stages of Sport following the Foundation Years]," in Hartmut Becker and Giselher Spitzer, eds, *Die Gründerjahre des Deutschen Sportbund* [The Founding Years of the German Sport Association] (Vol. 2) (Schorndorf: Hofmann Verlag, 1991), 213.

㉘ "Stützpunkte"初看是个奇怪的选词,但实际上,考虑到联邦德国人对训练中心的规划和使用,选用该词十分适切。"Stützpunkte"意指支点、起点、基础、支撑点或立足点。因为"Stützpunkte"并不是运动员的永久训练基地,因而,中心作为世界级运动员发展的起点,运动员全面培训过程中的立足点,运动员发展的基础,这与德国体育联合会向当地俱乐部兜售的形象相一致,目的是获得实施这些计划所需的支持。

㉙ Karl-Heinz Gieseler, "Das freie Spiel der Kräfte. Spitzensport in der Industriegesellschaft [The Free Play of Powers. High Performance Sport in Industrial Society]," in R. Andresen, ed., *Schneller, Höher, Stärker.... Chancen und Risiken im Leistungssport* [Faster, Higher, Stronger ... Opportunities and Risks in High Performance Sport] (Niedernhausen: Golling, Schors-Verlag, 1980), 33.

㉚ Karl-Heinrich Bette and Friedhelm Neidhart, *Förderungseinrichtungen im Hochleistungssport* [Mechanisms for the Promotion of High-Performance Sport] (Schorndorf: Verlag Karl Hofmann, 1985), 52.

㉛ 有关德国体育援助基金会结构和目标的完整信息,请参阅德国体育基金会的《德国体育援助基金会章程》,http://www.sporthilfe.de/dokumente/verfassung.pdf;另请参阅主网站 http://www.sporthilfe.de/各栏目信息;特别参阅"推广"(Förderung)、"融资"(Finanzen),和"事实与数据"。还可以在常春藤体育基金会的网站上获得摘要信息,网址:http://www.dhatrust.org/about/exist/deutchsport.asp。

㉜ Bette and Neidhart, *Förderungseinrichtungen*, 98 – 101 and the "Events" section of the DSH website, http://www.sporthilfe.de/.

㉝ Günter Pelshenke, *Die Stiftung Deutsche Sporthilfe: Die ersten 25 Jahre* [German Foundation for Sport Assistance: The First 25 Years], 105 – 6; cited in Bette and Neidhart, *Förderungseinrichtungen*, note 108, 95.

㉞ 出处同上，95-96。

㉟ 出处同上。2004年，3800名运动员获得了资助，共计1300万欧元。成立以来，德国体育援助基金会为超过3.5万名运动员提供了3.1亿欧元的资金支持（来自2004年5月23日德国体育协会公共关系主管汉斯·约阿希姆·埃尔茨的私人邮件内容）。另请参考德国体育援助基金会总结文件内相关信息，见德国体育援助基金会，《德国体育援助基金会的职责与表现》[Die Aufgaben und Leistungen der Stiftung Deutscher Sporthilfe], 2002年, http://www.sporthilfe.de/dokumente/aufgaben+leistungen.pdf.

㊱ Deutscher Sportbund, *Sport in Deutschland*, 33.

㊲ Deutscher Sportbund, *Sport in Deutschland*, 49.

㊳ "'Goldener Plan Ost' fortführen ['Golden Plan East' Carries On]," Blickpunk Bundestag [Focus on the Federal Parliament], (October 10, 2000), http://www.bundestag.de/bp/2000/bp0010/0010050b.html; Winfried Hermann, "*Goldener Plan Ost-Rot-Grün fördert Breitensport in den neuen Ländern* [Golden Plan East-Red-Green Coalition Supports Recreational Sport in the New Provinces]," http://www.winnehermann.de/sport/goldener_plan.html; *and* Bundesinnenministerium des Innern [Federal Ministry of the Interior], "'Goldener Plan Ost' bis 2003 gesichert: Über 14 Millionen Euro mehr für die Sportstättenförderung in den ostdeutschen Ländern ['Golden Plan East' Until 2003 Assured: M-ore than 14 Million Euros More for the Support of Sport Facilities in the East German Provinces]," http://www.kommunalweb.de/news/anzeigen.phtml?category=218&thema=Freizeit+und+Sport. 关于最初的黄金计划，见 Committee of German Physical Educators and the Federal Institute for Sport

Science, ed., "Der 'Goldene Plan,' [Golden Plan]," *Informationen zu Sportwissenschaft, Sporterzieh-ung, Sportverwaltung in Der Bundesrepublic Deutschland* [Information on Sport Science, Education, and Administration in the Federal Republic of Germany] (Schorndorf: Verlag Karl Hofmann, 1986), 21。

㊴ Hermann, "*Goldener Plan Ost*," and Bundesinnenministerium des Innern, "'Goldener Plan Ost' bis 2003 gesichert."

㊵ 加拿大以民主德国和联邦德国体育制度为蓝本,建立本国的高水平竞技体育体系。为证明向高水平体育竞技增加资金的合理性,加拿大采取了完全相同的做法。见 Canadian Olympic Committee, "Canadian Olympic Committee Launches ＄8.7 Million Excellence Fund," (February 25, 2003), http://www.olympic.ca/EN/organization/news/2003/0225.shtml; Canadian Olympic Committee, "The Evolution of Excellence: A Synopsis of COC Funding Initiatives," http://www.olympic.ca/EN/funding/files/evolution.pdf ; Department of Canadian Heritage, *Towards a Canadian Sport Policy: Report on the National Summit on Sport* (Ottawa, April 27 – 28, 2001), http://www.canadianheritage.gc.ca/progs/sc/pol/pcs-csp/sum-sum-e.pdf; Department of Canadian Heritage, *The Canadian Sport Policy* (May 24, 2002), http://www.pch.gc.ca/progs/sc/pol/pcs-csp/2003/polsport_e.pdf;另参见加拿大体育局对《加拿大体育政策》的评论,"The *Canadian Sport Policy* Presents a Powerful Vision for Sport in Canada," http://www.pch.gc.ca/progs/sc/pol/pcs-csp/index_e.cfm. 英国相关内容请参见 Sport England, *Working Together for Sport* (London, July 18, 2000), http://www.sportdevelopment.org.uk/spengsummit.pdf; Department for Culture, Media and Sport, *A Sporting Future for All: The Government's Plan for Sport* (April 5, 2000), http://www.culture.

gov. uk/NR/rdonlyres/A63A61D4 – 6F22 – 401B – 8649-D0AAD85843E6/0/sportgovplan19. pdf; Department for Culture, Media and Sport, *The Government's Plan for Sport* (March 2001), http://www. culture. gov. uk/global/publications/archive _ 2001/governments _ plan _ for _ sport ＋. htm? properties ＝ archive％5F2001％2 C％2Fsport％2FQuickLinks％2Fpublications％2Fdefault％2C&month＝); Department for Culture, Media and Sport, *The Government's Plan for Sport*: *Second Annual Report* (April 2003), http://www.culture.gov. uk/global/publications/archive_2003/sport_2ndannualreport.ht m; and The Prime Minister's Strategy Unit, *Game Plan*: *A Strategy for Delivering Government's Sport and Physical Activity Objectives* (December 2002), http://www. sportdevelopment. org. uk/html/gameplan. html.

㊶ 参见德国体育援助基金会主页"推广"[Förderung]一栏下内容, http://www.sporthilfe.de/index.php? page＝2。

㊷ "Stiftung Deutscher Sporthilfe: Erfolg möglich machen [The German Foundation for Sport Assistance: Making Success Possible]," Press Release of the Stiftung Deutscher Sporthilfe (July 2003), http://www.sporthilfe.de/dokumente/basistext.pdf.

㊸ 参见与德国体育援助基金会执行委员会成员汉斯·威尔海姆·盖布的访谈,载于"Wie viel Moral verträgt der Sport? [How Much Morality is Compatible with Sport?]," *Das Sportgespräch* [Sport Talk], DeutschlandRadio, Berlin [German Radio, Berlin] (November 25, 2001), http://www. dradio. de/cgi-bin/es/neu-sport/16. html。联邦德国35名奖牌获得者在盐湖城获得超过63.1万欧元的奖金。

㊹ 参见与德国体育援助基金会执行委员主席汉斯·格奥尔格·格鲁萧的访谈,载于"Die Sporthilfe als Service-Gesellschaft für Spitzensport [Sport Assistance Foundation as a Social Service for High-Performance Athletes]," *Das Sportgespräch* [Sport Talk], DeutschlandRadio, Berlin [German Radio, Berlin] (January 19, 2003), http://www.dradio.de/cgi-bin/es/neu-sport/33.html。

㊺ 参见德国田径协会副主席兼社会民主党成员达格玛·弗雷塔格、德国基督教民主联盟/巴伐利亚基督教社会联盟体育发言人克劳斯·里格特、德国自由民主党体育委员会副委员德特勒夫·帕尔与联盟 90/绿党成员、联邦议会体育与环境委员会主席温弗里德·赫尔曼之间的对话:"Die Sportpolitik in der neuen Legislaturperiode [Sport Politics in the New Session of the Legislature]," *Das Sportgespräch* [Sport Talk], DeutschlandRadio, Berlin [German Radio, Berlin] (November 24, 2002), http://www.dradio.de/cgi-bin/es/neu-sport/30.html.

㊻ *Schule und Leistungssport-Verbundsysteme in den Ländern* [School and High-Performance Sport-Coordinated Systems in the Provinces], Bericht über den Entwicklungsstand der pädagogischen Betreuungsmaßnahmen für jugendliche Leistungssportlerinnen und Leistungssportler im Rahmen der Kooperationsprojekte "Sportbetonte Schule" und "Partnerschule des Leistungssports" in den Ländern [Report on the Status of the Pedagogical Mechanisms that Protect the Welfare of Young High-Performance Athletes in the Framework of the Projects "Sport Oriented Schools" and "High-Performance Sport Partnership Schools" in the Provinces], (November 3, 2000), http://www.kmk.org/doc/publ/leistung.pdf, 13.

㊼ *Schule und Leistungssport*, 15–16.

㊽ The Sports Factor, "Athlete Talent Search Programs," (September 19, 1997), http://www.ausport.gov.au/fulltext/1997/sportsf/sf970919.htm; Australian Institute of Sport, "Talent Search," http://

www. ais. org. au/talent/index. asp; Tim Ackland, "Talent Identification: What Makes a Champion Swimmer," *Coaches' Info Service: Sport Science Information for Coaches*, http://www.coachesinfo.com/category/swimming/166/; Istvan Balyi, "System Building and Long-term Athletic Development in British Columbia," a paper presented on the Irish Sport Council's National Coaching and Training Centre website, http://www.msysa.net/CoachingArticles/NewCoaching/SportsSystemBuildingbyDrIstvanBalyi.pdf and Istvan Balyi, "Sport System Building and Long Term Athlete Development," http://www.talentladder.org/tl_res.html.

㊾ Udo Merkel, "The German Government and the Politics of Sport and Leisure in the 1990s: An Interim Report," in Scott Fleming, Margaret Talbot and Alan Tomlinson, eds, *Policy and Politics in Sport, Physical Education and Leisure* (Eastbourne: Leisure Studies Association, 1995), 100.

㊿ Wolf-Dietrich Brettschneider, "Unity of the Nation-Unity in Sports?" in Ralph Wilcox, ed., *Sport in the Global Village* (Morgantown: Fitness Information Technology, 1994), 252. See also R. Burgess, "Talent Identification," The Australian Sports Commission, http://www.ausport.gov.au/info/topics/talentid.asp, Tudor Bompa, "Talent Identification,"*Sports Periodical On Research and Technology in Sport* (February 1985), 1 - 11, and Clive Rushton, *Talent Detection, Identification, and Development: A Swimming Perspective* (New Zealand: Swimming New Zealand, 2003), http://www.ausport.gov.au/info/topics/talentid.asp.

㊽ Arnd Krüger, "Breeding, Rearing and Preparing the Aryan Body: Creating the Complete Superman the Nazi Way," in James Anthony Mangan, ed., *Shaping the Superman: Fascist Body as Political Icon*, (London: Frank Cass Publishers, 1999), 44.

㊼ Arnd Krüger, "A Horse Breeder's Perspective: Scientific Racism in Germany, 1870—1933," in Norbert Finzsch and Dietmar Schirmer, eds, *Identity and Intolerance: Nationalism, Racism, and Xenophobia in Germany and the United States* (Cambridge: Cambridge University Press, 1998), 371 – 95, especially 395.

㊽ Brettschneider, "Unity of the Nation-Unity in Sports?" 252.

㊾ Ackland, "Talent identification: What makes a champion swimmer?"

㊿ 例如,澳大利亚体育学院开设人体测量学三级认证项目;参见 Australian Institute of Sport, "Accredited Anthropometry Courses," Laboratory Standards Assistance Scheme, http://www.ais.org.au/lsas/courses.asp. 另参见 Jan Bourgois, Albrecht Claessens, Jacques Vrijens, Renaat Philippaerts, Bart Van Renterghem, Martine Thomis, Melissa Janssens, Ruth Loos, and Johan Lefevre, "Anthropometric Characteristics of Elite Male Junior Rowers," *British Journal of Sports Medicine* 34:3 (2000), 213 – 16; J. Maestu and J. Jurimae, "Anthropometrical and Physiological Factors of Rowing Performance: A Review," *Acta Kinesiologiae* (2000), 130 – 50; A.M. Williams and T. Reilly, "Talent Identification and Development in Soccer," *Journal of Sports Sciences* 18:9 (2000), 657 – 67; P.A. Hume, W.G. Hopkins, D.M. Robinson, S.M. Robinson, and S.C. Hollings, "Predictors of Attainment in Rhythmic Sportive Gymnastics," *Journal of Sports Medicine and Physical Fitness* 33:4 (1993), 367 – 77; K.L. Quarrie, P. Handcock, A.E. Waller, D.J. Chalmers, M.J. Toomey, and B.D. Wilson, "The New Zealand Rugby Injury and Performance Project. III.

Anthropometric and Physical Performance Characteristics of Players," *British Journal of Sports Medicine* 29:4 (1995), 263-70; or L. Pavicic, V. Lozovina, M. Zivicnjak and E. Tomany, "The Nature of Groupings of the Young Water Polo Players Described by the Anthropometric Indicators," and S. Dacres-Mannings, "Anthropometry of the NSW Rugby Union Super S 12 Team," papers presented at the Australian Conference of Science and Medicine in Sport, Adelaide, Australia, October 1998. See also M. Bracko, C. Geithner and K. Rundell, "Performance and Talent Identification of Female Ice Hockey Players: What We Know-How Do We Use It?" *Medicine & Science in Sports & Exercise* 34:5 (Supplement, May 2002), 296; C. Geithner, R. Malina, J. Stager, J. Eisenmann and W. Sands, "Predicting Future Success in Sport: Profiling and Talent Identification in Young Athletes," *Medicine & Science in Sports & Exercise* 34:5 (Supplement, May 2002), 88。

(56) Thomson and Beavis, "Talent Identification in Sport."

(57) Victor Zilberman, "German Unification and the Disintegration of the GDR Sport System," in *Sport in the Global Village*, 273.

(58) Michael Vitelli and Darwin Semotiuk, "Elite Sport in a United Germany: A Study of the German Sports Union November 9, 1989-October 3, 1990," in *Sport in the Global Village*, 289-304.

(59) Berendonk, *Doping Dokumente*, 91-113.

(60) Orwell, *Animal Farm*, 120.

第6章

① 萨拉查在他辉煌的职业生涯中，创造了1项世界纪录和6项美国

纪录。在 1981 年纽约马拉松和 1982 年波士顿马拉松比赛中，萨拉查打破了 1 项维持了 12 年之久的纪录，连续三次赢得纽约马拉松赛冠军（1980—1982 年），成为 1980 年和 1984 年美国奥运会参赛成员。萨拉查在世人眼中是一名勇敢的运动员。1978 年，在全长 7.1 英里的法尔茅斯公路赛中，大学运动员萨拉查在高温高湿的环境下与名将比尔·罗杰斯一决高下，冲过终点线后萨拉查瘫倒在地，精疲力竭，被送至医疗帐篷内。危急形势下，医生甚至下了病危通知。

② Andrew Tilin, "The Ultimate Running Machine," *Wired Magazine* (Online) (August, 2002), http://www.wired.com/wired/archive/10.08/nike.html.

③ 关于尖端科技用于运动员训练，俄勒冈州项目并不是一个孤立事件。资金充足的国家培训中心遍布世界各地。例如，澳大利亚体育研究所在其网页上指出：澳大利亚体育研究所（AIS）领导着精英体育的发展，其精英运动员培养模式在澳大利亚甚至全球都可称得上是最佳实践模式。澳大利亚体育研究所是澳大利亚首屈一指的精英体育培训机构，拥有世界一流的设施和支持服务。见 http://www.ais.org.au/还有一些私营部门的设施可与澳大利亚体育研究所相媲美。一家名为"运动员表现"的私营训练机构，也致力于提供"最好的方法、优秀专家和先进设施，无缝衔接，有效地以合乎道德的方式提高运动员的表现。"见 http://www.athletesperformance.com/。最后，一些国家的耐力项目运动员已开始使用"GO2 呼吸训练器"，一种可在休息期间佩戴的氧气面罩，用以模拟高海拔、低压的氧气环境。见 Barrie Sheply, "Technology helps athletes get fitter, sitting down," the *Globe and Mail* (May 18, 2004), A17; http://www.peakalti-tude.com; http://www.go2altitude.com。

④ Stanley Z. Koplik, Executive Director, Kansas Board of Regents, "Forward," in Ray Tricker and David L. Cook, eds, *Athletes at Risk: Drugs and Sport*, (Dubuque, Ia.: Wm. C. Brown), xi.

⑤ 出处同上，x。

⑥ 出处同上，xi。

⑦ Bruce Woolley, "History and Evolution of Drugs in Sport," in Tricker and Cook, *Athletes at Risk*, 21.

⑧ 出处同上，第16页。结合上下文，摘录如下：许多人表示，为提高运动成绩使用药物是一个新现象，我们应该回到美好的往日，但这只是一个单纯的想法罢了。使用药物提高成绩这一现象自人类历史开端就存在。即便是最原始的时期，人们也研制了药剂，用以诱发运动员身体和精神反应。

⑨ 出处同上，18-24。

⑩ 出处同上，18。

⑪ Charles E. Yesalis and Michael S. Bahrke, "History of Doping in Sport," *International Sports Studies* 24:1 (2002), 43. 需要指出的是，耶萨利斯与巴尔克并不赞同在高水平竞技中使用药物提高成绩。与伍利一样，他们反对用药。然而，作为科研人士，他们在做分析之时力图精准全面。

⑫ 出处同上，46。

⑬ 见第1章第20页，及A.J. Ryan, "Athletics," in Charles Kochakian, ed., *Handbook of Experimental Pharmacology* (Vol. 43, *Anabolic-Androgenic Steroids*) (New York: Springer-Verlag, 1976), 516-17 or Terry Todd, "Anabolic Steroids: The Gremlins of Sport," *Journal of Sport History* 14:1 (1987), 93-4. 另见 John Ziegler, "Forward," in Bob Goldman, *Death in the Locker Room: Steroids and Sports* (South Bend, Indiana: Icarus Press, 1984), 1-3; Goldman, *Death in the Locker Room*, 73, 94。

⑭ Ivan Waddington, "The Development of Sports Medicine," *Sociology of Sport Journal* 13:2 (1996), 189.

⑮ Ivan Waddington, *Sport, Health and Drugs* (New York: E & FN Spon, 2000), 147.

⑯ 出处同上, 146-151。

⑰ Yesalis and Bahrke, "History of Doping in Sport," 53.

⑱ 出处同上, 54。

⑲ Charles L. Dubin, *Commission of Inquiry Into the Use of Drugs and Banned Practices Intended to Increase Athletic Performance* (Ottawa, Canada: Canadian Government Publishing Centre, 1990), xxii.

⑳ World Anti-Doping Agency, *World Anti-Doping Code* (Version 3.0, 2003), 3, www.wada-ama.org/docs/web/standards_harmonization/code/code_v3.pdf.

㉑ 出处同上。

㉒ 出处同上。

㉓ 一旦强调"体育精神"而忽视比赛本身及胜利这一目标,体育中的另一参与者,即"正当提高"运动员能力及表现,就会让我们看清现实世界中的物质历史与权力政治,"体育精神"这一理想随即搁浅。在比赛中获胜成了正当的目标,那么提高比赛成绩也同样合理。因此,即便是前国际奥委会主席也声称:"于我而言,只要未对运动员健康造成负面影响,就不算使用兴奋剂。"见 "La polémicia propuesta de Samaranch [Samaranch's Polemical Proposal]," *El Mundo* (July 26, 1998), 4 or Steve Rushin, "Throwing in the Towel: Beating a Hasty Retreat in the War on Drugs," *Sports Illustrated* (August 10, 1998), 17。从高水平竞技现实世界的角度来看,萨马兰奇关注的是环法赛的直接影响;在环法赛中,成绩是最重要的衡量标准,比赛中唯一公平之处在于每位运动员都有自由选择的权利,自己决定采用何种方式提高自身才能、技巧和实力,以及提高多少。

㉔ Dubin, *Commission of Inquiry*, xxii.

㉕ Roland Barthes, *Mythologies*, trans. Annette Lavers (New York: Hill and Wang, 1972), 151.

㉖ 出处同上。

㉗ Roland Barthes, "The Tour de France as Epic," in *The Eiffel Tower and Other Mythologies*, trans. Richard Howard (New York: Hill and Wang, 1979), 87-8.

㉘ 关于顾拜旦对公关技巧的了解与利用,见 John Slater, "Modern Public Relations: Pierre Coubertin and the Birth of the Modern Olympic Games," in Kevin B. Wamsley, Robert K. Barney and Scott G. Martyn, eds, *The Global Nexus Engaged: Past, Present, Future Interdisciplinary Olympic Studies* (Proceedings for the Sixth International Symposium for Olympic Research) (London, On., 2002), 149-60. See also Allen Guttmann, *The Olympics: A History of the Modern Games*, second edition (Urbana and Chicago: University of Illinois Press, 2002), 7-20。

㉙ 关于顾拜旦在游说不同国家代表支持奥运会项目时遇到的实际困难,见 Guttmann, *The Olympics*, 14-20。

㉚ Pierre Coubertin, "Why I Revived the Olympic Games" [original 1908], in Pierre Coubertin, *Olympism: Selected Writings*, ed. Norbert Müller (Lausanne: International Olympic Committee, 2000), 543, 545.

㉛ 出处同上, 545。

㉜ 出处同上, 543。

㉝ Bruce Kidd, "The Myth of the Ancient Games," in Alan Tomlinson and Garry Whannel, eds, *Five Ring Circus: Money, Power and Politics at the Olympic Games* (London and Sydney: Pluto Press,

1984),76 or Public Broadcasting Service, *The Real Olympics: A History of the Ancient and Modern Olympic Games* (Alexandria, Va.: PBS Home Video, 2004).

㉞ 伊曼努尔·康德(Immanuel Kant)区分了表象世界(通过人类感官所了解的事物)与本体世界(本来存在的事物)。

㉟ 引自 Jan Todd and Terry Todd, "Significant Events in the History of Drug Testing and the Olympic Movement: 1960 – 1999," in Wayne Wilson and Edward Derse, eds, *Doping in Elite Sport: The Politics of Drugs in the Olympic Movement*, (Champaign, Il.: Human Kinetics Press, 2001), 68; their footnote refers to A. H. Beckett and D. A. Cowan, "Misuse of Drugs in Sport," *British Journal of Sports Medicine* 12 (1979), 185 – 94。

㊱ John Munro, *A Proposed Sports Policy for Canadians* (Ottawa: Department of National Health and Welfare, 1970), 4 – 5.

㊲ Rob Beamish, "The Persistence of Inequality: An Analysis of Participation Patterns Among Canada's High Performance Athletes," *International Review for the Sociology of Sport* 25:2 (1990), 143 – 57.

㊳ Anthony Giddens, *The Constitution of Society: Outline of the Theory of Structuration* (Berkeley and Los Angeles: University of California Press, 1984), 特别参见 16 – 25 页关于社会结构规则的讨论。

㊴ 出处同上, 19。

㊵ 出处同上, 20 – 21; 关于"足球规则", 参见 *The Rules of the International Football Association Board*, http://www.drblank.com/slaws.htm。

㊶ Mary Glendon, Michael Gordon, and Christopher Osakwe, *Comparative Legal Traditions* (St. Paul, Minnesota: West Publishing

Co. , 1982).

㊷ Giddens, *Constitution of Society*, 21. See also Anthony Giddens, *Central Problems in Social Theory* (London: The Macmillan Press, 1979), 81 – 5.

㊸ Giddens, *Constitution of Society*, 22.

㊹ Charles Lemert, *Social Things: An Introduction to the Sociological Life*, second edition (Lanham: Rowman & Littlefield Publishers, 2002), 5.

㊺ Tom Donohoe and Neil Johnson, *Foul Play: Drug Abuse in Sport* (Oxford: Basil Blackwell, 1986), 61; Todd, "Anabolic Steroids," 70 – 3.

㊻ 例如,加拿大奥委会近期发表《独占鳌头——2010 计划》(*Own the Podium*—2010),其中明确将国家资助与日益严苛的成绩指标和运用科学技术提升成绩挂钩(这一现象也在联邦德国出现,另见第 5 章第 38 条注释)。民主德国不是唯一将科学项目列为"最高机密"的国家。加拿大报告提到本国的"绝密"项目可以让加拿大运动员"获得超越他国的技术'优势'"。见 Canadian Olympic Committee, *Own the Podium*-2010, http://www.olympic.ca/EN/organization/news/2005/files/otp_final.pdf, 22。

㊼ 本·强森丑闻事发之后,在加拿大举行了杜宾听证会,此后本·强森的教练查理·弗朗西斯(Charlie Francis)出版了《速度陷阱》(*Speed Trap*)一书。在此书中,弗朗西斯针对构成国际田径界的行为,提供了一些建设性观点。然而,弗兰克与博仁东克在书中提到,构成民主德国体制的行为更为系统化,认为弗朗西斯只看到了冰山一角。见 Charlie Francis, *Speed Trap* (Toronto: Lester and Orpen Dennys 1991), 105 – 8; Brigitte Berendonk, *Doping Dokumente von der Forschung zum Betrug* [Doping Documents: From Research to Cheating] (Berlin:

Springer-Verlag，1991）；Werner Franke and Brigitte Berendonk，"Hormonal Doping and Androgenization of Athletes：A Secret Program of the German Democratic Republic Government," *Clinical Chemistry* 43：7 (1997)，1262-79。

㊽ Francis，*Speed Trap*，84.

㊾ "Ben Johnson，Drugs and the Quest for Gold," *W*5 (CTV，July 10，2004).

㊿ Francis，*Speed Trap*，83.

㉛ Angella Issajenko，*Running Risks*（Toronto：Macmillan of Canada，1990），53.

㉜ Bernard Suits，*The Grasshopper：Games，Life and Utopia*（Toronto/Buffalo：University of Toronto Press，1980）.

㉝ Suits，*The Grasshopper*，41. 舒兹对游戏的定义同样适用于比赛。然而,舒兹对游戏和运动做出了区分。他提出,涉及体力与技能的行为才能称之为运动,这是运动的构成性规则。另见 Bernard Suits，"The Elements of Sport," in William J. Morgan and Klaus V. Meier, eds，*Philosophic Inquiry in Sport*，(Champaign，Il.：Human Kinetics，1988)，39-48 and Klaus V. Meier, "On the Inadequacies of Sociological Definitions of Sport," *International Review of Sport Sociology*，2：16 (1981)，79-102. 舒兹提出的构成性规则虽浅显零碎,但也是形式化的成文规则,广受认可；吉登斯承认该规则对社会生活十分重要,但是他并未针对该规则进行深入分析。

㉞ 另见 Sheryle Bergmann Drewe，*Why Sport? An Introduction to the Philosophy of Sport*（Toronto：Thompson Educational Publishing，2003），156-7。

㉟ 有必要区分罗伯特·米勒与大卫·米勒：大卫·米勒是英国计时赛专项选手,因被指服用红细胞生成素,而被禁止参加 2004 年环法自行

车赛；见"Millar dans la tourmente [Millar inside the storm]," *L'Équipe* [*The Team*] (June 25, 2004), http://www.lequipe.fr/Cyclisme/20040625_091924 Dev.html, or Randy Starkman, "More Drug Bombshells Revealed," *Toronto Star* (June 25, 2004).

㊽ 最先载于英国《卫报》，此句引自罗伯特·米勒《环球邮报》（1998年7月31日）。也可参见"Cycling News and Analysis,", http://www.cyclingnews.com/results/1998/aug98/aug1.shtml.

㊾ Dubin, *Commission of Inquiry*, xxii.

㊿ Kevin B. Wamsley, "Violence and Aggression in Sport," in Jane Crossman, ed., *Canadian Sport Sociology*, (Scarborough: Thomson Nelson, 2003), 94. See also Kevin B. Wamsley, "The Public Importance of Men and the Importance of Public Men: Sport and Masculinities in Nineteenth-Century Canada," in Philip White and Kevin Young, eds, *Sport and Gender in Canada*, (Don Mills, On.: Oxford University Press, 1999), 24 – 39.

59 见 Richard Gruneau and David Whitson, *Hockey Night in Canada: Sport, Identities and Cultural Politics* (Toronto: Garamond Press, 1993), 特别参考 "Violence, Fighting, and Masculinity," 175 – 96.

60 见 Wamsley, "Violence and Aggression in Sport," 96. 体育中恶意暴力事件时常重演，例如马迪·麦克索利（McSorely）殴打唐纳德·布拉希尔事件（Brashier），以及托德·贝尔图齐（Bertruzzi）殴打斯蒂夫·摩尔事件（Moore）；关于麦克索利、布拉希尔以及杰米·菲茨帕特里克（Jamie Fitzpatrick）事件，见 Scott Carpenter, "Above the Law," http://www.enterstageright.com/archive/articles/0300mcsorley.htm. 关于贝尔图齐和摩尔事件，见 "The NHL's Public Profile Takes Another Beating. So What?" *Your Guide to Pro Ice Hockey* (March 19, 2004),

http://proicehockey.about.com/cs/businessofhockey/a/nhl_image.htm。

㉑ W. M. Brown, "As American As Gatorade and Apple Pie: Performance Drugs and Sport," in William J. Morgan, Klaus V. Meier and Angela J. Schneider, eds, *Ethics in Sport*, (Champaign, Il.: Human Kinetics, 2001), 146.

㉒ Terry Roberts and Dennis Hemphill, *Banning Drugs in Sport: Ethical Inconsistencies* (Submission to the Senate Standing Committee on Environment, Recreation and the Arts, Australia, July, 1988), 2.

㉓ Waddington, "The Development of Sports Medicine," 177.

㉔ 出处同上，179。

㉕ Roberts and Hemphill, *Banning Drugs in Sport*, 2.

㉖ Gerald Dworkin, "Paternalism," *The Monist* 56 (1972), 65.

㉗ 见 International Olympic Committee, *Olympic Movement: Anti-Doping Code*, http://www.medycynasportowa.pl/download/doping_code_e.pdf, 3.

㉘ World Anti-Doping Agency, *World Anti-Doping Code* (v. 3) (March, 2003), http://www.wada-ama.org/rtecontent/document/code_v3.pdf, 1.(强调部分同原文)《奥林匹克宪章》明确规定,自 2004 年 9 月起,奥运会需服从世界反兴奋剂机构的反兴奋剂条例规定;见 International Olympic Committee, *Olympic Charter* (Lausanne: International Olympic Committee, 2004), 82。

㉙ W. M. Brown, "Paternalism, Drugs, and the Nature of Sports," *Journal of the Philosophy of Sport* XI (1985), 15.

㉚ 见 International Olympic Committee, *Olympic Movement: Anti-Doping Code*, 5。

㉛ World Anti-Doping Agency, *World Anti-Doping Code* (v. 3),

8.(强调部分同原文)。

⑫ 出处同上,原文强调。

⑬ 针对民主德国使用提高成绩药物的学术研究中,最全面、最客观、最翔实的要数以下文献:Giselher Spitzer, *Doping in der DDR: Ein historischer Überblick zu einer konspirativen Praxis* [Doping in the GDR: An Historical Overview of a Conspiracy](Köln: Sport und Buch Strauß, 1998) and Werner Franke, "Funktion und Instrumentalisierung des Sports in der DDR: Pharmakologische Manipulationen (Doping) und die Rolle der Wissenschaft [Function and Instrumentalization of Sport in the GDR: Pharmacological Manipulation (Doping) and the Role of Science]," in Deutscher Bundestag [German Parliament], ed., *Enquete-Kommission "Aufarbeitung von Geschichte und Folgen der SED-Diktatur in Deutschland": Materialien* [Commission of Inquiry, "Contributions to Understanding the History and Consequences of the SED Dictatorship in Germany:" Materials] (Vol. 3), (Frankfurt am Main: Suhrkamp Verlag, 1995)。

⑭ 论民主德国运动员对类固醇的周期性使用,见 Berendonk, *Doping Dokumente*, 334-336, 392-408, 409-415, 416-426。

⑮ 有关服用类固醇对运动员造成的影响以及高水平竞技亚文化中广为流传的复杂知识,见 Lee Monaghan, *Bodybuilding, Drugs and Risk* (New York: Routledge, 2001), 95-128. 1990 年,在与前民主德国高水平运动员的一次个人访谈中得知,该运动员(根据保密协议,姓名不予提供)了解他(她)所服用的药物,其他运动员亦如此。此外,该运动员也了解西方运动员服用的是什么"药丸"。

⑯ 在书中,汉斯·约阿希姆·马茨针对斯大林主义国家对民主德国公民情绪的影响进行了一项精神分析,参见 Hans-Joachim Maaz, *Der Gefühlsstau: Ein Psychogramm der DDR* [Repressed Emotions: A

Psychogram of the GDR] (Berlin: Argon Verlag, 1990)。他提出,尽管民主德国人的生活世界充满压抑,民主德国人民并不是该体制的被动受骗者。多个研究表明,德国公民采用多种方式反抗民主德国,或私下或公开,或被动或主动表达反对意见,参见以下文献:Chris Harman, *Class Struggles in Eastern Europe*: 1945 – 83 (London: Pluto Press, 1983); Bruce Allen, *Germany East: Dissent and Opposition* (Montreal: Black Rose Books, 1989); Günter Johannes and Ulrich Schwarz, *DDR: Das Manifest der Opposition* [GDR: Manifesto of the Opposition] (Munich: Wilhelm Goldmann Verlag, 1978); Ralph Giordano, *Die Partei hat immer recht: Ein Erlebnisbericht über den Stalinismus auf deutschem Boden* [The Party is Always Right: A Report of Experiences under Stalinism on German Soil] (Vienna: Verlag Herder Freiburg, 1990); Stefan Heym, *Wege und Umwege* [Paths and Detours] (Frankfurt am Main: Fischer Taschenbuch Verlag, 1980), 181 – 380; and Stefan Heym, *Stalin verläßt den Raum* [Stalin Left the Room] (Leipzig: Recalm Verlag, 1990)。

⑦ Giddens, *Constitution of Society*, 1 – 16.

⑧ 1990年11月,罗伯·比米什采访了许多民主德国民众,文中所述仅为其中的一小部分。参见 Rudolf Bahro, *Alternative in Eastern Europe*, trans. David Fernbach (London: New Left Books, 1987) and *Building the Green Movement*, trans. Mary Tyler (London: New Society Publishers, 1986)。

⑦⑨ Franke and Berendonk, "Hormonal Doping and Androgenization of Athletes," 1264.

⑧⓪ 出处同上,1270。

⑧① Robert L. Simon, "Good Competition and Drug-Enhancing Performance," *Journal of the Philosophy of Sport* XI (1984), 8.

㉒ Brown, "Paternalism, Drugs, and the Nature of Sports," 140.

㉓ World Anti-Doping Agency, *The* 2004 *Prohibited List: International Standard* (March 17, 2004), http://www.wada-ama.org/docs/web/standards_harmonization/code/list_ standard_2004.pdf.

㉔ 如谷氨酰胺、色氨酸[或者羟色胺(5HT)这样有可能促进肾上腺分泌的物质]、一水肌酸不会对健康造成严重危害,但是科学文献表明,这些物质或可提高运动成绩。即便如此,它们并未出现在违禁列表中。

㉕ 关于女运动员服用类固醇,体育界同样倾向于夸大类固醇的男性化副作用。柯培拉认为,这样的副作用"通常都是可逆的,除对生长与声音造成的障碍外",见 Kopera, "The History of Anabolic Steroids and a Review of Clinical Experience with Anabolic Steroids," *Acta Endrocrinologica* 110 (1985), 16。柯培拉还提出,"所有雄性激素(即男性化)副作用在于服用剂量以及药物的雄性激素含量"。另见 Richard Strauss and Charles Yesalis, "Additional Effects of Anabolic Steroids on Women," in Charles Yesalis, ed., *Anabolic Steroids in Sport and Exercise*, (Champaign, Il: Human Kinetics Press, 1993), 151–60.

㉖ James Wright, "Anabolic-Androgenic Steroids," in Tricker and Cook, *Athletes At Risk*, 65. 需注意的是,《运动员的风险》一书是堪萨斯州特别为运动员编写的,旨在帮助运动员了解使用提高成绩类药物所存在的风险,劝阻运动员用药。

㉗ 参见 Roberts and Hemphill, *Banning Drugs in Sport*, 3–4; Simon, "Good Competition and Drug-Enhancing Performance," 9–10。另有其他针对"对运动员有害"这一论述以及家长式作风角色的不同分析,得出结论与以上论述相似,见 Angela J. Schneider and Robert B. Butcher, "An Ethical Analysis of Drug Testing," in Wilson and Derse, *Doping in Elite Sport*, 129–52。

㉘ 关于监管当前体系的成本,见 Dubin, *Commission of Inquiry*;

or Terry Black and Amelia Pape, "The Ban on Drugs in Sports: The Solution or the Problem?" *Journal of Sport and Social Issues* 21:1 (1997), 83 – 92. 关于调查委员会:加拿大调查委员会,见 Dubin, *Commission of Inquiry*;澳大利亚调查委员会,见 J. Black, *Drugs in Sport: An Interim Report*, Senate Standing Committee on Environment, Recreation and the Arts (Canberra: Australian Government Publishing Service, 1989) and J. Black, *Drugs in Sport: Second Report*, Senate Standing Committee on Environment, Recreation and the Arts (Canberra: Australian Government Publishing Service, 1990);美国调查委员会,见 Joseph Biden, *Steroids in Amateur and Professional Sport: The Medical and Social Costs of Steroid Abuse* (Hearing before the Senate Committee on the Judiciary, 101st Congress, April 3 and May 9, 1989);德国调查委员会,见"Druck von oben: Die Doping-Kommission des Deutschen Sportbundes empfiehlt die Entlassung von rund 100 Trainern und Funktionären [Pressure from above: The Doping Commission of the German Sport Federation recommends the dismissal of about 100 coaches and offi-cials]," *Der Spiegel* 50 (1991), 238.相关独立研究,见如 Berendonk, *Doping Dokumente*; Donohoe and Johnson, *Foul Play*. 有关媒体报道,见 *Der Spiegel*, "Aufforderung zum Doping [Invitation to Doping]" 46 (1989), 258 – 9; *Der Spiegel*, "Anabolika im Vatikan besorgt: Interview mit dem kanadischen Leichtathletik-Trainer Charlie Francis über die weltweiten Dopingpraktiken [Steroids Procured in the Vatican: an Interview with Canadian Track Coach Charlie Francis About Doping Practices Worldwide]" 46 (1990), 236 – 42; Michael Janovsky, "Prominent U.S. Coach Describes Steroid Use," the *Globe and Mail* (April 4, 1989), A12; Leonard Stern, "Is There a Case for Drugs in Sports?" the *Citizen Weekly* (September 10, 2000),

C3-C6. 相关学术讨论，见 Brown, "As American As Gatorade and Apple Pie;" John Hoberman, "How Drug Testing Fails: The Politics of Doping Control," in Wilson and Derse, *Doping in Elite Sport*, 241 – 74; Waddington, "The Development of Sports Medicine;" Yesalis and Bahrke, "History of Doping in Sport."

⑧⑨ Patrick Bird, "Keeping Fit, Column 37: Eliminating Steroids from the System" (University of Florida, College of Health and Human Performance, 1991), http://www.hhp.ufl.edu/keepingfit/ARTICLE/elim.HTM; Craig Kammerer, "Drug Testing and Anabolic Steroids," in Charles Yesalis, ed., *Anabolic Steroids in Sport and Exercise*, (Champaign, Il.: Human Kinetics Press, 1993), 283 – 308; or Jeff Everson, "Steroids: Muscle Miracle or Dangerous Myth," *Planet Muscle Magazine*, http://www.bodybuilding.com/fun/planet9.htm.

⑨⓪ Robert Voy with Kirk D. Deeter, *Drugs, Sport, and Politics* (Champaign, Il.: Leisure Press, 1991), 19.

⑨① "The Death of Birgitt Dressel," *Der Spiegel* (May, 1987), Berendonk, *Doping Dokumente*, 244 – 48, 448 – 51. Steve Buffery, "Why Pro-style Hypocrisy No Solution to Doping," *Toronto Sun* (July 24, 2000), http://slam.canoe.ca/2000Games Columnists/buffery_jul24.html; 上文总结了《明镜周刊》所刊载的故事。值得一提的是，运动员因服用药物致死的案例中，死亡原因更多来自酒精、其他娱乐性药物或麻黄之类的膳食辅助剂，而非被禁的提高成绩类药物。例如，费城飞人队佩尔·林德伯格(Pelle Lindburg)、克莱姆森大学的奥古斯提涅斯·贾斯珀斯(Augustinius Jaspers)、马里兰大学的莱恩·拜厄斯(Len Bias)、克利夫兰布朗队唐·罗杰斯(Don Rogers)、亚特兰大猎鹰队的大卫·克奥丁(David Croudin)以及明尼苏达维京人队的科里·斯特林格(Korey Stringer)不幸逝世的原因皆可归为此类(见 Woolley, "History and Evolution of Drugs in Sport," 21 – 2)。艾米·古特提出,即便有最好的条件,运动员也会和其他人一样,遭遇突发性死亡,无法预料,无法解释;见 Amy Coutee, "Healthy Athletes Die Without Warning Signs," the *Orion* (September 25, 1996)。

㉒ A. Ryan, "Causes and Remedies for Drug Misuse and Abuse by Athletes," *Journal of the American Medical Association* 252: 4 (1984), 517 – 19; R. J. Strauss, G. Finerman, and D. Catlin, "Side Effects of Anabolic Steroids in Weight-trained Men," *The Physician and Sports Medicine* 11: 12 (1983), 87 – 96 and H. Kopera, "The History of Anabolic Steroids," *Acta Endocrinologixia* 271 (1985), 11 – 18.

㉓ H. Haupt and G. Rovere, "Anabolic steroids: a review of the literature," *The American Journal of Sports Medicine* 12:6 (1984), 469 – 84 or C. Kochakian, ed., "Anabolic-Androgenic Steroids," *Handbook of Experimental Pharmacology* (1976), 43.

㉔ Charles Erlich, "The Wandering Rowing Coach: Drug Testing" (October 2000), http://www.widomaker.com/~ehrlich/letter/oct00.html.

结语

① Roger Bannister, "The Meaning of Athletic Performance," in Ernst Jokl and Emanuel Simon, eds, *International Research in Sport and Physical Education*, (Springfield, Il.: Charles C. Thomas Publishers, 1964), 72 – 3; Pierre Coubertin, *Olympism: Selected Writings*, ed. Norbert Muller (Lausanne: International Olympic Committee, 2000), 252.

② Bannister, "The Meaning of Athletic Performance," 71-2.

③ Adolf Henning Frucht and Ernst Jokl, "The Future of Athletic Records," in *International Research in Sport and Physical Education*, 436.

④ 班尼斯特、兰迪与桑迪争相突破四分钟大关, 见 Neal Bascomb, *The Perfect Mile: Three Athletes, One Goal, and Less Than Four Minutes to Achieve It* (Boston and New York: Houghton Mifflin, 2004)。

⑤ David Powell, "Blessed be the Pacemakers, For They Got Away With It," *Times* online (May 5, 2004), http://www.timesonline.co.uk/article/0,,13849-1098019,00.html. 鲍威尔指出, 11月前班尼斯特的记录(萨利校级运动会上4:02的成绩)无效, 因为他使用了定速员(关于该赛事与决定, 另见 Bascomb, *The Perfect Mile*, 130-3, 139)。瑞典籍对手贡德·哈格(Gunder Hägg)与其他运动员同样采用了该做法。克里斯·布拉舍(Chris Brasher)与克里斯·沙托韦(Chris Chataway)是班尼斯特打破纪录那一战中的定速员。

⑥ 有关生理学的平板运动实验, 见 Bascomb, *The Perfect Mile*, 90-5. 有关班尼斯特曾利用的其它提升成绩的技术和设备, 见 John Bale, *Roger Bannister and the Four-Minute Mile* (London and New York: Routledge, 2004), 23-4, 53-5, 75-6, 112-13。

⑦ Bale, *Roger Bannister*, 136.

⑧ Owen Slot, "Problems of Unique Training Regime," *Times* online (May 4, 2004), http://www.timesonline.co.uk/article/0,,13849-1097367,00.html and Bascomb, *The Perfect Mile*, 5-6, 12-16, 41-56, 115.

⑨ Calvin Shulman, "Middle-Distance Specialists Committed to Chasing that Elusive Dream," *Times* online (May 4, 2004), http://www.timesonline.co.uk/arti-cle/0,13849-1097363,00.html.

⑩ John Berger, *Ways of Seeing* (New York: Penguin, 1977).

⑪ 更多关于此类工作的描述,另参见 Harvey J. Krahn and Graham Lowe, eds, *Work, Industry and Canadian Society*, fourth edition (Scarborough, Ontario: Thomson Nelson Learning, 2002); Dietrich Rueschemeyer, *Power and the Division of Labour* (Stanford, California: Stanford University Press, 1986); Ann H. Stromberg and Shirley Harkness, eds, *Women Working: Theories and Facts in Perspective*, second edition (Mountain View Ca.: Mayfield Publishing Company, 1988); or Paul Thompson, *The Nature of Work: An Introduction to the Debates on the Labour Process* (London: The Macmillan Press, 1983)。

⑫ 关于以上材料的完整记录,参见 Rob Beamish and Janet Borowy, *Q: What Do You Do For A Living? A: I'm An Athlete* (Kingston: The Sport Group, 1988); Bernard Cahill and Arthur Pearl, eds, *Intensive Participation in Children's Sports* (Champaign, Il.: Human Kinetics Press, 1993); Michael Klein, ed., *Sport und soziale Probleme* [Sport and Social Problems] (Hamburg: Rowohlt Taschenbuch Verlag, 1989); Peter Becker, ed., *Sport und Hochleistung* [Sport and High-Performance] (Hamburg: Rowohlt Taschenbuch, 1987); Udo Steiner, ed., *Kinderhochleistungssport* [Children's High-Performance Sport] (Heidelberg: C. F. Müller Juristischer Verlag, 1984)。

⑬ CanWest News Service, "A Bittersweet Day: Canadian Rowers Disqualified, Women's Water Polo Team Upsets Yanks," *The Kingston Whig Standard* (August 19, 2004), 21.

⑭ 有关运动员身份构建的学术案例见"Experience and Identity: Becoming an Athlete," in Jay Coakley and Peter Donnelly, eds, *Inside*

Sports (London and New York: Routledge, 1999), 61 - 126; 另参见 Christopher Stevenson, "Becoming an International Athlete: Making Decisions About Identity," 86 - 95。多数有关精英运动员身份的文献都研究了运动员生涯末期的退役过程,而有关塑造精英运动员身份的研究一向少见,人们对此知之甚少。

⑮ 芭蕾舞者与高水平运动员的生活最为相似。然而,运动员面临的要求仍然更为苛刻,最显而易见的是,运动员每次上场都需要与世界级对手竞争,而芭蕾舞者亦无需如此。2001 年 9 月 28—29 日,多伦多大学体育政策研究中心举办了一场会议,名为"体育、音乐与舞蹈天赋儿童:如何在人才培养中不剥削虐待儿童"。这场会议并没有认真探讨上一问题,几乎没有哪位学者试图真正研究或了解精英儿童运动员及其权利与工作生活。

⑯ 这个过程甚至会对年轻的女运动员,特别是体操女运动员,带来负面影响。具体阐述见 Joan Ryan, *Little Girls in Pretty Boxes: The Making and Breaking of Elite Gymnasts and Figure Skaters* (New York: Doubleday, 1995)。

⑰ Elk Franke, "Kinderleistungssport oder Wie relativ sind soziale Probleme im Sport [Children's High Performance Sport or How Relative are Social Problems in Sport?]," in Michael Klein, *Sport und soziale Probleme*, 121 - 38; Herbert Hartmann, ed., *Emanzipation im Sport?* [Emancipation in Sport?] (Giessen/Collar: Verlag Andreas Achenbach, 1975); Thomas Kutsch und Karl-Heinrich Bette, "Doping im Hochleistungssport [Doping in High-Performance Sport]," in Thomas Kutsch und J. Wiswede, eds, *Sport und Gesellschaft: Die Kehrseite der Medaille* [Sport and Society: The Other Side of the Medal] (Knigstein: Verlag Anton Hain, 1981), 71 - 82; Friedhelm Neidhardt, "Zeitknappheit, Umweltspannungen und Anpassungsstrategien im

Hochleistungssport [Time Shortages, Environmental Tensions and Adaptive Strategies in High-Performance Sport]," in Kutsch and Wiswede, *Sport und Gesellschaft* 55-70; L. Rose, "Die Angst der Pedagogen vor den unkindlichen Kinder: Die Debatte zum Kinderleistungssport [The Anxiety of the Pedagogues over Unchildlike Children: The Debate over Children's High-performance Sport]," in Becker, *Sport und Hochleistung*, 51-62; or H. Ulrich, "Zur sozialen Situation des professionalisierten Leistungssportlers [On the Social Situation of the Professionalized High-Performance Athlete]," *Leistungssport* [High-Performance Sport] 1:3 (1975), 386-91.

⑱《古拉格群岛：1918—1956》[*The Gulag Archipelago: 1918-1956* (New York: Harper and Row Publishers, 1974, 168)]一书中,亚历山大·索尔仁尼琴(Alexander Solzhenitsyn)在人类行为善恶方面提出了相似见解：

要是所有事情都如此简单就好了！要是真有恶人某处暗中作恶,仅需将其从众人中找出、消灭即可,那就好了。然而,善恶的分界线存在于每个人的心里,人人心中皆有善恶。谁又情愿毁掉自己的一部分心脏呢？在人的一生中,心里这条善恶的界线不断改变位置；时而恶意膨胀,时而善意满盈。在不同年岁,不同境况中,同一个人会展现截然不同的面貌。有时,他从恶如魔；有时,又从善如圣徒。然而,他不会更名换姓。我们称其名号,认为他有善有恶。

索尔仁尼琴(175页)写道：

显然,恶行也有限度。的确,人们一生都在善恶间犹豫、摇摆。他滑倒,摔下深渊,又攀爬上来,忏悔,然后又再度堕入黑暗。然而,只要未越过恶行的界限,就仍有回头的可能。但是,当他走向极端,抑或手握绝对权力,以致作恶多端,须臾之间,他跨过那条界限之时,就已抛下人性,或许也就没了回头的可能。

虽然,我们对高水平竞技中健康与病态行为的见解是独立发展起来的,并未受索尔仁尼琴的善恶论的影响,但两者惊人的相似。

⑲ Barrie Houlihan,"Civil Rights, Doping Control and the World Anti-Doping Code," *Sport in Society* 7:3 (Autumn 2004), 421-2.

⑳ 出处同上,422。

索　引

A

阿迪达斯　33

阿诺德,托马斯　19

阿韦罗夫,乔治　23

埃德斯特伦,西格弗里德　27

埃尔利赫,查尔斯　181

埃克隆德,博　26

埃瓦尔德,曼弗雷德　32,119—121

艾森豪威尔,德怀特·D.　100

艾希曼,阿道夫　61

安德里亚诺夫,康斯坦丁　35—36,53

按照体重划分等级的运动项目　190

昂格莱德,史蒂文　55

昂纳克,埃里希　31—32,111,116,123,136

奥克斯,菲尔　174

《奥林匹克宪章》　17,26,30—31,34—36,39—42,61,127,171

　　第 26 条(关于业余主义)17,26,35

　　另参见参赛资格条例

　　第 28 条(关于提高成绩类药物)30—31

　　第 49 条(关于电视转播权) 35

奥林匹克运动

　　成立　18—22

　　格言　20

奥林匹克运动会

　　1896(雅典)23,53,192;1900(巴黎)23;1904(圣路易斯)23,147;1908(伦敦)23;1928(阿姆斯特丹)24;1936(柏林)11,24—25,34,45—46,49—51,58;1948(伦敦)27;1952(赫尔辛基)11,26,28,53,84,147—148,169,186;1956(墨尔本)29,34;1964(东京)29—30,33,125,147;1968(墨西哥城)29,59,121,137,147;1972(慕尼黑)11,13,33,121,125,147;1976(蒙特利尔)11,37,147,160;1980(莫斯科)11,147;1984(洛杉矶)11,147,149;1988(汉城)146—147;2002(盐湖城)131

　　运动员被剥夺参与决策权　194

　　国际形象　31

操纵奥运形象 45

神话意义 152—156

政治意义 33

B

巴尔克,迈克尔 29,147—149

巴罗,鲁道夫 174

 东欧的另一种选择 174

巴涅特,哈乔 70,72

巴斯科姆,尼尔 84

巴特,罗兰 152—153

巴托夫 99

柏拉图 152

柏林

 体育运动中心 103

 战后占领 104

 柏林墙,跨越/倒塌 45,124,174—175

班尼斯特,罗杰 82—84,185—186

邦吉,R.G. 59—60

保卢斯,弗里德里希 96

比尔,奥古斯特 75

比尔曼,沃尔夫 173—174

比卡赫拉,L. 77,80

彪马 33

冰球

 兴奋剂检测 6

 暴力 167

波兰 95,158

波利特,亚瑟 30—31

波特兰,俄勒冈州 143—144

伯格,约翰,《观看之道》 188—189

伯利,大卫 27

博仁东克,布里奇特 37,54,121,127,137,175,180

布安,让 76

布雷斯纳汉,乔治 80

布伦戴奇,艾弗里 26—28,30,35—36,38,191

布洛德尔,马丁 158

C

参赛资格条例 27,36,38—39,127

D

达勒斯,阿道夫/鲁道夫 33

大麻 5,36,181,194

大屠杀 51,99

代言费 38

德国

 被指体育职业化 33

 战后情况 86,93—95

 统一 133,135—136

 科学研究 87,128

 运动医学 75,86,169

 参见联邦德国;民主德国;纳粹主义;占领区

德国体操与体育联合会,民主德国 119—120

索 引

德国体育工作委员　109—110

德国体育联合会,联邦德国　32,87,
　　125—126,128—130,132—133

德国体育学院　75,86,103,117

德国体育援助基金会,联邦德国　33,
　　126—127,130—131

德国统一社会党　31—21,86,94,111,
　　116,118,120,173—175

德国运动科学联盟　87

　　大力补　29,85,148

　　迪姆,卡尔　70—72,191

　　迪特伦,H.　74

邓肯,雷　79—80

"低气压房"　144

"第23号指令"　13,104—108,110,
　　112,129—130

　　取消资格　37—38,189

　　多米尼加共和国　6

　　比吉特·德雷泽尔　180

第二次世界大战

　　事件　96

　　对体育的影响　55,58—59,72,
　　82—86,129

　　军事方法　51,55

　　政治/心理后遗症　52,111;另参
　　见苏德战争

第一次世界大战　47—48,75

电视　33—35,9,115

　　暴力倾向　166—168

顶级单项体育协会　110,112,125

杜宾,查尔斯　37,67—68,150,152,165

杜鲁门,哈里·S.　100

杜米特鲁,丹尼尔　54

E

俄勒冈项目　143—144

恩格斯,弗里德里希　85

儿童俱乐部　102

儿童运动员　172,178

　　选拔/培养　32—33,118,132—
　　135,139

　　缺乏法律保护　172

　　使用类固醇　89,124

F

发展/批准　35,39,104,107—109,123

　　规定　127,131—132

法国,对违规运动员的惩罚　3,7

泛美运动会　87

菲斯特,H.　77

费尔,约翰　84

费斯蒂纳(自行车队)　3—4

弗莱克斯纳,亚伯拉罕　74

弗兰克,沃纳　37,121

弗朗西斯,查理　37,161—162

弗里曼特尔海外电视公司　34

G

感冒药　5,194

高水平竞技
　　本质/做法　156,163—164
　　压迫　175
睾酮　54,84
戈德曼,鲍勃　29
　　格雷厄姆,特雷弗　5
戈林,赫尔曼　96
戈默,雨果　108
戈培尔,约瑟夫　46,50,55,71,96—97
格朗尼尔,理查德　23,167—168
格鲁肖,汉斯·格奥尔格　131
工人体育运动　68—70,72,103—105,110
公平　156—162
　　与平等区分　157
"公平赛场"论　150
古希腊
　　精英主义　19
　　(理想化的)现代精英主义观点　40
　　社会现实　127
　　提高成绩类药物的使用　121—122
顾拜旦,皮埃尔
　　对女运动员的看法　55—56
　　背离目标/原则　13,27—27,37—39,69,93,115—116,137—139,185,195
　　操纵奥林匹克形象　45—46,153
　　面临的困难　153

观点的部分接受　69,71
对原则的倡导　26,31—32,35—36
奥林匹克理想愿景　11—12
广告　24,34,36,168,189
规则,不同类型的规则　147—151
构成性规则 vs.调节性规则　163—164
　　与违禁药物的使用相关　158,164
国际奥委会(国际奥林匹克委员会)　10—11
反兴奋剂条例　170—171
　会议　4,26,30,35—36,39,99,108—111
　与国家奥委会的关联　111,116—117
决策影响　137
医疗委员会　31
业余主义政策　24—27
对"体育"形象的预设　10
对兴奋剂的立场　3—5,30,41—42,59,156
药物禁令　40—41,144
国际奥委会和世界反兴奋剂机构要求进行的测试　36,61,122
　未达预期目的　161—162
国际体育联合会(ISF)　4—5,25,27,45
国际业余田径联合会(IAAF)　24
国际足球联合会　24
国家计划 14.25(民主德国)　122,137—138
国家体育运动委员会　32,116—118

索 引

H

哈佛疲劳实验室　12,77
哈拉维,堂娜　85
海登,麦克　146
海军学院　80—81
海姆,斯蒂芬　173
亥姆霍兹,赫尔曼·冯　73
汉堡体育协会　108
豪普特,赫伯特　54
合成类固醇　29,37,121,123—124,
　　148,160,162
赫伯特,乔治斯　75—76
赫尔姆斯,保罗　24
赫鲁晓夫,尼基塔　58,61
赫希,C.　74
黑市交易　175
亨普希尔,丹尼斯　169
胡格尔瓦特,S.　77
　"滑坡谬误"论　181—182
　　足球　24,32,79,102,108—110,
　　　117,158—159,164
　　战后德国　71,101,110,115,136
滑雪　33—34、38、168,177
环法赛　152—153,164—166,168
惠特森,大卫　167—168
霍伯曼,约翰　4,56,75,122
霍夫曼,鲍勃　29,84
霍利亨,巴里　195
霍普纳,曼弗雷德　123

霍奇,拉斯　29
霍斯,赫尔曼　95

J

机会(不)平等　157—158
基,罗伯特　98
吉登斯,安东尼　158—160,163,174
吉尔布雷斯,弗兰克/莉莲　75,77
纪录,对纪录的追求　10—11,40,82,
　　149,161,182,191,193;另参见四分
　　钟—英里的记录
加拿大
　　政府调查　150,198
　　奥运资格标准　238
　　运动理念　167
　　体育科学　87
　　体育体系/资金来源　259
家长式管理　170—173,177,195
焦耳,詹姆斯·普莱斯考特　73
接触式运动　166—168
　　引发的损伤/死亡　168
杰诺维兹,汉斯　47
金斯利,查尔斯　19
精英主义(在奥林匹克理想中的角色)
　　　20
举重　21,29,54,79,83,148,190

K

咖啡因　5,146,178

卡农,沃尔特 78
开尔文勋爵 79
凯特林,唐 5
坎特隆,哈特 23
康诺利,哈罗德 29,37
康诺利,帕特 37
考尔德,大卫 189
柯培拉 181
科尔,谢丽尔 55
科菲迪斯(自行车队) 7
科莱梅宁,汉内斯 76
科沃特,弗吉尼亚 54
可口可乐 24
克尔,罗伯特 59—60
克拉考尔,齐格弗里德 47—48
克莱,卢修斯·D. 100
克劳塞维茨,卡尔·冯 100
克里斯滕森,E.H. 77,80,84
克鲁格,阿恩特 134
克伦普,杰克 25
克伦威尔,迪安 81
克罗托纳的米洛 74
克吕梅尔,卡尔 71
肯尼迪 61
孔蒂,维克多 5—6
控制大气中的氧气含量 155
口服大力补 29,85,148

L

拉克尔,托马斯 55

拉特延,赫尔曼 58
莱姆帕,托马什 38
赖安,A. 181
赖特,詹姆斯·E. 54,178,180
兰迪,约翰 83—84,186—187
劳克斯,W. 74
勒麦特,查尔斯 160,163
冷战对体育运动的影响 11—12,34—35,55
李森科,特罗菲姆·邓尼索维奇 85—86
里芬施塔尔,莱尼 49—50
里托拉,维莱 76
联邦德国(德意志联邦共和国) 12—13
　与民主德国的联合参赛队伍 33,117
　与东方集团的竞争 33,127—128,131—132
　政府角色 125—127
　高水平竞技体系 33,127—132,136—137,138
　群众体育体系 71—72,102,105—107,109—110,112,127—132
　作为西方体系的典范 33,93
　国家奥林匹克委员会 111,115—116
　运动教育 125,131—132
　运动投资/经费 134—136
　体育科学 87—88

训练中心 125
联邦运动科学研究所 87,128
鲁米,帕沃 76
罗伯茨,特里 168
罗达尔 86
罗曼诺夫,阿列克谢 53
罗斯福,富兰克林·D. 99
罗维尔,乔治 54

M

马登,特里 6—7
马尔维茨,亚瑟 75
马克思 61,72,85
 《共产党宣言》 61
迈尔,卡尔 47
迈尔,朱利叶斯·罗伯特·冯 73
曼哈顿计划 137
曼施坦因,埃里希·冯 95
梅,伊莱恩·泰勒 58
美国
 被指体育职业化 25—26
 对女运动员的态度 56—59
 儿童运动员 135
 奥运会成就 27—29
 体育教育 56—57
 体育研究 76—78,85—87
 训练方法/手册 78—81,85—86
 提高成绩类药物的使用 5,29,148—150
美国反兴奋剂局 5—6

蒙格勒,约瑟夫 61
 美他诺龙 124
蒙罗,约翰 157—158
米哈洛夫,安德烈 3
米勒,大卫 7
米勒,罗伯特 164—166,168
米尼翁 88
民主德国(德意志民主共和国) 12—13
 (被指)胁迫运动员/市民 172—176
 (据称)奥运会获胜(的原因) 94,121—122
 运动员对体育体系的支持 121—122
 对世界体育发展的影响 94
 对高水平竞技体育的投入 115
 作为东方体系的典范 93
 慕尼黑奥运会(1972) 119—122
 国家奥林匹克委员会 111,115—117
 国际奥委会的(不)认可 111,115—118,136—137
 体育行业员工数量 124,135—136;战后重建 101—104
 与联邦德国/西方的竞争 94,115—116,122
 与苏联的竞争 32,100,116,122
 保密政策 122
 体育教育 116—119,133—135

运动支出 135—136
运动医学 87,123—124
体育政策/体系 32,71,109—112,
116—118,133—138
训练中心/方法 119
提高成绩类药物的使用 5,36
民主德国体育运动研究所 122,128
摩尔,巴林顿 21
莫里茨,F. 74
墨尔本奥组委 34
穆勒,弗朗茨 103

被奥林匹克运动会排除在外
55—56
类固醇使用(的可怕效果) 12,
45—46,51,55—56,144
男人"乔装打扮"成女运动员的传
言 51,55—56,59,144
新增女子项目 118
体育教育 56—58
对女运动员的社会政治学观点
55—59
另参见性别测试

N

纳粹主义 50,110
　　政治意识形态 58,71
　　民众支持 50
　　宣传 46—51
　　掌权 71
　　体育政策 58,102,105,195
　　另参见苏德战争;特勒;大屠杀;第
　　二次世界大战
能量的科学理论 73,75—76,84—85
纽费尔德,雷纳特 122
耐克 33,143—144
　　尼克松,理查德·M. 58
　　国家奥委会 10,25
诺龙 179
女性运动员
　　东方女运动员主导的运动项目
　　29,55—56

O

欧文斯,杰西 50
欧洲锦标赛 27

P

帕兰,理查德 7
庞德,理查德 41—42,65,67,199
皮特伦,T. 77
皮艇 189
皮质类固醇 5
普劳布,马克斯 103
普里姆,赛斯 3

Q

齐格勒,约翰 29,54,84,148
骑行 168;另参见环法赛
汽巴制药公司 29,148

青少年体校 118,119,1126,134
丘吉尔,温斯顿 41,99,100
曲棍球 65,157
去氢甲基睾酮 148;参见大力补

R

人类生长激素 181
人体测量学 134—135
日本 125

S

萨拉查,艾伯托 143
萨马兰奇,胡安·安东尼奥 3—4
塞莫皮莱战役 96
桑迪,韦斯 84
商业利益
 与顾拜旦理想的冲突 23,41,153
 对奥运影响日益深刻 25,29
 在高水平竞技的发展中扮演的角色 94,116
舍斯特兰德,T. 77
神话,神话理论 153—156
生理学,研究 74—81
生物学 85
胜利的重要性 25,60,70,161,188
施兰兹,卡尔 38
时尚业 188—189
使用提高成绩类药物"作弊" 41,67,146—150

世界反兴奋剂机构 4—5,10,65,150—151,170,181
 活动 4—5
 成立 4
 管辖范围 10
《世界反兴奋剂条例》 4—5,150,170—171
世界举重锦标赛 27,29,148
舒尔曼,卡尔文 83,187
舒米洛夫,米哈伊尔 96
舒兹,伯尔纳德,《蚱蜢》 163
斯大林,约瑟夫 85—86,103
 德国计划 102—104,112,115
斯大林格勒战役 96—99
斯皮策 124
斯皮尔,艾伯特 49,51
斯塔福德,乔治 79—80
斯塔西(前民主德国国家安全局) 123,173—175
斯坦豪斯,亚瑟 77,80,84
斯坦梅茨,卡尔海因茨 253
 类固醇:效果中断 178
 用药水平 124
 逃脱兴奋剂检测的尝试 6,178—179
 对用药/药效的恐惧 12,45,54—55,59,150
 民主德国体育成就归因于类固醇使用 94
 在提高跑步速度上的效果 162

不用药意味着无法获胜　162

水性 vs. 油性类固醇　178—179

用药/停药周期　173

潜在风险　178—179

禁令　61,122—123,150,160

研究　122

(据传)曾用于战斗士兵　45—46,54—55

对成绩数据的影响　124,162

检测　160

类固醇使用　29,37,121—124,148,160,276

另参见皮质类固醇

斯特劳斯　181

四分钟一英里的纪录　83—84,185—186

四氢孕三烯酮　5

苏德战争　96—99

苏联

 解体　45

 违反国际规则　18—19

 加入国际奥委会/奥运会　26,28,53

 奥运会成就　29

 科学研究　84—86

 体育体系/政策　32,85

 对女性运动员的看法(刻板印象)　51,59

 使用类固醇(的嫌疑)　29,51

 西方对苏联的恐惧　51

T

塔特尔,W.W.　80

泰勒,弗雷德里克·温斯洛　12,76

特纳体育运动　68—70,105

提高成绩类药物

 假设　144—148;162

 在体育体系中扮演的角色　8,42,158—161,186—188

体操　23,123—124

体育

 普遍观念(的谬误)　9,66—67,89—90,153—155

 药物　88—89,169

 定义(问题)　66—67

 学校　32—33,117—119,125—126,132—135

 科学　73—79,84—90

 另参见高水平竞技;"体育精神"

"体育精神"

 顾拜旦观点　18—22

 (无谓的)热衷　29,31

体育运动在教育扮演中的角色　19—20,56—58

(体育中的)暴力　159,164,166—168

 损伤/死亡　89,144,166,168,169,178—180

条件(不)公平　156—158

童子军　56

托德,简　37

托德,特里 37

U

u.M补充药物 121

W

瓦德尔,汤姆 37

瓦姆斯利,凯文 166—168

湾区实验室(BALCO) 5—7

韦德,尼古拉斯 53—54

韦森,阿尔 81

违禁物质 7,181

 运动员对违禁药物的必要认知 170—172

 禁令的反作用 177—182

 兴奋剂致死案例 168,180

 对有害和无害药物未作区分 181

 禁令的无效性 8

 兴奋剂的风险言过其实 176

 禁药清单(的公布) 36,177—178,181

维内,罗伯特 47

伪麻黄碱 5

温莎,罗伯特 54

沃丁顿,伊凡 169

沃尔夫,克里斯塔 174

沃霍尔,安迪 188

沃特,威利 3

沃伊,罗伯特 179

乌布利希,瓦尔特 31,94,100—104,110—111,116—118,136

 政治行动 116,118,136

 政治愿望 31,100,104

 与苏联的关系 100,117

 体育政策 31,111

 "乌布利希集团" 102—104

伍利,布鲁斯 147

"误工"补偿 24,127

布朗,W.M. 168

X

西伯特,W.W. 77

西蒙,罗伯特 176

希尔,阿奇博尔德 76—77,84

希尔登布兰特,埃伯哈德 75

希特勒,阿道夫 45,48—50,52,55,96—97,103,112

夏洛滕堡俱乐部 104

学校中的体育教育 86,117,132

肖普,约瑟夫 247

辛普森,汤米 30

性别测试 36,59—61

选择自由 176

血液回输,提高运动成绩的技术 149

训练

 训练中心 125

 变革 89

 实验技术 77—78,84,149

 手册 74

"自然方法" 54

训练制度 123

体系化 81,83,85—86

训练时长 32,37,79—80,84,118—119

年轻运动员 118

运动员的选择 174—177

生活方式需求 13—14,89—90,165—166,169,190—191,193—195

财务 194

(缺乏)发言权 195

职责(关于违禁药物使用) 170—171

科学研究 73—79,88—90

(运动员的)健康 3,30,123,151,166,170,177—179,181,193—194

《运动员的风险:药物与体育》 146—147

Y

雅恩,弗里德里希·路德维希 68

雅斯贝斯,卡尔 72

亚里士多德 72

耶萨利斯,查尔斯 27,147—149

业余主义 24—25,35,79

　　(被指)违规 25—27,38

　　政策变动 38—41;异见 23—27

一体化 71,103

伊萨琴科,安琪拉 161—162

艺术,与高水平竞技的相似之处 193—194

引入/措辞 39

永奎斯特,阿恩 5

与成绩挂钩的奖励/经费 27,33,127

约翰逊,本 146

约克尔 79,83

越南战争 53

运动员

　　行为/情景意识 174—177

　　立法规范下的最佳利益 170—171

Z

詹森,克努特 29—30,165

(战后德国)占领区 99,102,106

同盟国政策 99—112

占领区内的体育发展 103—106,111

体育俱乐部 71,102—110,112,126,134,166

体育联合会 4—5,7,10,13,17,25,27,32,39,45,87,107—112,118—120,125—126,128—130,133

政治,与体育的关系 8—10,94

职业棒球大联盟,检测项目 4,6

中产阶级体育运动 69—71,104,110

中长跑 83,185